HERBERT TAEGE
DIE HITLER-JUGEND

HERBERT TAEGE

DIE
HITLER - JUGEND

Geschichte einer betrogenen Generation

Leopold Stocker Verlag

Graz–Stuttgart

Bildquellen

Österreichische Gesellschaft für Zeitgeschichte, Wien: 130 oben rechts, 130 unten, 131, 135 unten,
    136 oben rechts, 137 oben, 140 Mitte, 144 oben links, 150 unten rechts, 165 unten, 176
Die restlichen Aufnahmen entstammen dem Autoren- und Verlagsarchiv.

Die Erstausgabe dieses Buches erschien unter dem Titel:
„… Über die Zeiten fort" bei der ASKANIA Verlagsgesellschaft mbH,
D-3067 Lindhorst, 1978.

ISBN 3-7020-0969-8
Diese Sonderausgabe erscheint mit freundlicher Genehmigung des
Siegfried Bublies Verlages, D-56290 Schnellbach im
Leopold Stocker Verlag, Graz 2002
Printed in Austria
Druck und Bindung: Druckerei Theiss GmbH, A-9431 St. Stefan

Vorwort zur Erstausgabe unter dem Titel »Über die Zeiten fort«

Der für dieses Buch gewählte Titel entstammt einem Feierlied der Hitler-Jugend von Eberhard Wolfgang Möller und Georg Blumensaat:

> Deutschland, heiliges Wort, du voll Unendlichkeit.
> Über die Zeiten fort seist du gebenedeit.
> Heilig sind deine Seen, heilig dein Wald
> und der Kranz deiner stillen Höhn bis an das grüne Meer.

Alle Feierlieder jener Jugend, die Hitlers Namen trug, sehen über die Vergänglichkeit des Gegenwärtigen hinweg und schauen auf zu den unvergänglichen Werten, denen die Gegenwart dienen sollte.

Wer diesen Blick der Jugend »über die Zeiten fort« übersieht, wird der Generation, die sie verkörperte, nicht gerecht, nicht ihren Toten und nicht ihren Überlebenden.

Das nationale Pathos der dreißiger Jahre erscheint den Heutigen fremd und zuweilen irrational bis ins Unheimliche. Die Rationalität einer vom technischen Materialismus geprägten Gegenwart verwehrt bereits den Zugang zu den Gefühlsinhalten des Gedankens, mit dem Johann Gottfried Herder den Rationalismus der Aufklärung zu überwinden suchte,

> »... daß die Völker in der Geschichte am Urgrund der Gottheit teilnehmen und jedes Volk sein Wesen und seine Eigenart von Gott selber empfangen hat, als ob es das einzige auf Erden wäre.«

Diese Aussage vermag die beinahe religiöse Verinnerlichung des Nationalen in der Epoche des Nationalsozialismus zu erklären, sofern sie in den ihr zukommenden geistesgeschichtlichen Zusammenhang gestellt wird.

Was Dichter und Musiker in das Wort »Deutschland« hinein*gelegt* haben, hat die Hitler-Jugend hinein*gelebt*. Der Schlüssel zum Verständnis jener Jugend liegt nicht bei analytischer Rationalität, sondern im seelischen Erlebnis: Volk und Heimat, Deutschland und Vaterland wurden von dieser Jugend konkret erfahren und erlebt. Ganz im Sinne Goethes, dessen Geistigkeit sich die Jugend zum Vorbild nahm, ergab sie sich mit Sinnen und Gemüt dem *Erlebnis* und dem Gefühl.

Der Nationalsozialismus hatte den romantischen Nachholbedarf der *verspäteten Nation* als Antrieb. Er war eine Reaktion der in Versailles 1918 beleidigten Gefühle dieser Nation und auch eine Art Ersatzreligion gegen den weltweiten Zeitgeist materialistischer Profanierung. Aber er wird aus der Perspektive des Untergangs und der ihn begleitenden Untaten zumeist anders interpretiert. Indessen:

Eine grundlegende Bedingung für die seelische Gesundheit der Menschen und ihrer Lebensverbände ist das geschichtliche Selbstverständnis. Das ist das Verständnis nicht nur des eigenen So-Seins als Einzelwesen, sondern auch der Eigenart der wirkenden *Nation*; ist das Selbstverständnis einer Generation in der Generationenfolge, ist schließlich das nationale Selbstverständnis im Rahmen der Menschheitsgeschichte. Solch historisches Selbstverständnis birgt den Menschen mit allem, was ihn zum Menschen macht und ihn als Menschen erhält, vor dem Versinken im ahistorischen Nichts.

Für jedes Selbstverständnis ist das Motiv bedeutsamer als die Tat, das Gewollte gültiger als das Getane, das Werdende gewichtiger als das Gewordene. Dieses Buch will deshalb keine *Geschichte* der Hitler-Jugend sein, sondern versuchen, hinter den toten Fakten das lebendige Werden, die eigentliche Erscheinung also, aufleuchten zu lassen.

Dann wird auch der scheinbare Widerspruch in dem einstigen Motiv »Freiheit im Dienen«, das eine bezeichnende Erscheinung der Hitler-Jugend war, sich auflösen, so wie er im Determinationsstreit wissenschaftlich bereits beigelegt wurde: Willensfreiheit des Einzelmenschen in den Grenzen der weitgehend Determinationszwängen folgenden Gruppen.

Die Erkenntnisgrenzen verschieben sich ständig und zwingen uns, Vorurteile mehr und mehr durch Urteile zu ersetzen. Heute, morgen und sicher auch übermorgen.

Deshalb tritt dieses Buch, lange bevor die geschichtlichen Tatbestände vollends erhärtet sind, mit dem Anliegen auf, das Gesicht einer Jugendgeneration sprechen zu lassen, um ihr das Verständnis ihrer selbst und das folgender Generationen zu erleichtern.

Es sind die Bilder dieser Jugend und ihre Lieder, die zu sprechen vermögen, wo der Parteien Gunst und Haß die Wirklichkeit verfälschen. Eine Wirklichkeit von Hingabe und Opfergang einer Jugend.

Haghof, 24. Juni 1978   Herbert Taege

Vorwort zur zweiten, verbesserten Auflage

Die erste Auflage hat ihre Schuldigkeit getan: sie hat jene herausgefordert, die es sich leicht machen und die Augen verschließen vor den Auswüchsen und dem Verrat des Hitlerismus, und jene, die den Zeitgenossen jener Jahre die gute Erinnerung streitig machen wollen. So ist das Buch ein Ärgernis gewesen bis hin zum Indizierungsversuch der Bundesregierung, aber es hat in der überwiegenden Zahl Zustimmung gefunden und mit seiner kritischen Distanznahme oft bezeugte Befreiung bewirkt.

Das alles nimmt uns in die Pflicht, eine zweite, korrigierte Auflage zu veranstalten, die eine Erweiterung um ein Nachwort erfährt, welches der Verfasser als sein persönliches Bekenntnis bereits 1976, also vor Abfassung des Manuskriptes, niedergelegt hatte, dann aber, in seinem Bestreben, seine Person hinter der Sache zurücktreten zu lassen, zurückgehalten hatte. Die Zeit ist reif für die Veröffentlichung als Nachwort zur zweiten Auflage, wenngleich es eher ein Bekenntnis des Verfassers zu seiner Jugendgeneration ist.

Haghof, 1. April 1988   Herbert Taege

Inhaltsverzeichnis

WERTUNG

Vom Volkskanzler zum Absolutismus

»Mit der Idee eines Sozialstaates höchster Kultur
konnte man die Jugend begeistern,
jedoch nicht mit dem, was schließlich daraus wurde,
einem anachronistischen Sozialimperialismus.«

Baldur v. Schirach 1973 zu einem Freund.

Nichts kann uns rauben

Worte von Karl Bröger
Weise von Heinrich Spitta

1. Nichts kann uns rau-ben Lie-be und Glau-ben zu un-serm Land; es zu er-hal-ten und zu ge-stal-ten,— sind wir ge-sandt.

2. Mögen wir sterben, unseren Erben gilt dann die Pflicht: Es zu erhalten und zu gestalten: Deutschland stirbt nicht.

1.0.
Eine Generation fordert Rechenschaft

Die Jugend, die Hitlers Namen trug, beschritt einst den weiten Bogen vom strahlenden Aufgang hinab zum Dunkel des Untergangs. Ihr Erlebnis reichte von höchster Begeisterung zu tiefster Verzweiflung.

Mehr als drei Jahrzehnte des auf sich selbst Zurückgeworfenseins hat die Generation des Gemeinsinns still werden lassen. Sie hat ihre Erinnerungen verdrängt, sie hat ihre einstigen Ideale geleugnet, sie hat vor Scham geschwiegen. Jeder für sich und die Besten oft mit der Distanz des *Ohne-mich*.

Die einst leuchtenden Fahnen sind verbrannt, die Fanfaren sind geborsten, die Lieder vergessen. Kreuze, namenlose Kreuze in weiten Feldern, scheinen das einzige Zeugnis der Bewegung jener untergegangenen Jugend.

Die Überlebenden fanden sich in einer fremden Welt, die andere Kräfte herausforderte, als dieser Generation gegeben waren. Sie trugen in Einsamkeiten ihre gemeinsame Vergangenheit. Sie verstanden nicht den Widerspruch, den ihre einstigen Ideale gegenüber der einstigen Wirklichkeit darstellten. Eine Wirklichkeit, die anzunehmen und als die ihrige zu vollziehen sie sich geweigert hatten: daß sie die Freiheit gewollt und Sklaverei bewirkt hatten; daß sie Brüderlichkeit besungen und Unterdrückungen hingenommen hatten; daß sie die Ritterlichkeit verehrten und dennoch Schande nicht hatten verhindern können.

So blieb ihre Vergangenheit unbewältigt. Das Unbewältigte verhinderte das Anknüpfen an überzeitliche Werte. Es stand immer im Wege, wenn sich die *verlorene Generation* rückzubesinnen versuchte. Das Unbewältigte trieb sie zum Nihilismus des *Ich* und *Heute*.

Die berufen gewesen wären, nachträglich Orientierungshilfen zu geben, ergingen sich in Haß, dessen verzerrte Aussagen wiederum im Widerspruch zum einmal Erlebten standen. Jene verurteilten ohne zu urteilen. Denn Vorurteile sind keine Urteile. So kam es, daß eine Generation vor ihrer eigenen Erinnerung und vor der eigenen Vergangenheit resignierte.

Die Jugend, die Hitlers Namen trug, hat die Treue nicht gebrochen. Sie hat für ihre Irrtümer geblutet und ist dafür zu Millionen gestorben. Diese Jugend hat ein Recht darauf, Rechenschaft abzulegen und Rechenschaft zu fordern, jetzt, da ihre Überlebenden nicht mehr Jugend sind, sondern Eltern- und Großelterngeneration.

Rechenschaft über Gräbern von Freunden und Feinden angesichts von Trümmern, die nicht nur materieller, sondern überdauernder Art sind, kann kein Zahlenspiel im Sinne von Aufwand und Ertrag sein, sondern muß aus der sittlichen Verantwortung vor dem Ganzen kommen, einem Ganzen, das mehr ist als eine Epoche, mehr als ein Territorium, mehr als eine Gesellschaft. Denn das Sittengesetz ist unteilbar: es macht auch vor nationalen Grenzen nicht halt, es umfaßt Besiegte *und* Sieger.

Rechenschaft aus sittlicher Verantwortung bedeutet, Vergangenes zu bewältigen, um die Zukunft zu bestehen. Diese Aufgabe hat Romano Guardini in einem Vortrag »Verantwortung«[1]) überzeugend umrissen. Auf den Komplex Völkermord eingehend, sagte Guardini:

»In keiner Weise kann das, was da geschehen ist, mit der Vernichtung des Feindes im Krieg oder der Hinrichtung des Verbrechers nach gültigem Urteil verglichen werden. Es ist etwas ganz anderes.

Es ist ein Vorgang, der nur unter den Begriff des Verbrechens fällt – deshalb, weil hier von einem ethisch-rechtlichen Prinzip überhaupt keine Rede sein kann. Weil die Handlung sich nicht gegen das Vergehen eines Menschen richtet, um es zu bestrafen; oder gegen sein Tun, weil es die Allgemeinheit gefährdet; sondern gegen seine Existenz als solche.

Dieser Vorgang wächst über das Faktische hinaus ins Grundsätzliche, denn er wird zum Vorbild jenes staatlichen Verhaltens, von welchem die Rede war. Dadurch wird gesagt, daß der Staat nichts mit Recht zu tun habe. Daß er Staat bleibe, auch wenn er solche Dinge tue. Und daß er daher jederzeit wieder ein solches Verfahren anwenden und jeder Volksteil, welcher der die Staatsapparatur beherrschenden Gruppe *unerwünscht* scheint, davon betroffen werden könne.

Das bedeutet aber, daß jeder von uns in seinem Leben bedroht ist, und sich vorsehen muß – vorher aber, daß er in seiner sittlichen Verantwortung angerufen und zur Stellungnahme aufgefordert ist.«

»Es ist, als ob das Gewissen der Allgemeinheit vor der Furchtbarkeit des Geschehenen ratlos stünde. So sitzt dieses wie ein stummer Block in ihrem Gemüt; unbewältigt und gefährlich . . . als ob es noch nicht im Besitz der Kategorien wäre, unter denen das Geschehene ethisch zu bewältigen ist, und es deshalb aus dem Bewußtsein verdrängte. Der Grund aber dafür scheint in der Tatsache zu liegen, die wir bereits hervorhoben: daß etwas geschehen ist, was es bis dahin in der Geschichte noch nicht gegeben hat . . .

Welcher Art war das Unrecht, das da begangen wurde, und welche Begriffe vom Wesen und Recht des Staates liegen ihm zu Grunde?

Und weiter: Wie können wir das Geschehene aufarbeiten, damit es nicht wie ein inneres Gift weiterwirke und zum Schema für Kommendes werde?«

»Aus unmittelbarem Gefühl heraus weiß jeder recht geschaffene Mensch sich mit dem Leben seines Volkes verbunden. Diese Verbundenheit bildet ein Wesenselement des geschichtlichen Daseins. Jeder empfindet das Große, das im Volk geschehen ist, als ihm mitgehörig. So muß er auch das Unrecht, das da geschieht, in seine Verantwortung aufnehmen. Es trifft seine Ehre, und er ist gehalten, das Seine zu tun, damit es in Ordnung komme.

Das muß geschehen, denn Unrecht darf nicht stehen bleiben. Es muß aufgearbeitet werden. Einmal sittlich, weil es Unrecht ist; weil es die Hoheit des Guten verletzt. Das Gewissen weiß das, unmittelbar. Mensch sein heißt, von diesem Wissen geadelt und belastet sein.

Die Aufarbeitung muß aber auch aus einem anderen Grunde geschehen: deshalb, weil Unrecht real ist; eine Macht, die, wenn sie nicht bewältigt und neu eingeordnet wird, weiterwirkt.«

»Das Unrecht bleibt aber auch als Macht, als unmittelbare geschichtliche Wirksamkeit. Die Wissenschaft vom Menschen zeigt, wie weitgehend er vom Psychischen und Ethischen her gesund oder krank ist. Eine nicht aufgearbeitete geistige Unordnung setzt sich in funktionelle Störungen um, und diese verfestigen sich allmählich zu organischen. Nicht nur das: sie wird zum immer wieder verwirklichten Schema des späteren Verhaltens. Entsprechendes geschieht im geschichtlichen Leben. Wenn eine Schuld der res publica nicht erkannt, verurteilt und in irgend einer Weise gesühnt wird, dann wird sie zur immer wiederkehrenden Form des Stellungnehmens und Handelns und zerstört die politische Existenz.«

Es ist diese selbe hohe ethische Warte und sittliche Verantwortung, die schon Baldur von Schirachs Erklärung vom 24. Mai 1946 vor dem Internationalen Militär-Tribunal in Nürnberg auszeichnete[2]). Schirach erklärte unter anderem:

>Ich habe diese Generation im Glauben an Hitler und in der Treue zu ihm erzogen.

Die Jugendbewegung, die ich aufbaute, trug seinen Namen. Ich meinte, einem Führer zu dienen, der unser Volk und die Jugend groß, frei und glücklich machen würde. Mit mir haben Millionen junger Menschen das geglaubt und haben im Nationalsozialismus ihr Ideal gesehen. Viele sind dafür gefallen.

Es ist meine Schuld, die ich fortan vor Gott, vor meinem deutschen Volk und vor unserer Nation trage, daß ich die Jugend dieses Volkes für einen Mann erzogen habe, den ich lange Jahre als Führer und Staatsoberhaupt als unantastbar ansah, daß ich für ihn eine Jugend bildete, die ihn so sah wie ich.

Es ist meine Schuld, daß ich die Jugend erzogen habe für einen Mann, der ein millionenfacher Mörder gewesen ist.

Ich habe an diesen Mann geglaubt, und das ist alles, was ich zu meiner Entlastung und zur Erklärung meiner Haltung sagen kann. Ich trug die Verantwortung für die Jugend. Ich trug den Befehl für sie, und so trage ich auch allein für diese Jugend die Schuld. Die junge Generation ist schuldlos . . .

Wer aber nach Auschwitz noch an der Rassenpolitik festhält, macht sich schuldig.«

Seit diesem Wort Schirachs steht der Bindestrich zwischen Hitler und Jugend vor Gericht.

1.1.
Die Jugend und Hitler

Man kann über das Phänomen *Hitler-Jugend* nicht sprechen, ohne an das Phänomen *Hitler* zu stoßen. Der Frage nach der stets behaupteten und auch schon im ersten Anschein liegenden Identität von Hitler und Hitler-Jugend kann und darf man nicht ausweichen.

Seit der Gründung der »Hitler-Jugend, Bund deutscher Arbeiterjugend (HJ)«, am 3./4. Juli 1926, in Weimar[3]) hat der Name Hitlers diese Jugend durch alle ihre Entwicklungsstadien und Organisationsformen, sei es als Bezeichnung für eine Gliederung der HJ, sei es als Dach-Begriff ihrer vier und ab 1938 fünf Gliederungen, begleitet, ja man kann sogar sagen, Hitler habe diese Jugend in ihrer *antikapitalistischen und antikommunistischen* Grundhaltung bestimmt. Diese erste Bestimmung ist neben anderen, späteren und spezifisch jugendhaften Impulsen eine rein politische gewesen. Die Hitler-Jugend hat sich bei ihrer weiteren Emanzipation von diesem Solidaritätsprinzip *gelebter Kameradschaft* nie mehr getrennt. Sie hat im Gegenteil ihre Ethik, die sie in den Jahren nach 1933 in einer eigenen Evolution und abseits von der Partei entwickelte, ganz auf dieses Fundament der Kameradschaft gestellt und den Nationalsozialismus als eine alle Volksschichten umfassende Kameradschaft begriffen.

Also Identität von Hitler und Hitler-Jugend?

In einer Zeit, in der es modern scheint, die »Gefährten uns'rer Jugend« nicht mehr als »Bilder bess'rer Zeit« zu sehen, sondern sie zu verleugnen, mag es überraschen, daß dem Zeitgeist zum Trotz *kein* historisch gültiger Anhaltspunkt zu finden ist, der belegen könnte, daß es zwischen Hitler und Hitler-Jugend einen grundsätzlichen Riß in *diesem* Fundament des gemeinsamen politischen Bekenntnisses gegeben hätte, es sei denn, daß Hitler sich *heimlich* davon entfernt hatte – von der Jugend unbemerkt. (Darüber mehr unter Kapitel 1.2.2)

Es steht außer Frage, daß die Hitler-Jugend zu ihrer Zeit in Hitler den Mann sah und verehrte, der »die Idee« des Nationalsozialismus begründet und verkörpert hatte.

Dessen muß sich die Jugend von damals nicht schämen. Kein geringerer als Prof. Dr. Theodor Heuß hatte 1932 diesen Hitler so charakterisiert:

> »Das Ethos der nationalsozialistischen Bewegung, und das ist vielleicht ihre seelisch stärkste Leistung, liegt darin, daß sie Klassen- und Standesscheidungen, Berufs- und Bildungsgegensätze in ihrem großen Rhythmus überwinden konnte ... Er (Hitler) hat auch Seelen in Bewegung gesetzt und einen zu Opfern und Hingabe bereiten Enthusiasmus an sein Auftreten gefesselt ... Das ist nicht bloß eine große Organisationstat, sondern hat einen vieltausendfachen Idealismus zur Unterlage ... Er ist stolz darauf, was daraus geworden ist, und er hat Grund dazu.«[4])

Die sich in der politischen Grundlage der Bewegung der Hitler-Jugend ausdrückende Identität mit ihrem Namenspatron ging sogar so weit, daß die Jugend die Idee Hitlers nicht nur aufnahm und weitertrug, sondern sie weiterentwickelte; aber – und das ist entscheidend – eben nicht hin zur Partei-Ideologie, sondern zu einer verbindlichen Ethik dieser Jugend.

Wenn in diesem Buch generalisierend von *Jugend* gesprochen wird, so aus der ganzheitlichen Sicht, das heißt, ohne partikulare Abgrenzung zwischen Jugend und *Jugendführung*.

Die Identifikation mit Hitler erreichte ihren Höhepunkt im Laufe des Krieges, als in dem zumeist an den Fronten stehenden Führerkorps der Hitler-Jugend die bezeugte Parole umging: »Mit Hitler gegen die Partei!«

Diese Parole bezeichnete zugleich den tragischen Irrtum dieser Jugend, deren Ethik sich anschickte, zur Kritik an Partei und System des Nationalsozialismus zu werden: Hitler war Partei-Ideologe geblieben und als solcher zum Machthaber geworden; er hatte der Evolution seiner Idee in der Jugend nicht folgen können, sondern blieb stehen, um zu halten und zu mehren, was ihm zugekommen war. »Die Revolution« ging über an die Jugend, die sie zur »Kulturrevolution«, wie man heute sagen würde, erhob. Noch bevor Hitler zum Schwert greifen konnte, hatte sich die Führung der Jugend bereits von der Partei emanzipiert und sich zur parteiinternen Opposition ausgebildet; eine Erscheinung, die heute als Jungsozialisten, Jungdemokraten und Junge Union zum politischen Alltag gehört. Sie ist spezifisch jugendlich, und die Hitler-Jugend war da nicht anders. Auch Schirach nicht.

1.1.1.
Die soziale Großtat Hitlers

Der vom Vertrauen des Volkes getragene Hitler, der *Volkskanzler*, hatte eine soziale Tat historischen Ausmaßes bewirkt, deren nüchterne Zahlen bei Hans Kehrl, einem führenden Wirtschaftler des Dritten Reiches, ohne Fehlinterpretation nachlesbar sind. Sie sind zum Verständnis des Phänomens des Volkskanzlertums unentbehrlich und werden deshalb hier wiedergegeben.

Der Zustand vor 1933:

Im Januar 1923 notierte der Dollar noch mit 18.000 Mark, am 25. Oktober desselben Jahres mit 40 Milliarden Mark; als die Inflation am 15. November 1923 endete, gab es für 1.000 Milliarden Papiermark *eine* Rentenmark. Das gesamte Geldkapital war ausgelöscht, das Volk proletarisiert worden.

1932 war ein Drittel der arbeitenden Bevölkerung arbeitslos; das Einkommen der Arbeiter war von 23,9 Milliarden RM in 1929 auf 11 Milliarden 1932 gesunken. Von 31 Millionen steuerlich erfaßten Einkommensbeziehern verdienten rund 70 % unter 1.200 RM im Jahr, 22 % zwischen 1.200 und 3.000 RM/Jahr. Auf 10 Beschäftigte entfielen 4,3 Arbeitslose.

Am 30. Januar 1930 gingen von 18 Millionen Arbeitnehmern 12 Millionen einer Beschäftigung nach, 6 Millionen waren arbeitslos, davon über ein Drittel aus Arbeitslosenversicherung und Krisenfürsorge ausgesteuert, sie erhielten im Durchschnitt 55 RM pro Monat Wohlfahrtsunterstützung.

Für die Arbeitslosen mußten für solche Hunger-Zuwendungen jährlich 4 Milliarden RM aufgewendet werden, das waren 16 % der Summe aller Löhne und Gehälter, 9 % des Volkseinkommens, 57 % der jährlichen Einnahmen von Reich und Ländern. Das Einkommen pro

Kopf der Bevölkerung war von 1929 mit 1.187 RM bis 1932 auf 627 RM zurückgegangen. Eine unvorstellbare Verelendung!

Die Auslandsverschuldung des Reiches betrug im Februar 1933 ca. 19 Milliarden RM, das entsprach 3,3 Jahren Warenausfuhr des Reiches.

Gegen dieses Massenelend trat Hitlers Nationalsozialismus mit dem Leitsatz an: »Nicht Kapital schafft Arbeit, sondern Arbeit schafft Kapital.« Und: »Erst jedem *einen* Arbeitsplatz, dann jedem *seinen* Arbeitsplatz.«

Hier die Resultate:

> »Im Frühjahr 1937, d.h. vier Jahre nach Beginn der *Arbeitsschlacht*, waren die 33 % Arbeitslosen auf nur 6,5 % zurückgegangen und im Frühjahr 1938 (vor dem Anschluß Österreichs) gab es nur noch 507.000 statistisch gezählte Arbeitslose = 2,7 %. Die Vollbeschäftigung war unter Berücksichtigung der Fluktuation fast erreicht und wurde Anfang 1939 Wirklichkeit. Die Zahl der zur Arbeit zur Verfügung stehenden Kräfte hatte sich außerdem in den fünf Jahren von 18 Millionen auf 20,5 Millionen erhöht. Von diesem Zuwachs entfielen allein 700.000 auf Frauen, die sich der Berufsarbeit neu zuwenden konnten.«

> »Das Volkseinkommen (Altreich) – in etwa dem heutigen Sozialprodukt vergleichbar – betrug 1939 ziemlich genau das Doppelte von 1932, nämlich 90 Milliarden RM. Das Jahreseinkommen der Arbeiter hatte sich seit 1932 gleichfalls mehr als verdoppelt. Dabei blieben die Preise fast stabil: Die Reichsindexziffern für Ernährung, Wohnung, Heizung, Bekleidung, Beleuchtung und diverse Gebrauchs- und Verbrauchsgüter stiegen in den gleichen Jahren insgesamt nur um 5,6 Punkte, das heißt, um ca. 0,8 % im Jahresdurchschnitt. Die Bruttoverdienste pro Woche stiegen von 1932 bis 1939 in absoluten Zahlen um 30 % und in realer Kaufkraft um 22,6 %, also um über 3 % im Jahr ...

Entgegen einer weitverbreiteten Ansicht spielten für diese Wirtschaftsentwicklung die Aufwendung für die Rüstung in den Jahren 1933/35 eine nur geringe, 1936/37 etwa eine normale und erst 1938/39 eine große Rolle. Sie blieben aber auch dann noch als Motor wirtschaftlichen Wachstums weit hinter den Investitionen für den nicht rüstungsbedingten Bereich zurück. Für Industrie, Landwirtschaft, Verkehr, Wohnungsbau, Energiewirtschaft und öffentliche Verwaltung wurden von 1933 bis 1939 rund 100 Milliarden RM investiert.

Die Ausgaben für Wehrmacht und Rüstung dagegen betrugen:

1933/34	1,9 Mrd. RM	=	4 % des Volkseinkommens
1934/35	1,9 Mrd. RM	=	4 % des Volkseinkommens
1935/36	4 Mrd. RM	=	7 % des Volkseinkommens
1936/37	5,8 Mrd. RM	=	9 % des Volkseinkommens
1937/38	8,2 Mrd. RM	=	11 % des Volkseinkommens
1938/39	18,4 Mrd. RM	=	22 % des Volkseinkommens

Nach den Berechnungen des Instituts für Konjunkturforschung betrug 1934 der Anteil der Rüstungsausgaben am Volkseinkommen in Großbritannien 3,0 %, in Frankreich (1932) 8,1 %, in Japan 8,4 % und in Sowjetrußland 9,0 %.

Ein *normales* Maß an Ausgaben für Wehrmacht und Rüstung wurde erst überschritten, als die Arbeitslosigkeit nahezu beseitigt war.«

»Die Gesamtaufwendungen für diese Arbeitsbeschaffungsmaßnahmen beliefen sich in den Jahren 1933/36 auf ca. 5 Milliarden RM, von denen bis 1939 ca. 4 Milliarden durch Wechseleinlösungen über den ordentlichen Etat abgedeckt wurden.

Die bedeutenden Wirtschaftsinvestitionen für Österreich, das Sudetenland und das *Protektorat* wurden ganz überwiegend auf normalen wirtschaftlichen Kreditwegen mit *Reichsbürgschaften* finanziert. Für Rüstungsgüter wurden durch Sonderfinanzierung bis 1939 höchstens 20 - 25 Milliarden RM aufgewandt. Die Investitionen der die Rüstungsgüter erzeugenden Werke wurden durch vereinbarte Abschreibungen über den Preis finanziert und sind daher in den Kosten der Rüstungsgüter enthalten. Aufwendungen für den laufenden Bedarf der im Aufbau befindlichen Wehrmacht konnten ganz überwiegend aus dem ordentlichen Etat bestritten werden, hatte sich doch das Aufkommen aus Steuern und Zöllen durch die Wirtschaftsbelebung von 6,8 Milliarden RM 1932 auf 23,5 Milliarden 1939 erhöht und damit mehr als verdreifacht! Allein aus dem Zuwachs von Steuern und Zöllen über das Niveau von 1933 hinaus standen in diesen sieben Jahren über 40 Milliarden RM zusätzlich im Etat zur Verfügung.

Die Notenpresse wurde zur Finanzierung nicht herangezogen. Der Geldumlauf stieg vom 31. Dezember 1932 bis zum 28. Februar 1939 (letzte Zahl vor Kriegsausbruch) von 5,6 Milliarden nur auf 10,9 Milliarden, d.h. die Umlaufmenge stieg um ca. 100 % bei einer Zunahme des Wirtschaftsvolumens um mehr als 100 % und einer Vergrößerung des Währungsbereichs nach Kopfzahl gemessen (Österreich, Sudetenland) um mehr als 15 %. Die deutsche Auslandsverschuldung ging von 19 Milliarden im Februar 1933 auf 9,9 Milliarden im Februar 1938 zurück. Einem *Kapitalverzehr* von 2.894 Millionen RM im Jahre 1932 stand eine Geldkapitalbildung von 7.000 Millionen RM im Jahre 1938 gegenüber.

Wirtschaftskrise und Wirtschaftselend waren bis 1938 beseitigt. Ebenso war aber auch der zweite Vierjahresplan zu einem erfolgreichen Abschluß gekommen: Die Rettung des deutschen Bauern zur Erhaltung der Ernährungs- und Lebensgrundlage der Nation war in fünf Jahren gelungen. Das Preisniveau der aus der deutschen Landwirtschaft zum Verkauf gelangenden Erzeugnisse wurde von 1932/33 bis 1938/39 – stark differenziert – im Gesamtdurchschnitt um 35 % heraufgesetzt. Aber die Reichsindexziffern der Lebenshaltungskosten für die Ernährung der Bevölkerung stiegen nur um 6,5 %. Die Handelsgewinne wurden nämlich stark gekürzt. Es wurde durch die Preispolitik die wichtige Verlagerung vom Getreide weg zu Kartoffeln, Schlachtvieh und Milch erreicht. Die Betriebsausgaben stiegen von 1932/33 bis 1938/39 um 33 %, die Verkaufserlöse in der gleichen Zeit um 72 %. Der für die gesamte Landwirtschaft (Altreich) statistisch errechnete Betriebsüberschuß stieg in einer kontinuierlichen Linie von 766 Millionen RM 1932/33 auf 3.480 Millionen RM 1938/39, also auf über das Vierfache.

Die hier kurz geschilderte Entwicklung bedeutete für die Mehrheit des deutschen Volkes einen Ausweg aus Not, Verzweiflung und Hoffnungslosigkeit zu einem anscheinend gesicherten lebenswerten Dasein und verschaffte bei der überwiegenden Mehrheit des Volkes einen Vertrauensfundus, der bis weit in die Kriegsjahre hinein erhalten blieb.

Hitler hatte das deutsche Volk – so glaubte man – aus einer auswegslosen Lage gerettet. Daneben verblaßte für den Einzelnen, was immer an Fehlentwicklungen personeller oder anderer Art in Partei und Staat, an Mißbräuchen, Übertreibungen durch die Propaganda und Verhetzung gegen Andersdenkende bekannt, geflüstert oder offenkundig wurde. Ihm, Hitler, schrieb man es nicht zu; er würde auch dies eines Tages zu bereinigen wissen, so tröstete man sich. Das selbsterlebte Wirtschaftswunder wirkte als beherrschendes Erlebnis noch lange nach.«[5])

Dieser Wertung der sozialen Tat Hitlers durch Hans Kehrl ist nichts hinzuzusetzen. Was die Hitler-Jugend betrifft, so ist für deren Aufstieg und Erfolg der Zusammenbruch der Weimarer Demokratie und die Überwindung des von ihr hinterlassenen Elends durch Hitler ursächlich gewesen: Die soziale Großtat Hitlers hat das polititsche Wollen der Kampfzeit-HJ glaubwürdig gemacht und bestätigt.

1.1.2.
Die geschichtliche Untat Hitlers

Die Erkenntnis, daß die Person Hitlers mit dem Idol der Jugend gleichen Namens nicht mehr voll zur Deckung gebracht werden konnte, dämmerte erst in den letzten Kriegsjahren langsam bei einzelnen auf, deren Informationen weiter reichten. Dabei darf man nicht von dem ausgehen, was als Informationspegel nach dem Kriege entstand; richtig ist vielmehr, daß z.B. Hitlers in *Befehlsgebung* zur Vernichtung des Judentums umgeschlagene *Vorkriegsdrohung* erst in dessen Testament, also zu Hitlers Tode, manifest, wenn auch noch lange nicht offenbar wurde.

Schirach hatte sich in Nürnberg auf Hitlers politisches Testament berufen, das er bei Kriegsende zu Gesicht bekommen hatte. Dieses Testament war dann jahrzehntelang verschwunden gewesen. Es liegt jetzt in unbezweifelbarer Form vor. Die fragliche Stelle des Testaments, die Schirach zu der Aussage vor dem Internationalen Militär-Tribunal veranlaßt hatte:

> »Den Mord befohlen hat Adolf Hitler, das steht in seinem Testament. Das Testament ist echt; ich habe die Photokopie des Testaments in meinen Händen gehabt.«[2])

lautet auf Seite drei des Testaments:

> »Ich habe aber auch keinen Zweifel darüber gelassen, daß, wenn die Völker Europas wieder nur als Aktienpakete dieser internationalen Geld- und Finanzverschwörer angesehen werden, dann auch jenes Volk mit zur Verantwortung gezogen werden wird, das der eigentlich Schuldige an diesem mörderischen Ringen ist: Das Judentum! Ich habe weiter keinen darüber im Unklaren gelassen, daß dieses Mal nicht nur Millionen Kinder von Europäern der arischen Abstammung verhungern werden, nicht nur Millionen erwachsener Männer den Tod erleiden und nicht nur Hunderttausende an Frauen und Kindern in den Städten verbrannt und zu Tode bombardiert werden dürften, ohne daß der eigentlich Schuldige, wenn auch durch humanere Mittel, seine Schuld zu büßen hat.«[6])

Dieses Eingeständnis Hitlers ist eindeutig. Es kann dahin stehen, ob er die Ausführung dieses Befehls tatsächlich als mit »humaneren« Mitteln vollzogen angenommen hat. Denn es gibt keinen »humanen Mord«.

Es mag auch dahin stehen, ob Hitler die Rolle des von ihm genannten internationalen jüdischen Finanzeinflusses über- oder fahrlässig unterschätzt hat. Maßgebend für die Beurteilung ist nur, daß er mit seinem Völkermordbefehl nicht die Schuldigen, sondern die unschuldigen Angehörigen eines Volkes traf und treffen wollte, einfach um ihr Vorhandensein auszutilgen. Das war auch als Kriegsmaßnahme völkerrechtswidrig und kostete Hitler genau jenes Kritikrecht, das er viele Jahre gegenüber seinen Feinden gehabt hatte und das ihn in Deutschland groß gemacht hatte. So groß, daß die Jugend sich mit Hitler identifizierte.

Diese Erkenntnis ist die Grundlage für Schirachs Nürnberger Wort über Hitler als einen millionenfachen Mörder.

1.1.3.

Der Gewissenskonflikt

Im Felde stehend nahm das Führerkorps der Hitler-Jugend zwar mancherlei wahr, was nicht mit der Idee, auf die man sich eingeschworen hatte, zu vereinbaren war, aber genau das führte zu der Parole des »Mit Hitler gegen die Partei«. Denn – so Heinrich Härtle – »die Besten folgten ihrem Führer im Glauben, daß er auch ethisch höher stünde als seine Feinde«.[7])

Aber als dieser Glaube zu bröckeln anfing, war bereits Krieg, totaler Krieg. Für die Kriegssituation indessen galt das allgemein lebensgesetzliche Gebot, das Prof. Friedrich Solger für die Entwicklung des Lebens schlechthin aufgestellt hat:

> »Die Erhaltung ist immer das Dringendere und die Voraussetzung für jede Entwicklung.«[8])

Nach diesem Lebensgesetz war die Weiterentwicklung der Volksgemeinschaft im Kriege zurückzustellen zugunsten der existenziellen Erhaltung der völkischen Substanz. Damit wird ein kriegsbedingter Wandel der Prioritäten bezeichnet, der bis zum Gewissenskonflikt reichte und welcher aufgrund einer Rechtsgüter-Abwägung schließlich sogar den Gedanken ermöglichte, die Person Hitlers als Führer des Reiches zurücktreten zu lassen vor der Notwendigkeit, dem Reich, der Nation oder dem Volk das Überleben zu sichern. So wie die Jugend millionenfach ihr Leben für Deutschland in die Schanze schlug, erwartete sie vom Führer des Reiches ein ebensolches »preußisches« Zurücktreten der Person hinter die Sache, deren erster Diener zu sein Hitler versprochen hatte.

In Einzelfällen, in denen wie bei Schirach das Gewissen zunehmend von Zweifeln bedrängt wurde, galt darüberhinaus eine Erfahrung, die vom Historiker nicht übersehen werden darf. Hans-Georg von Studnitz beschrieb sie in der Auseinandersetzung mit der Person des Grafen Baudissin und traf damit einen allgemeineren Sachverhalt:

> »Die Zeugenschaft des Rußlandfeldzuges bleibt ihm versagt und damit die Einsicht in Katastrophen, die im Denken der Deutschen fortwirken.«[9])

Fortwirkt die Einsicht, daß erst der Rußlandfeldzug deutlich machte, daß es für Deutschland und das deutsche Volk – auch ohne Hitler – um Sein oder Nichtsein ging.

Im Gegensatz zu ihren Kritikern blieb den Führern der Hitler-Jugend diese Einsicht an den russischen Fronten weder versagt noch erspart, ebensowenig wie den Millionen ehemaliger Hitlerjungen und europäischer Freiwilliger unter den Fahnen des deutschen Kriegsheeres. Den Folgen dieser »Einsicht«, die wir hier nicht polemisch auseinandersetzen müssen, wußten die Westmächte schließlich nichts anderes, nichts Geringeres entgegenzusetzen, als ihre Forderung nach bedingungsloser Kapitulation; eine bedingungslose Kapitulation auch vor dem Osten, die noch Millionen Menschenleben kosten sollte.

An der Treue der Jugend zu Hitler, zu einem Hitler, wie sie ihn sah, ist kein Zweifel möglich. Damit ist deutlich gemacht, daß die Identität zwischen Hitler-Jugend und Hitler sich auf das in der Jugend herrschende Hitler-*Bild* beschränkte.

Nur wenn der Wille Hitlers und seine verborgenen Motive der Jugend bekannt gewesen und dann dieser Wille von ihr geteilt und getragen worden wäre, wäre diese Jugend mit Hitler, ihrem Patron, schuldig geworden. Die Jugend hat ihm *geglaubt*; das war ihr Recht, für das sie dann auch geblutet hat; aber sie ist nicht schuldig geworden.

1.1.4.
Die Treue der Jugend

Walther von Berg, ein ehemaliger Angehöriger des HJ-Führerkorps, bemerkt in seiner Kritik an Kochs »Geschichte der Hitler-Jugend«:

> »Das Führerkorps wußte, daß es nach einem gewonnenen Krieg noch den Frieden zu ge-winnen hatte. Es bestand ziemliche Übereinstimmung darüber, was da aufzuräumen war, in der Partei, im Staat, im Volk, in der Wehrmacht. Aber niemand wäre auf die Idee gekom-men, daß man das tun könne und müsse, bevor der letzte Schuß an der Front gefallen sei. Es gab auch schon Vorstellungen darüber, wie die HJ nach dem Kriege zu reformieren sei. Einsicht und Freiwilligkeit hatten schon vor dem Kriege höchsten Stellenwert gehabt. Das nun fronterfahrene HJ-Führerkorps hatte die Bewährung der Friedensgrundsätze unter schwersten Belastungen erlebt. Eben deshalb waren diesen politischen Jugend-führern die Männer der deutschen Reformpädagogik viel näher... Genau deshalb ist die Hitler-Jugend nicht nur Episode der Pädagogik.«[10])

Die politisch-ideelle Übereinstimmung der Hitler-Jugend mit dem Friedens-Hitler ist histo-rische Tatsache. Die Treue der Jugend zu den in der Person Hitlers verkörpert erscheinenden Höchstwerten Volk und Reich machte Geschichte: Sechs Jahre brauchten die Alliierten bis Berlin (v. Berg). So bleibt nur die Frage, ob Hitler sich der Jugend seines Namens wert gezeigt, ob er ihre Treue erwidert habe. Diese Frage ist eine kategorische und deshalb fern aller Pole-mik zu beantworten.

Sie ist die zentrale Frage für eine Generation, die sich zu Ritterlichkeit und Brüderlichkeit be-kannt hatte und die im imperialistisch entartenden Kriegs-Nationalsozialismus neben manch strahlender Menschlichkeit immer mehr Unritterlichkeit und Unbrüderlichkeit wahrnehmen mußte, immer noch glaubend, ihr eigener Wille sei mit dem des obersten Kriegsherrn identisch.

In der Endphase des Krieges, als Hitler nur Untreue um sich wähnte, als er selbst Göring und Himmler aus der Partei ausstieß, hat Hitler die Treue der Jugend, die seinen Namen trug, nicht in Zweifel ziehen können. In seinem Testament hinterließ Hitler:

> »Ich sterbe mit freudigem Herzen angesichts der mir bewußten unermeßlichen Taten und Leistungen unserer Soldaten an der Front, unserer Frauen zuhause, den Leistungen unserer Bauern und Arbeiter und in dem in der Geschichte einmaligen Einsatz unserer Jugend, die meinen Namen trägt.«[6])

Sicher unbewußt setzte Hitler in diesen seinen letzten Stunden die Jugend wieder an ihren Platz als *unsere* Jugend, die zwar seinen Namen trug, die aber die Jugend des ganzen deutschen Volkes war und blieb.

1.2.
Das Reich als Aufgabe

Aus alledem ergibt sich die Frage: Durfte Schirach den toten Hitler des millionenfachen Mordes zeihen? An dieser Frage scheiden sich die Geister auch derer, die nicht blind der veröffentlichten Meinung nachlaufen. Es ist hier nicht der Ort, das Ausmaß der Massentötungen zu untersuchen und Zahlen zu ventilieren, die mit der moralischen Grundfrage nichts zu tun haben. Daß sie geschehen sind, ist historisch gesichert. Daß auch die Alliierten Verbrechen ähnlichen Ausmaßes begingen, ändert an der Beurteilung unserer Frage nichts, denn die Kriegsgegner Deutschlands verkörperten weder das Reich, noch beriefen sie sich auf die dem abendländisch-deutschen Reichsgedanken zugrundeliegende Vorbildlichkeit des politischen Handelns.

Wer sich auf das Reich als abendländische Ordnungskraft beruft, muß, um Härtle zu wiederholen, »ethisch höher stehen als seine Feinde«.[7])

Hier wird erstmals ein echter Auffassungsdissens zwischen Hitler und Hitler-Jugend sichtbar: Die Jugend begriff das Reich als eine Ordnungskraft, deren Macht in Recht und Gerechtigkeit wurzelte und sich aus dem Anerkenntnis der Vorbildlichkeit ergab – nicht anders als die Autorität der Einheitenführer der sich selbst führenden Hitler-Jugend. Hitler hatte diese Auffassung vom Reich auch vertreten, so daß die Jugend sich in der Übereinstimmung mit ihm wähnte, aber der spätere Hitler begriff *Reich* als Machtausübung, als *Imperium*.

Hitlers Reichsauffassung ist nämlich nicht einheitlich gewesen, wie sich nachweisen läßt. Hermann Giesler berichtet in seinem Buch *Ein anderer Hitler*, Hitler habe sich 1937 vor Führern der Partei über Aufbau und Organisation der Volksführung und über den germanisch-deutschen Reichsgedanken geäußert. Nicht auf eine Staatsidee würde sich dieses neue Reich gründen, sondern auf die 85 Millionen der deutschen Volksgemeinschaft.[11]) Das war ein klares Bekenntnis zum Volksstaat, einer in ihren Volkstumsgrenzen beharrenden Republik.

Giesler berichtet ferner vom 2. März 1939 über Hitlers Einstellung zu der einverleibten tschechischen Minderheit:

> »Die unter dem deutschen Protektorat lebenden Tschechen könnten gewiß sein, sie sollten von uns besser behandelt werden, als ihr gehässiger Benesch die Volksdeutschen habe behandeln lassen. Sie erhielten volle Autonomie, ihre Sprache, das Recht der Eigenständigkeit werde nicht angetastet, es sei denn, sie versuchten Unruhe oder gar Aufstand, dann sehe er sich gezwungen, Machtmittel einzusetzen. Loyalität aber werde bei ihm Großzügigkeit finden.«[11])

Und über Polen und den Korridor, dieses strangulierende Relikt des Versailler *Diktats*, äußerte sich Hitler am selben Tage:

> »Mit dem Marschall Pilsudski hätte er eine Verständigung in der Korridor-Danzig-Frage auf vernünftige Weise erzielt, ohne daß sich den Westmächten die Möglichkeit einer Einmischung geboten hätte. Natürlich sei es für Polen wichtig, einen Zugang zur Ostsee und einen eigenen Hafen zu haben, und er verkenne diese Notwendigkeit keineswegs, selbst wenn dieser Zugang über das deutsch besiedelte ehemalige Westpreußen führe . . .
> Andererseits hätten wir doch wohl den Anspruch auf eine unmittelbare exterritoriale Verbindung mit Ostpreußen, sowohl Straße als auch Schiene . . .
> Er habe sich sogar bereiterklärt, die polnischen Grenzen des Korridors zu garantieren und den deutsch-polnischen Vertrag auf 10 Jahre oder noch weitere Zeit hin zu verlängern. .«[11])

Schließlich ist von diesem Vorkriegs-Hitler auch seine Einstellung zur Kolonialfrage von Bedeutung, einmal, weil sie seine damalige Reichsauffassung bezeichnet, zum anderen, weil sie Hitlers Denken in Fragen der dritten Welt abhebt von den damaligen Kolonialmächten, die sich damals anschickten, die Demokratie gegen Hitler zu verteidigen. Giesler berichtet darüber:

> »... die Entwicklung der Kolonialfrage laufe neue Wege ... Ich brauche nur daran zu denken, daß einst große Gebiete der heutigen USA zuerst Kolonien von England und Frankreich, in Mittel- und Südamerika von Spanien gewesen seien. Inzwischen hätten sich daraus selbständige Staaten gebildet. Genauso werde die Entwicklung allgemein, besonders in Afrika, verlaufen ...
>
> Unsere ehemaligen Kolonien würde ich als uns zugeordnete Gebiete und Länder des wirtschaftlichen Austausches sehen. Wir bieten ihnen unsere Hilfe an, damit sie sich zu dieser Selbständigkeit entwickeln können, die ihrer Eigenart und ihrem Eigenleben entspricht. Wir geben ihnen die Möglichkeit, sich zu souveränen Gebilden oder Staaten zu entwickeln und binden sie zugleich an uns in beiderseitigem Interesse. Unser Interesse liegt in der Ausweitung der uns aufgezwungenen Autarkie ...
>
> Wenn wir ihnen klarmachen, daß wir uns zu unserer Art und Rasse bekennen und sie in ihrer Art und Rasse anerkennen würden, dann könnten wir ihr Ansehen gewinnen, sie würden unsere Freunde ...«[11])

Ein später Abglanz solcher Reichsauffassung findet sich bei Giesler auch noch im Bericht eines Gesprächs aus dem Dezember 1941:

> »Das muß unser Ziel sein, die germanische soziale Revolution, mit der wir den Marxismus überwinden ... wir gehören zusammen, trotz unserer nationalen Bindung und der Trennung über Jahrhunderte, – nichts hindert uns, Dänen zu bleiben, Holländer, Wallonen, Flamen oder Norweger.«[11])

Schließlich eine ebenfalls von Giesler überlieferte Äußerung aus dem Jahre 1938, welche zur Staatsform sagt:

> »Das Volk steht im Mittelpunkt unserer Staatsidee, insofern sind wir Republikaner, Bekenner des Volksstaates.«[11])

Es wird beim Überlesen solcher Überlieferungen vom Vorkriegs-Hitler nicht viel aus heutiger Sicht zu beanstanden sein. So hatte auch die Jugend nichts an diesem Hitler, wie er sich *damals* darstellte, dem Städtebauer und Verkehrsplaner, dem Kunstfreund und Energieexperten, dem Ökologen und dem Heeresreformer, zu bemängeln.

1.2.1.
Die imperiale Reichsauffassung Hitlers

Die intellektuelle Redlichkeit gebietet auch, den anderen Hitler aufzuzeigen, und es ist gewiß kein Zufall, daß dieser andere Hitler etwa im Mai 1941, in den Tagen also, als sein Stellvertreter, Rudolf Heß, seine Mission in England nicht erfüllen konnte und damit der eigentliche Weltkrieg begann, Kontur anzunehmen beginnt. Rudolf Heß war so etwas wie das gute Gewissen Hitlers. Es ist wenig bekannt, daß Rudolf Heß, wie seine Frau berichtet ...

».. . vor der Unterzeichnung des Waffenstillstandes im historischen Eisenbahnwagen zu Compiègne in einer langen und ernstlichen Auseinandersetzung mit Adolf Hitler die Forderung stellte, die Bedingungen des Waffenstillstandes (mit Frankreich) dürften keinen Punkt enthalten, der die Ehre des besiegten Gegners verletzen und damit den Weg zu einer endlichen deutsch-französischen Verständigung erschweren könnte. Erst nachdem er diese Zusage erkämpft hatte, nahm er seine anfängliche Weigerung, in Compiègne anwesend zu sein, zurück.«[12])

Die fehlgeschlagene Friedensmission des Rudolf Heß markiert die Wende in Hitlers Persönlichkeitsstruktur. Das wird auch deutlich, wenn man bei Dr. Henry Picker die von ihm im Führerhauptquartier, also während des Krieges, amtlich aufgezeichneten Tischgespräche Hitlers analysiert. Hier einige Hinweise zur veränderten Reichssicht Hitlers.[13])

11. April 1942: »Gemeinschaft lasse sich eben nur durch Gewalt schaffen und erhalten«, sagt Hitler im Hinblick auf staatliche Ordnung. Und in Hinsicht auf die Völker des Ostens fügt er hinzu:

»Für die Beherrschung der von uns im Osten des Reiches unterworfenen Völker müsse es deshalb oberster Grundsatz sein, . . . daß diese Völker uns gegenüber in erster Linie die Aufgabe haben, uns wirtschaftlich zu dienen. Es müsse daher unser Bestreben sein, mit allen Mitteln wirtschaftlich aus den besetzten russischen Gebieten herauszuholen, was sich herausholen lasse . . .

Das höchste, was man ihnen an Verwaltungsorganisation zugestehen könne, sei deshalb die Gemeindeverwaltung, und auch die nur insoweit, als es zur Erhaltung der Arbeitskraft . . . erforderlich sei.

Auch die Bildung von Dorfgemeinschaften müsse man aber so gestalten, daß sich keine Gemeinsamkeiten zwischen benachbarten Dorfgemeinschaften herausbilden könnten. Auf jeden Fall sei deshalb die Schaffung einheitlicher Kirchen für größere russische Gebietsteile zu verhindern . . . Selbst wenn sich auf diese Weise in einzelnen Dörfern Zauberkulte, wie bei den Negern und Indianern, bilden sollten, könnten wir das nur begrüßen, weil es die Zahl der trennenden Momente im russischen Raum nur vermehre.«[15])

Die menschenverachtende Hybris wird aus diesen Worten deutlich; aber auch der Verlust des spezifisch abendländischen Ordnungs- und Befreiungsdenkens, ja der reichsmissionarischen Sendung. Sie werden aufgegeben zugunsten eines byzantinisch-großinquisitorischen Machtdenkens, mit welchem Hitler auf das Niveau seines Gegners Stalin herabsteigt:

Im Rausch der Ostsiege hatte Hitler den abendländischen Reichsbegriff der tyrannischen Macht geopfert und war Imperialist geworden. Dr. Pickers Aufzeichnungen der Tage und Nächte vom 8. bis 10. September 1941 lassen das noch beschämender erkennen:

»Bei unserer Besiedlung des russischen Raumes soll der *Reichsbauer* in hervorragend schönen Siedlungen hausen. Die deutschen Stellen und Behörden sollen wunderbare Gebäulichkeiten haben, die Gouverneure Paläste. Um die Dienststellen herum baut sich an, was der Aufrechterhaltung des Lebens dient. Und um die Stadt wird auf 30 bis 40 Kilometer ein Ring gelegt von schönen Dörfern, durch die besten Straßen verbunden. Was dann kommt, ist die andere Welt, in der wir die Russen leben lassen wollen, wie sie es wünschen. Nur, daß wir sie beherrschen. Im Falle einer Revolution brauchen wir dann nur ein paar Bomben zu werfen . . .

Einmal im Jahr wird dann ein Trupp Kirgisen durch die Reichshauptstadt geführt, um deren Vorstellungen mit der Gewalt und Größe ihrer steinernen Denkmale zu erfüllen.«

Das also war aus der *germanischen sozialen Revolution*[11]) geworden, mit der Hitler den Marxismus überwinden zu können glaubte. Dabei meinte er, als er dieses Kriegsziel im Winter 1941/42 aussprach, noch immer das Abendland damit zu verteidigen. Er hatte nämlich zu Giesler anschließend gesagt, dieser Krieg

> »werde nicht nur um den Bestand und Lebensraum Deutschlands geführt, vielmehr verteidigten wir das Abendland gegen den Bolschewismus, der sich gemäß der Prophetie Lenins mit Hilfe Asiens über Europa ausbreiten sollte.«[11])

Auch Joachim Fest vertritt die Auffassung, Hitler hätte sich selbst als Erretter der bedrohten europäischen Welt gesehen.[14])

Auch bei Peter Kleist ist dieser Gesichtspunkt erwähnt. Auf den russischen Antrag eines Separatfriedens im Sommer 1943 reagierte Hitler gegenüber v. Ribbentrop:

> »Die Angelsachsen hätten in ihrer bulldoggenhaften Verbissenheit diese Situation noch nicht überschaut. Also müsse der Fall ausgekämpft werden. Wir müßten erst die Invasion abwarten, die wir mit überlegenen Kräften zurückschlagen würden. Erst nach dieser Schlappe werde es drüben dämmern und werde die Erkenntnis reifen, der man sich heute noch verschließt.«[15])

Hitlers strategisches Denken war im Jahre 1943 voll von dem noch unzeitgemäßen Wunschgedanken, Ost und West würden sich gegenseitig anfallen. Kleist berichtet auch die Auffassung des Reichsaußenministers zu jenem Zeitpunkt:

> »Die Westmächte hätten heute keine Veranlassung, sich mit den Sowjets an den Verhandlungstisch zu setzen. Deutschland könne eine solche Konferenz nur sehr gelegen kommen, denn dort würden die unversöhnlichen Gegensätze der widernatürlichen Partnerschaft zwischen Ost und West zutage treten.«[15])

Aus solchem Wunschdenken heraus wurde 1943 das Friedensangebot Stalins zurückgewiesen und den Westmächten via Marschall Antonescu der Vorschlag unterbreitet, daß

> »Hitler nicht mehr an einen deutschen Sieg glaube, daß er aber denke, Deutschland könne im Einvernehmen mit den Angelsachsen einen Schutzwall gegen den Bolschewismus bilden. Er sei bereit, die besetzten Gebiete in ihren Vorkriegsgrenzen wieder freizugeben, einschließlich Polens, aber er würde einen Teil der Ukraine unter seinem Protektorat behalten wollen.«[15])

Noch in der Erkenntnis, den Krieg verloren zu haben, hielt Hitler an imperialen Eroberungsfrüchten fest.

Man wird den analytischen Verstand Hitlers nicht verleugnen können, der aus seinen Lagebeurteilungen mit der Annahme eines Ost-West-Konfliktes spricht. Nur 1943 trat die Spannung zwischen den beiden Blöcken zurück, um Hitler zuerst zu besiegen. Insofern war es Wunschdenken, die eigene Konfrontation zu unterschätzen und die Differenzen in der unheiligen Allianz zu aktualisieren.

Erst nach Kriegsschluß, als Deutschland besiegt war, verwirklichte sich Hitlers Analyse. Im kalten Krieg zwischen Ost und West blieb der Morgenthauplan unausgeführt, die Deutschen überlebten und führen beiden Seiten Potenz zu.

Hitlers Irrtum war eine Frucht seiner Unfähigkeit, über sich selbst zu reflektieren und sich selbst im Spannungsfeld richtig einzuordnen. Imperialistische Unterwerfung der Ostvölker, deren Kolonisierung als Untermenschen, die Vernichtung des Ost-Judentums durch die Einsatzgruppen und schließlich des europäischen Judentums, wie sie 1942 einsetzte und 1943 in großem Ausmaß betrieben wurde, waren entlarvende Handlungen des siegestrunkenen Hitler gewesen, die nicht ungeschehen und nicht vergessen gemacht werden konnten. Hitlers Hochmut war vor den sprichwörtlichen Fall gekommen.

1.2.2.
Hitlers Verrat an seiner Idee

Dieser Hitlersche Imperialismus stand nicht nur dem abendländischen Denken und dem abendländischen Reichsbegriff fern, sondern war vor allem der nationalsozialistischen Idee fremd. Es spricht nicht für die Umgebung Hitlers, daß sie nicht nur die Identifikation Hitlers mit dem Nationalsozialismus zuließ, sondern daß sie auch eine so grobe und schlechthin nicht hinnehmbare Abweichung von den Grundsätzen des Nationalsozialismus gestattete.

Im Nürnberger IMT-Prozeß hat Ohlendorf von der Opposition in den höchsten Rängen der SS und der Hitler-Jugend gesprochen. Es ist auch nachgewiesen worden, was recht unbequem erschien, nämlich, daß sich um den SS-Obergruppenführer und General der Waffen-SS Hildebrandt, dem Chef des Rasse- und Siedlungshauptamtes der SS, 1942 eine starke Gruppe gebildet hatte, die sich auch Himmlers zu vergewissern wußte und welche in Anbetracht dieses Verrats Hitlers an der nationalsozialistischen Idee einen Staatsstreich betrieb, durch welchen Hitler jeder Exekutiv-Gewalt entblößt und in die Rolle einer Staatsrepräsentation verwiesen werden sollte, um wieder rechtsstaatliche Zustände herzustellen.

Seit April 1943 stand Himmler im Wort, an der Herstellung eines konstitutionellen Führerstaates mitzuwirken. Neben den staatspolitisch weitsichtigen Zielen – Beschränkung der Macht des Führers; Gesetzgebende Körperschaft; Zerstörung des Gauleiter-Hoheitsträgersystems; Reinigung des Beamtenkörpers von Parteibeamten; Unterstellung der staatspolizeilichen Maßnahmen unter die Jurisdiktion u. a. – sticht das hier interessierende außenpolitische Ziel hervor:

> »Verzicht auf deutschen Herrschaftsanspruch über seine natürlichen Volkstumsgrenzen hinaus und damit Rückkehr zum Parteiprogramm. Schaffung der Vereinigten Staaten von Europa auf der Grundlage der Gleichberechtigung aller zu diesem Begriff gehörenden Völker. Unterordnung aller nationalen Gesichtspunkte unter dieses eine große Ziel.«[16])

Es ist eingewandt worden, dieser Plan sei eine Frucht der Einsicht in den bereits verlorenen Krieg. Das trifft nicht zu. Der Plan datiert – im Gegensatz zu anderen Verschwörungen – aus der Zeit *vor* der Schlacht von Stalingrad, als der Krieg keineswegs verloren war.

Wichtiger aber ist festzuhalten, daß im Juni 1943 der Kreml in Stockholm um einen Kompromiß-Frieden mit Deutschland verhandelt hat, der Deutschland in den Grenzen vom 21. Juni 1941, also vom Vortage des Beginns des Rußland-Krieges, bestätigen wollte.[13] [15]

Es kann hier nicht interessieren, weshalb diese Pläne der SS-Spitze an der Person Himmlers scheiterten. Wichtig ist, daß das Abgehen Hitlers von den Idealen seiner eigenen Bewegung bereits damals von einigen führenden Kreisen erkannt worden war und Rückbesinnung ausgelöst hatte.

Es ist offensichtlich, daß sich bei Hitler der Begriffsinhalt des Wortes *Reich* verändert hat. Am 5. April 1942 äußerte Hitler:

> »Man dürfe nie außer acht lassen, daß dieser Krieg im Frieden nur gewonnen würde, wenn man das *Reich* rassisch hoch und rein erhalte.«[13]

Vorher hatte Himmler dargelegt, wie er das Polentum *mattzusetzen* suchte, und wie er es in eine eiserne Zange deutschen Volkstums nehmen wollte. Dr. Picker berichtet dazu:

> »Der Chef meinte dazu, daß eine nachsichtige Behandlung des Polentums auch keinesfalls angebracht sei. Man mache sonst dieselben Erfahrungen, die man im Anschluß an die Teilungen Polens in der Geschichte immer wieder gemacht habe ... Ebenso vorsichtig wie mit den Polen müsse man übrigens auch mit den Tschechen sein, die bereits über halbtausendjährige Erfahrungen verfügen, wie man am besten den Untertanen spiele ...«[13]

Diese Urteile über zwei dem abendländischen Kulturkreis zuzurechnende Nationen, die zudem durch Kirche und Reich an Europa gebunden waren, zeigen, daß Hitler seine »Fremdvolkpolitik« keineswegs auf die dem byzantinischen Kulturkreis zuzurechnenden Russen und Turkvölker beschränkt wissen wollte, sondern daß sein imperiales Machtstreben die slawischen »Fremdvölker« schlechthin betraf, und in solcher Vereinfachung auch Tschechen und Polen.

Aus der Fülle des von Dr. Picker veröffentlichten Materials sei noch herausgegriffen, in welch menschenverachtender Weise Hitler zu denken und zu handeln imstande war. Am 5. April 1942 erklärte er auf die Frage, was aus Leningrad werden solle:

> »Leningrad müsse verfallen. Wie einer der ... heutigen Gäste berichtet habe, sei die Einwohnerzahl Leningrads aufgrund der Hungersnot bereits auf 2 Millionen herabgesunken. ... könne man sich ausmalen, wie die Bevölkerung Leningrads weiter schrumpfen werde. ... Auch die Leningrader Häfen und Werftanlagen möchten verfallen. ..«[13]

Hitlers Gesicht hatte sich – von der Jugend unbemerkt – verändert. Die Jugend wie auch weite Bevölkerungsteile sahen Hitler, der durch den Krieg fremd geworden war und in seinen Hauptquartieren zurückgezogen lebte, unverändert so, wie sie ihn zuletzt erlebt hatten. Er war *konserviert*, als der Hitler, der aus dem Herzen des Volkes zu sprechen vermochte, wie wir an Beispielen eingangs nachgewiesen haben. Als solcher lebte er in der öffentlichen Meinung weiter.

1.2.3.
Die Jugend zu Hitlers Außenpolitik

Wie war die öffentliche Meinung beschaffen, insbesondere die der Jugend, die den Namen Hitlers trug?

Die Unterstützung des in Abessinien 1935/36 als Agressor eingefallenen Italien durch die deutsche Reichsregierung fand damals in der deutschen Jugend so gut wie kein Verständnis. Die Jugend hielt zu den überfallenen Abessiniern und verachtete die Italiener, die über Wehrlose hergefallen waren.

Die Unterstützung Francos im spanischen Bürgerkrieg – selbst von Hitler nicht ohne Argwohn unternommen – fand hingegen angesichts der von der Propaganda kolportierten Greuel der Roten starke innere Anteilnahme bei der Jugend, die die Bestialitäten an Frauen, Kindern und Nonnen verabscheuten. Die Intervention in Spanien wurde gegen den Rat Ribbentrops unternommen, nachdem Hitler von Canaris zu diesem Entschluß überredet worden war. Hermann Giesler berichtet dazu Hitlers Stellungnahme im Führerhauptquartier Winniza 1942:

> Er glaube, wenn er schon 1936 Francos politische Ziele und ihn selbst erkannt hätte, dann wären seine Sympathien mehr auf der Seite derer gewesen, die sich gegen dieses Feudalsystem und den Klerus richteten. Aber diese Revolutionäre seien angeführt worden von Kommunisten . . . Einen Sozialismus, der Spanien gemäß wäre, ja; einen spanischen kommunistischen Staat, als Satellit der Sowjets, nein.«[11])

Das Herz der Jugend hat damals jedenfalls nicht für die Unterdrückung und das Feudalsystem geschlagen, sondern gegen den Roten Blutrausch der Republikaner, so wie ihn Stefan Andres in seiner Novelle »Wir sind Utopia« geschildert hat.[17])

Der französisch-russische Militärpakt zur Einkreisung Deutschlands und die offene bis zynische Proklamation der Tschechoslowakei als *den bis ins Herz Deutschlands hineinragenden Flugzeugträger der Einkreisungsmächte* veranlaßte zwar die Jugend, der Zerschlagung dieses Versailler Gebildes zuzustimmen, zumal es in seine völkischen Bestandteile zerlegt wurde. Aber mehr?

Deshalb wurde die Besetzung der Rest-Tschechei und die Errichtung des Protektorats Böhmen und Mähren im Jahre 1939 nicht nur von der Jugend, sondern auch von alten Nationalsozialisten als zwar strategisch zu rechtfertigen, aber aus der Sicht des völkischen Sozialismus als Verletzung des Selbstbestimmungsrechts eines anderen Volkes angesehen und von manchen als imperialistisches Ausgleiten erkannt.

Hingegen wurde die Haltung Hitlers in der Frage des polnischen Korridors als äußerst maßvoll empfunden. Denn der Ausgang Polens zur Ostsee wäre ethnologisch sicher dauerhafter durch die Vereinigung Litauens mit Polen darstellbar gewesen als über Westpreußen. Mit Hitlers Korridorgarantie und Forderung nach exterritorialer Verbindung wurde das in Bezug auf die Protektoratsbildung angeschlagene öffentliche Vertrauen zu Hitler wieder hergestellt, so daß Hitler sich in der Danzig-Frage wieder voll vom öffentlichen Vertrauen getragen wußte.

Zu irgendeinem Eroberungskrieg war die deutsche Öffentlichkeit kaum, die Jugend aber, auf die es ankam, überhaupt nicht bereit, denn die Hitler-Jugend hatte das Jahr 1938 zum Jahr der Verständigung erklärt gehabt und pflegte reiche internationale Beziehungen. So bedurfte es für den Ausbruch des Polenkrieges schon der vorangehenden und als vernichtend empfundenen Einkreisungspolitik Englands und Frankreichs und schließlich des überschäumenden Chauvinismus Polens, um die Stimmung der Deutschen überhaupt für das *Es-wird-zurückgeschossen* zu gewinnen. Für einen Angriffskrieg war in der Meinung der Jugend kein Raum.

Das Vertrauen in das diplomatische Geschick Hitlers war so groß, daß die im Zuge der inoffiziellen Mobilmachung einberufenen Jugend-Führer noch am Vorabend des Kriegsausbruchs Wetten abschlossen, daß es keinen Krieg gäbe.

In der Tat hätte der Krieg am 3. September 1939 beendet und der *Status quo* wiederhergestellt sein können, wenn die Engländer das *Truppenrückzugs- und Wiedergutmachungs-Angebot* Hitlers, am 2. September 1939 abends, zwei Tage nach Beginn des Polenfeldzuges also, durch den Botschaftsrat Dr. Hesse überbracht, angenommen hätten; Hitler hatte dafür die Vermittlung Englands angerufen und nicht mehr verlangt, als die Wiedervereinigung Danzigs mit dem Reich und den Bau einer exterritorialen Straße durch den *polnisch* bleiben sollenden Korridor. Hier war Hitlers Friedenswille noch einmal überzeugend offenbar geworden.[18], [19]

Es waren die darauf folgenden Kriegserklärungen Englands und schließlich auch Frankreichs, welche die deutsche Jugend in den Krieg, den sie nicht gewollt hatte, zwangen.

Kriegslüsternheit, Aggression, Eroberungssucht – diese Motive scheiden bei der deutschen Jugend für ihre Kriegsdienstleistung gänzlich aus.

1.2.4.
Die Jugend zu Hitlers Kriegspolitik

Die nach dem Polenfeldzug erfolgende Begründung des Reichsgaues Wartheland, eines ursprünglich deutschen Gebietes, wurde von der Jugend als logische Konsequenz des Programmpunktes 1 des Parteiprogramms, als »Zusammenschluß aller Deutschen« gutgeheißen, zumal die Beseitigung des Korridors zugleich die Beseitigung der schmählichsten und widernatürlichsten Klausel des Versailler *Diktats* bedeutete. Selbst die Teilung Polens, das heißt die Abtrennung der ehemals weißrussischen Gebiete Ostpolens, war nach dem völkischen Ordnungsdenken noch zu rechtfertigen, wenngleich der Einmarsch der Roten Armee in jene Gebiete zu einem Zeitpunkt, da Polen bereits am Boden lag, als unritterlich empfunden wurde. Aber bei den Invasoren handelte es sich eben um Bolschewisten, von denen ohnehin keine Volksabstimmungen, sondern Annektionen zu erwarten waren.

Auf gänzliches Unverständnis stieß deshalb die deutsche Beherrschung eines *Generalgouvernements* und die dort alsbald sichtbar werdende »Volkstumspolitik« Himmlers, der – anders als im Protektorat – deutlich auf die Auslöschung der polnischen Nation zielte, und zwar mit dem dafür geeignetesten Mittel, der Elitenzerstörung.[20]

Hier wurde für viele als Soldaten dienende ehemalige Hitlerjungen und Jugend-Führer erst-mals deutlich, daß der Sozialismus infrage gestellt wurde, und zwar von Grund auf und nicht nur des Krieges wegen, wie die Beschönigung lautete: Denn jeglicher Sozialismus, auch natio-naler Sozialismus, basiert auf einer Solidarität der Völker mit der Unverletzlichkeit von natio-nalem Eigentum, nationaler Selbstbestimmung und nachbarlichem Frieden.

Diese Auffassung von Sozialismus ist nicht erst nach dem Zweiten Weltkrieg entstanden. Einer der Vorgänger des Nationalsozialismus, der konservative Revolutionär Moeller van den Bruck, hat in der Weimarer Zeit bereits die Aufgabe der deutschen Außenpolitik einer völkisch-sozialistischen Reichsregierung klar umrissen:

> »Die deutsche Außenpolitik steht vor ihrer schwersten Entscheidung. Der deutsche Sozi-alismus kann sich nur dann für Rußland entscheiden, wenn auch der russische Sozialismus erkennt, daß jedes Volk seinen eigenen Sozialismus hat . . . Unsere sozialistische Außen-politik kann nur deutsche Volkspolitik sein.«[21])

Mit diesen seherischen Worten hat Moeller van den Bruck die *Herausforderung der kommu-nistischen Internationale* vorausbeschrieben, durch die Hitler vom völkischen Sozialismus ab-gebracht und zur Konfrontation mit dem sowjetischen *Imperialismus* getrieben wurde. Der imperialistischen Versuchung erlag er schließlich selbst, indem auch er imperialistische Fremd-volkpolitik betrieb.

1.2.5.
Das anachronistische Mißverständnis

Sozialismus auf Kosten anderer, soziale Revolution durch Beherrschung Unterlegener, sind Widersprüche in sich, so wie auch Freiheit nicht teilbar ist und nicht mit der Unterdrückung anderer erkauft werden kann.

Ein nationaler Sozialismus, der über seine Grenzen hinaustritt, um die Wohlfahrt seiner Volks-genossen auf Kosten anderer Völker zu befördern, verlagert den im Inneren überwundenen Klassenkampf nur in die internationale Ebene. Damit verliert er den Anspruch, Sozialismus zu sein – er wird zu einem bloßen Chauvinismus und Imperialismus.

Was internationale Sozialisten vorhergesagt hatten und was deutschen Kriegsgefangenen dann in Rußland entgegengehalten werden konnte, das alles hat Hitler zur Diskriminierung seines nationalen Sozialismus blind erfüllt. Daß der russische Sozialismus nicht anders verfährt, ver-mag den Hitler-Sozialismus nicht aufzuwerten. Hitler hat den Sozialismus ebenso verraten wie Stalin und Roosevelt: Alle drei waren unter sozialistischem Vorwand Imperialisten geworden. Hitler allerdings als letzter, das mag ihn für die beiden anderen so gefährlich gemacht haben. –

Wie sehr Hitler im Kriege den Sozialismus im Nationalsozialismus verriet – einen Sozialismus, den er selbst begründet und vor dem Kriege als aus dem Respekt für völkische Eigenart sich ergebend definiert hatte –, wird deutlich an einer Gedankenführung, die Hitler am 4. Mai 1942 in seinem Hauptquartier aussprach:

»Beim Abendessen führte der Chef aus, daß die Bezahlung der durch den Krieg verursachten Reichsschulden kein Problem sei: 1. brächten die durch das deutsche Schwert getätigten Landgewinne . . . eine so bedeutende Vermehrung des Nationalvermögens, daß sie die Kriegskosten um ein Vielfaches aufwögen.

2. brächte die Einschaltung von 20 Millionen billigen ausländischen Arbeitskräften in den deutschen Wirtschaftsprozeß einen Gewinn, der die durch den Krieg entstandenen Reichsschulden bei weitem übertreffe. Man müsse nur einmal errechnen, wieviel dadurch gewonnen würde, daß der ausländische Arbeiter statt – sagen wir – RM 2.000 wie der Inlandsarbeiter nur RM 1.000 jährlich verdiene.

Es sei jedoch bemerkenswert, daß dies den wenigsten deutschen Wirtschaftsführern bisher aufgefallen sei. Selbst dem Reichswirtschaftsminister Parteigenossen Funk habe er . . . auseinandersetzen müssen, wie wesentlich der Lebensstandard des deutschen Volkes durch die zahlreichen ausländischen Arbeitskräfte und die durch ihre Einschaltung bedingte Verbilligung der Hand-Arbeitskraft . . . gehoben werde.«[13])

Aber auch die physische Dezimierung des polnischen Volkes und der russischen Kriegsgefangenen, die im Volke durchgesickert war, fand keine Zustimmung in der deutschen Bevölkerung, womit die Kollektivschuld des deutschen Volkes widerlegt wird.

Wie die deutsche Bevölkerung wirklich dachte, berichtete der SD-Inland in seinen monatlichen geheimen Lageberichten, die im Luchterhand-Verlag 1965 als Auswahl erschienen sind: Als z. B. 1943 die russischen Massengräber von Katyn aufgefunden wurden, reagierte die deutsche Öffentlichkeit darauf ganz vorwiegend mit Abscheu und unter Betonung humanitärer Gesichtspunkte; *daneben* wurde aber auch von *einzelnen* erklärt: »Wir haben kein Recht, uns über diese Maßnahmen der Sowjets aufzuregen, weil deutscherseits in viel größerem Umfange Polen und Juden beseitigt worden sind.«[22])

Diese vom SD an die Reichsregierung berichteten Reaktionen der deutschen Öffentlichkeit beweisen, daß das Volksgewissen gesund geblieben war, und daß die Gewissen der Minderheit, die zu Augenzeugen oder Mitwissern solcher völkerfeindlichen Taten der deutschen Seite geworden war, nicht von Kriegs-Propaganda eingeschläfert waren, sonst hätte sie nicht die zusätzlich berichtete Selbstanklage reflektieren können.

Die humanitäre Reaktion wie die Selbstanklage, die der SD berichtete, beweisen, daß das Volk seinen gesunden Instinkt für Recht und Anstand nicht verloren hatte. Hatte ihn nur Hitler verloren? Oder war Hitler von Anfang an amoralisch und deshalb der Treue der Jugend nicht wert gewesen?

Hitler tat dasselbe, was seine Gegner taten. Er war ein Kind seiner Zeit, die als Endzeit der erlahmenden abendländischen Kultur, wie Oswald Spengler sie erkannt hatte, Caesären hervorbrachte und diese mit Schwert und Ideen, mit Geld und Wirtschaftsmacht imperiale Großreiche erobern ließ.[23])

Das Mißverständnis zwischen der Jugend und Hitler bestand darin, daß die Jugend im Nationalsozialismus einen neuen Kulturimpuls aufgenommen zu haben meinte, während Hitler stattdessen blanke Machtpolitik betrieb und – im Sinne Spenglerscher Erkenntnis – wie auch seine Gegner den Untergang der Abendländischen Kultur vollstrecken half.

1.3.
Die Personalität Hitlers

Das historische Hitler-Bild liegt noch nicht fest. Sein Nachkriegsbild war verzerrt und entsprach nicht dem, was seine Umgebung erlebt hatte. Was Albert Speer schrieb, wurde durch Hermann Giesler oft widerlegt, und selbst der von Joachim C. Fest »freigelegte« Hitler wurde von John Toland abermals berichtigt. Dabei haben Dr. Henry Pickers amtliche Protokolle der Tischreden Hitlers im Führerhauptquartier noch keine abschließende Auswertung erfahren. Es wird noch weitere neue Erkenntnisse geben, ehe Hitlers Bild etwa jene historischen Konturen gewonnen haben wird, für die das Bild Napoleons mehr als hundert Jahre gebraucht hat.

Sebastian Haffners »Anmerkungen zu Hitler«[42]) weisen bereits neue Perspektiven auf, die, soweit sie Hitlers Sozialismus und die Unterordnung seines politischen Zeitplans unter seine persönliche Lebenserwartung angehen, zutreffend sein dürften, während die von Haffner gezeichneten Antriebe Hitlers, zu Mord anstelle von Politik zu greifen, weitgehend von historischen Kausalitäten entblößt und bar jeder psychologischen Begründung sind.

Was jetzt schon vom Standpunkt heutiger Wissenschaft und abseits von Gefühlen und Mystizismen gesagt werden kann, ist, daß Hitler weder Engel noch Dämon, weder Gott noch Teufel war, sondern ein Mensch in seinen Gebundenheiten und in seinem Widerspruch; ein Mensch, in dem wie in allen Menschen immer Gutes *und* Böses angelegt sind und situationsbedingt zur Wirkung gelangen können.

Kleist hat diesen menschlichen Dualismus, der vom rechtschaffenen Bürger zum Rechtsbrecher führen kann, dichterisch in seinem »Michael Kohlhaas« gestaltet. Es ist erstaunlich, daß in einer Zeit, in der der Umwelt allein die Prägekraft zugeschoben wird, diese Kraft ausgerechnet bei dem Phänomen Hitler nicht einmal in ihren wissenschaftlich erkannten Grenzen belassen, sondern alles auf den *geborenen* Massenmörder zugeschnitten wird, obwohl hier die verteufelten Vererbungswissenschaften die Mitwirkung der prägenden Umwelt anerkennen. Unter Außerachtlassung der interdisziplinären Erkenntnisse, insbesondere der Psychologie, wird man das komplexe Phänomen *Hitler* nicht begreifen können.

Sicher ist Hitler, wie alle seine großen Gegner, einzuordnen in die kulturmorphologische Determination, die Oswald Spengler seherisch in die Zukunft unserer vergehenden abendländischen Kultur projiziert hat. Mit der Diagnose »Blutsäufer« wird man weder Hitler noch Roosevelt, Stalin oder gar Churchill beikommen können. Was aber entscheidend ist: mit solcher Vereinfachung ist die Gefahr der Wiederholung nicht nur nicht gebannt, sondern geradezu beschworen. Das sollten Historiker bedenken.

So ist das Bild, welches sich die Jugend von Hitler gemacht hatte, nicht ein Scheinbild, genährt aus Hitler'scher Verstellungskunst, gewesen, sondern dieses Bild war von derselben Realität wie jener Hitler, der endlich das, was er selbst »Humanitätsduselei« in der Beurteilung anderer genannt hatte, fallen ließ und die Vernichtungsbefehle gab.

Paranoia? Schizophrenie? Strychnin-Vergiftung? Ein unzurechnungsfähiger Hitler gar? Nichts davon! Hitler war voll zurechnungsfähig. Er war ein Mensch – ein Mensch mit Fausts zwei Seelen in der einen Brust, und als solcher geliebt und Grauen erregend zugleich.

Sicher war Hitler kein Staatsmann nach der Definition Max Webers, kein Realpolitiker, kein Bauer und kein Weiser, die warten und reifen lassen können. Aber Hitler war nach 1919 weder ratlos noch tatenlos wie die führenden Kreise des Bürgertums.

Hitler hat beides bewirkt: *Heil und Unheil*[24]). Das Bild Hitlers ist verzerrt, wenn man nur eine seiner beiden Wirkungen sehen will, wie es die Nachkriegszeit unhistorisch allzulange tat. So sind die meisten Hitlerbilder nur Halbwahrheiten.

Es wäre eine ebensolche Halbwahrheit, aus Schirachs Nürnberger Wort abzuziehen, Hitler wäre *nur* der »millionenfache Mörder« gewesen. Die Wahrheit, die Schirach klar sah, war, daß Hitlers charismatisches, heilsbringendes Wesen lange und bestechend überwogen hatte, welches dichterisch überhöht zu haben Schirach sich als Schuld zumaß, und daß diese Art Hitlers später seinem anderen verhängnisvollen Wesen, in Krisen zerstörerisch bis zur Selbstzerstörung zu reagieren, gewichen war.

Hitler hat Unbeugsamkeit für Größe gehalten. Noch im Herbst 1944 äußerte Hitler gegenüber Prof. Giesler: »Eine Sentenz Nietzsches beziehe ich auf mich: ,Was heute beweisen kann, ob Einer Wert hat oder nicht, – daß er Stand hält.'«[11]) Und Hitlers Umgebung hat ihn in dieser Haltung bestärkt. Diese Umgebung indessen war Hitlers eigenes Werk. Er hatte gegen das ohnmächtige »Weimarer System« das mächtige *System* des autoritären Führerstaates ohne jedes konstitutionelle Regulativ gesetzt, unter anderem mit der Wirkung, daß jede Opposition automatisch zum Hochverrat werden mußte. Er hat sich selbst damit an dieses System und die daraus resultierenden selbständigen Systemkräfte ausgeliefert. Freilich konnte nichts aus seinem Wesen an Unheil entspringen, was nicht latent darin angelegt gewesen wäre. Aber es waren die Systemkräfte, die von außen auf ihren obersten Repräsentanten rückwirkten und Untergründiges in seinem Wesen freilegten, aktivierten und virulent machen konnten.

Psychologen wissen um die Urtriebe des Menschen, welche als ererbte Atavismen auf dem Seelengrunde schlummern und nur in existenziellen Krisen hervorbrechen und dann den Anschein der Dämonie erwecken.

Die auf Hitler rückwirkenden Systemkräfte sind ganz sicher nicht nur in der Person Bormanns personifiziert gewesen. Sie waren oft gänzlich ohne Personalität. Sie wirkten z. B. aus früheren Drohgebärden zurück und forderten dann unter veränderten Umständen die Tat als Realisierung. Das ist bei der Eskalation der Judenfrage nachzuweisen. Nicht die Nürnberger Gesetze, die uns Heutigen so unwirklich vorkommen – sie waren damals von maßgebenden Zionisten, die in Verbindung zum Reich standen, begrüßt worden[25]) und sind heute in ihrer Substanz mit umgekehrten Vorzeichen Gesetz des Staates Israel – waren Ursache des Völkermordes, sondern die Drohung Hitlers kurz vor Ausbruch des Zweiten Weltkrieges, daß, wenn es dem internationalen Judentum noch einmal gelingen würde, die Völker Europas in einen Weltkrieg zu stürzen, dies das biologische Ende des Judentums in Europa bedeuten würde.[7])

Es war dieses eindeutige und als Abschreckung gemeinte Wort Hitlers, welches am Anfang einer Kausalkette steht. Bei Eintritt der Bedingung, die verhindert werden sollte, nämlich ein neuer Weltkrieg, hat es mit dem Zwang zur tätlichen Realisierung fortgewirkt.

1.3.1.

Der zurückgewiesene Hitler

Für einen Mann mit dem Erfolgs-Nimbus eines Hitler war es möglich, den ihm vorauseilenden Ruf eines harten und ernstzunehmenden Gegners in der Erfolgsserie der ersten Kriegsjahre auch dann zu bewahren, wenn er in Verkennung offenbarer Realitäten Friedenspolitik versuchte. Hitler hatte England noch vor Kriegsausbruch umworben und war am 26. August 1939 schmählich zurückgewiesen worden.[26]) Zwei Tage nach Kriegsausbruch, in der Nacht vom 2. auf den 3. September 1939 hatte Hitler erneut versucht, Frieden zu stiften. Aber die Mission des Botschaftsrats Dr. Hesse mit Hitlers totalem Truppenrückzugsangebot war von England abermals und unter erniedrigenden Schmähungen, die jetzt offen liegen, abgewiesen worden.[18])

Es läßt sich denken, daß Hitler dieses Verhalten Englands tief getroffen hat. Dennoch zeigte Hitler gegen den Willen seiner Generäle Großmut, als er die Briten bei Dünkirchen abziehen ließ und als er Frankreich einen ehrenvollen und den Ausgleich vorbereitenden Waffenstillstand gewährte.

Generaloberst Guderian, der an Hitlers Dünkirchen-Entschluß mitgewirkt hatte, hat Hitlers Entscheidungsgrund in der späteren Kriegsgefangenschaft überliefert. Hitler habe danach gesagt:

> »Zwei Institutionen des Abendlandes können wir derzeit noch nicht ersetzen: die römisch-katholische Kirche und das englische Empire.«[27])

Hitlers großmütig gemeinte Geste ist von England nicht, oder nur durch verstärkte Kriegsführung gegen das Reich honoriert worden. Daß sich bei Hitler hier Affekte stauen würden, ist mit fast mathematischer Sicherheit vorauszuberechnen gewesen und vielleicht von seinen Gegnern auch so berechnet worden.

Derselbe Hitler hatte auch im Inneren Großmut bewiesen, als er nach seiner Machtübernahme in unblutiger Revolution die Volksgemeinschaft für Millionen ehemaliger erbitterter politischer Gegner öffnete, und als die SA schon vor 1933 und ab 1934 einen starken Zustrom von ehemaligen Kommunisten aufnehmen durfte. Als sich dieses links-revolutionäre Element mit dem linken Flügel der SA unter dem Stabschef Röhm und dem Berliner SA-Obergruppenführer Ernst sowie dem auf dem linken Flügel der NSDAP noch immer Resonanz habenden Gregor Strasser verbündet und die »Zweite Revolution« fordert[19]), ist die Gefahr eines National-Bolschewismus unübersehbar. Mit der vom Reichspräsidenten v. Hindenburg gebilligten Erschießung Röhms wird dem Revolutionsbegehren der Straße ein Ende gesetzt. Hitler opfert das Parteiinteresse dem Staatsinteresse und erwartet von seinen bürgerlichen Gegnern gleiche Loyalität. Er wurde enttäuscht. Spätestens ab 1938 mußte Hitler mit dem Verrat leben, konnte ihn nicht fassen, nicht bekämpfen, obwohl ab 1941 Hunderttausende von Soldaten den Verrat mit ihrem Leben bezahlen mußten. Hitler hat im Herbst 1944 rückschauend dazu festgestellt:

»Ich habe den Arbeiter gewonnen, aber ich habe die Reaktionäre unterschätzt, sie waren da – in der Reichswehr, in der Industrie, in der Wirtschaft und in der Geldmacht, sie waren da als gescheiterte Politiker und tätig als Diplomaten . . . Ich habe versäumt, diese Fossilien vergangener Zeiten aufzuräumen. Ich habe über die Not, den Aufbau, die Gestaltung, über den Krieg und seine Belastung und Herausforderung vergessen, daß ich ein Revolutionär bin.«[11])

Hitlers Ansehen reichte aus, alle diese Zurückweisungen hinzunehmen. Die Erfolge der Blitzkriege in Polen, Dänemark, Norwegen, Frankreich, Jugoslawien und Griechenland steigerten Hitlers Ansehen so, daß er 1941 vor dem *unausweichlichen*[28]) *Präventiv-Schlag* gegen Rußland neue Friedensfühler gegen England ausstreckte, die in die Mission seines Stellvertreters Rudolf Heß mündeten. Durch Heß hatte Hitler damals die Räumung *aller* besetzten europäischen Länder und die Garantierung des britischen Weltreiches angeboten, wenn England dem Deutschen Reich zur Abwehr des Bolschewismus den Rücken freihalten würde durch eine wohlwollende Neutralität der Westmächte.[19])

England wies auch dieses Angebot, das Europa den Frieden gebracht und ihm Millionen Opfer erspart hätte, ab und informierte Roosevelt und Stalin.[19]) Hitler wußte natürlich alsbald, daß sowohl 1939 wie 1941 das letzte Wort der Ablehnung vom US-Präsidenten Roosevelt gekommen war – dem erfolglosen amerikanischen »Sozialisten«, der sich zum Werkzeug des Dollar-Imperialismus der Wallstreet machen ließ und bereits mit Stalin im geheimen Bündnis stand, ja entgegen dem Embargo-Beschluß des Kongresses US-Waffen an Stalin lieferte.[29])

1.3.2.
Der überspielte Hitler

Was Moeller van den Bruck in den zwanziger Jahren als die schwerste Entscheidung einer deutschen Außenpolitik vorausgesagt hatte, nämlich, daß für ein Zusammengehen von Deutschland und Rußland die Voraussetzung wäre, daß »auch der russische Sozialismus erkennt, daß jedes Volk seinen eigenen Sozialismus« habe,[21]) bewahrheitete sich auch als die Schicksalsfrage der Hitler'schen Außenpolitik. Zu spät erkannte Hitler, daß er in den von Stalin gelegten Hinterhalt gestolpert war, aber noch immer erkannte Hitler nicht, daß er mit dem Präventiv-Schlag gegen Rußland in den nächsten, diesmal von Roosevelt und Churchill gelegten, Hinterhalt lief.[28])

Die Kriegsschuldforschung, soweit sie sich nicht auf die Untermauerung der Kriegsschuldlüge von Nürnberg beschränkt, hat inzwischen weltweit Klarheit darüber, wie die Konstellation in Europa vor dem Kriege war: Die Angloamerikaner sahen sich zwei europäischen sozialistischen Großmächten gegenüber; die Wiederherstellung des Gleichgewichts der kontinentalen Kräfte schien nur durch einen deutsch-russischen Krieg möglich. Die Verhandlungen der Westmächte mit Stalin zielten auf die Einkreisung Deutschlands und einen Krieg im Osten, der nur Deutschland und Rußland, nicht aber die Westmächte binden sollte.

Aus der Fülle von Dokumentar-Material über diesen Willen der Westmächte seien hier zwei zitiert.

Der US-Botschafter Bullitt erklärte 1938 (!) dem polnischen Botschafter Potocki:

> »Es ist der Wunsch der demokratischen Staaten, daß ein bewaffneter Konflikt im Osten zwischen dem Deutschen Reich und Rußland ausgelöst wird. Da man bis jetzt noch nicht das Potential der Kräfte der Sowjetunion kennt, kann es sein, daß Deutschland sich zu weit von seiner Basis entfernt und sich zu einem langen Krieg verurteilt sieht, der es schwächen würde. Erst dann werden die demokratischen Staaten angreifen und es zur Kapitulation zwingen.«[28])

Kurz vor Eintritt der USA in den Krieg äußerte der Vizepräsident Truman knapper, aber um so zynischer, was die sowjetische Historikerin A. A. Strakowa so zitiert:

> »Wenn wir sehen, daß Deutschland siegt, müssen wir Rußland helfen und wenn Rußland gewinnt, Deutschland, und sie um so mehr zu töten.«[28])

Stalin hatte 1939 diese Strategie bei den Verhandlungen der militärischen Generalstäbe erkannt. Churchill selbst berichtet darüber, daß Stalin gefragt habe: »Wieviele Divisionen schickt England ins Feld?« Die Antwort lautete: »Zwei und später noch zwei.« »So, so, zwei und später noch zwei«, hatte Stalin wiederholt. Er hatte dreihundert zu schicken.[15]) [19])

Stalin hatte umgekehrt die Erkenntnis, daß das ihm gefährliche Hitler-Deutschland, in dem sich ein erfolgreicher Sozialismus auf dem Boden einer führenden Industriemacht etabliert hatte, nur durch einen Krieg der kapitalistischen Industriemächte gegen Deutschland auszuschalten war. Erst danach sah er Möglichkeiten, die kommunistische Weltrevolution so voranzutreiben, wie es die Komintern in ihrem Fahrplan auswies. Stalin entzog sich dem Werben der Westmächte und schloß offiziell den Pakt mit Hitler und heimlich die Vereinbarung über die Teilung Polens. Mit diesem Schachzug war der Kriegsausbruch sicher.

Sicher deshalb, weil die Briten davon ausgehen konnten, daß Rußland eine latente Ostfront für Hitler bedeutete, so daß sie nicht zögern würden, den Krieg an Deutschland zu erklären. Durch das förmliche Nichtangriffsabkommen mit Deutschland aber machte Stalin scheinbar den Rücken Hitlers frei, Polen anzugreifen. Denn Stalin wußte, daß Hitler eher zurückgesteckt hätte, als einen Zweifrontenkrieg um eine Sache zu führen, die nach seinen eigenen Zielen nicht mehr als die Verkehrsverbindungen im Korridor bezwecken wollte.

Für die Absichten Stalins sprechen seine eigenen Erklärungen eine eindeutige Sprache. Am 20. Mai 1938 sagte Stalin vor einem Kreis der Komintern:

> »Die unmittelbare Wiederaufnahme einer revolutionären Aktion größeren Ausmaßes wird jetzt möglich sein, wenn es uns gelingt, die Gegensätze zwischen den kapitalistischen Staaten so auszunützen, daß diese sich in einen Weltkrieg stürzen. Die Lehre von Engels, Marx und Lenin zeigt, daß automatisch aus einem allgemeinen Krieg unter den Staaten die Revolution hervorgeht. Die wichtigste Arbeit unserer Parteigruppen muß darin bestehen, einen derartigen Zusammenbruch zu erreichen. Wer das nicht versteht, hat noch nichts von den Lehren des revolutionären Marxismus begriffen. Die entscheidende Stunde für uns ist gekommen.«[28])

Am 19. August 1939, vier Tage vor dem Abschluß des deutsch-sowjetischen Vertrages erklärte Stalin vor dem Politbüro:

> »Wir sind unbedingt überzeugt, daß Deutschland, wenn wir einen Bündnisvertrag mit Frankreich und Großbritannien schließen, sich gezwungen sehen wird, vor Polen zurück-zuweichen. Auf diese Weise könnte der Krieg vermieden werden ... Auf der anderen Seite wird Deutschland, wenn wir seinen Nichtangriffspakt annehmen, sicher Polen an-greifen, und die Intervention Englands und Frankreichs wird unvermeidlich sein ... Es ist wesentlich für uns, daß der Krieg so lange wie möglich dauert, damit beide Parteien sich erschöpfen. In der Zwischenzeit müssen wir die politische Arbeit in den kriegführenden Ländern intensivieren, damit wir gut vorbereitet sind, wenn der Krieg sein Ende nehmen wird.«[28])

Prof. Freiherr von Richthofen berichtet darüberhinaus von der Abhörung eines sowjetischen Sprechers im Sowjetfunksender Petrosawodsk im Jahre 1945, in welchem die bewußte Kriegs-herbeiführungspolitik Stalins als ein Beispiel für die »besondere Weisheit des großen Führers der Völker«, Stalins, bezeichnet wurde, dem es gelungen sei, *Hitler auf die kriegsauslösende Leimrute* des sowjetisch-deutschen Vertrages vom August 1939 *zu locken.*[28])

Auf derselben Linie liegt, was Leonid Breschnjew in seinen Kriegserinnerungen berichtet. Auf die Frage, ob der deutsch-sowjetische Pakt in den Kadern der Partei diskutiert werden dürfte, hat Breschnjew, wie die Botschaft der UdSSR selbst richtig stellte, 1939 geantwortet:

> »Unbedingt erläutern – sagte ich – so lange erläutern, Genossen, bis vom faschistischen Deutschland kein Stein mehr auf dem anderen liegt.«[30])

Hitlers Rüstung umfaßte 1939 einen Stand, der für einen isolierten Polenkonflikt gerade aus-reichte. Allein in der Schlacht um Kursk und Orel vom 5. - 13. Juli 1943 mußte Hitler soviel Menschen und Material einsetzen, wie ihm im Polenfeldzug nebst Westwall insgesamt zur Ver-fügung gestanden hatten.[13]) Deshalb ist zu schlußfolgern, daß Hitler seinerseits der Überzeu-gung gewesen war, durch das Bündnis mit Rußland den polnischen Konflikt lokalisieren zu können, wie auch tatsächlich aus der Mission des Dr. Hesse vom 2. September 1939 hervor-geht.[18]) Hitler rechnete damit, daß *schlechtestenfalls* nach einer Teilung Polens und nach even-tuellen weiteren Erfolgen im Westen England als Partner gewonnen werden könnte. Das war und blieb Hitlers fixe Idee entgegen allen Ratgebern.[31])

England hingegen befürchtete die Lokalisierung des Polenkonfliktes. Zunächst einmal, weil der deutsche Widerstand den Engländern einen Putsch gegen Hitler zugesichert hatte, wenn England an Deutschland den Krieg erklärte.[18]) Zum anderen aber auch, weil England in Kennt-nis des russischen Rüstungsstandes und der russischen Absichten gegen Deutschland fest da-mit rechnen konnte, daß durch eine deutsch-russische Grenze auch der deutsch-russische Kon-flikt vorprogrammiert war. In diesem späteren Konflikt wollten Roosevelt und Churchill auf der Seite der Kriegsgegner Deutschlands stehen, dessen industrielle Kapazität und dessen so-zialer Friede ihnen gefährlicher erschienen als das unterentwickelte Rußland, das ohne die US-Kriegsindustrie nicht hätte Krieg führen können. Die Kriegslieferungen der »neutralen« USA halfen Roosevelt endlich, die seit seinem Amtsantritt 1932 vorhandenen 12 Millionen Arbeits-losen von der Straße zu bekommen.[32]) Deshalb das *Defeat-Hitler-first.*

Hitler glaubte noch, als Heß mit seinem Angebot nach England flog, England gewinnen zu können. Hitler irrte sich auch dieses Mal. Denn die Mission des Rudolf Heß bewies den Briten, daß Deutschlands Angriff auf Rußland unvermeidlich war und bevorstand. Das war das Langzeit-Ziel Roosevelts und Churchills, und darin wollten sie sich weder von einem Heß noch von Hitlers Angeboten beirren lassen.[19] [28]

Roosevelt und Churchill hatten endlich den Krieg zwischen Deutschland und Rußland, den sie herbeigebetet und in jeder Weise gefördert hatten. Sie waren entschlossen, daran zunächst einmal mit Kriegslieferungen jahrelang zu verdienen und sich die Gegner abnutzen zu lassen.[28] Hitler hatte sich damit zum zweitenmal zum Vollstrecker des Feindeswillens machen lassen.

In der Zange zwischen Roosevelt und Stalin mußte Hitler, wenn er nicht Gesicht verlieren wollte, seine Drohungen wahrmachen. Und Hitler machte sie unverzüglich wahr, denn nun brachen sich die in ihm gestauten Affekte vehement Bahn: Nach dem Scheitern der Mission Heß erweiterte Hitler im Mai 1941 den Auftrag an die für den bevorstehenden Rußland-Krieg aufgestellten Einsatzgruppen von der bis dahin vorgesehenen Ausmerzung bolschewistischer Funktionäre nunmehr auf die Liquidierung auch der jüdischen Bevölkerung im rückwärtigen Heeresgebiet der russischen Front.[33]

Diese Daten sind genau begrenzbar.

1.3.3.
Die Eskalation zur »Endlösung«

Es ist den historischen Quellen zu entnehmen, daß Hitler das Spiel Roosevelts durchschaut hatte und daß er die Kriegshetze Washingtons von der Wallstreet ausgehen sah, worin ihm die Kriegserklärung des Welt-Zionisten Kongresses vom 5. September 1939[7], die die Kriegsdrohung der Internationalen Jüdischen Föderation vom Frühjahr 1933 wahrmachte[25], bestärkt hatte. Im Laufe des restlichen Jahres 1941 wird Hitler von den USA her mit antijüdischem Ressentiment so sehr aufgeladen, daß er den seit Jahren von den USA gegen das Reich offen aber informell geführten Krieg am 11. Dezember 1941 formell aufnahm.

Ende August 1941, drei Monate vor Hitlers Kriegserklärung an die USA, tagte in Moskau ein jüdischer Kongreß, in welchem führende jüdische Persönlichkeiten nicht nur der Sowjetunion, sondern »des Weltjudentums« erneut zum Kriege gegen Deutschland aufriefen.[7] Im August 1941, als in Deutschland noch die Auswanderung der Westjuden gefördert und eine jüdische Eigenstaatlichkeit zu begründen versucht wurde, ein halbes Jahr vor der sogenannten Wannsee-Konferenz also, behauptete die Moskauer Juden-Konferenz bereits, »gegenüber dem jüdischen Volk hat der blutrünstige Faschismus ein Gangsterprogramm ausgearbeitet, um es total und bedingungslos auszurotten . . .«[7] Das traf, auch unter Berücksichtigung der unter dem Befehl des Heeres im rückwärtigen Ost-Frontgebiet gegen potentielle bolschewistische Terrorgruppen und ostjüdische Bevölkerung operierenden »Einsatzgruppen«, nicht zu.

Zutreffend ist, daß in den Monaten zwischen dem Beginn der Kampfhandlungen in Rußland und der Kriegserklärung des Deutschen Reiches an die USA eine Entwicklung Platz gegriffen hatte, die Dr. Henry Picker so beschreibt:

>Die ersten westeuropäischen Judentransporte nach dem Osten erfolgten, nachdem die Bemühungen des Reichsministers Schacht um eine weltweite Regelung der europäischen Juden-Auswanderung Ende 1941 *restlos* gescheitert waren. Kein größeres westliches Land wollte freiwillig größere Judenkontingente aufnehmen. Großbritannien zog sein Angebot zur Freigabe Rhodesiens bzw. Britisch Guayanas als jüdisches Immigrationsland zurück und verweigerte das deutscherseits nachgesuchte freie Geleit für jüdische Auswandererschiffe nach Madagaskar. Die 32 Staaten, die dem *Zwischenstaatlichen Evian-Komitee für jüdische Auswanderung* angehörten, und die vom Komitee angesprochenen jüdischen Weltbanken fanden keine Möglichkeit, für die zunächst in Frage stehenden 600.000 *westeuropäischen* Juden, die pauschal mit 125 Dollar pro Kopf berechneten Überführungskosten in einen jüdischen Nationalstaat aufzubringen, obwohl weitsichtige Zionistenführer die Sache befürworteten. Erst als Schacht ihm das Scheitern seiner diesbezüglichen Bemühungen meldete, gab Hitler seine Parole von der *Lösung des europäischen Judenproblems ohne einen einzigen Gewehrschuß* auf, *verbot* ab 1. Oktober 1941 *die jüdische Auswanderung* und befahl für alle Juden die *Internierung* und das Tragen eines Judensterns, der mit seinem gelben Farbton dem seit dem 12. Jahrhundert den Juden in Deutschland für das ganze Mittelalter gesetzlich vorgeschriebenen Judenhut entsprach.«[13])

Die Wannsee-Konferenz folgte am 20. Januar 1942 und legte unter dem Vorsitz von Heydrich die vorläufige Endlösung der Judenfrage fest, zunächst noch mit dem Ziel einer Umsiedlung der im deutschen Herrschaftsbereich ansässigen Juden in den Osten als Zwischenstation.[13]) Es ergibt sich aber aus den späteren Ermittlungen des Hauptamtes SS-Gericht, daß im Laufe des Jahres 1942 die Erschießung von nicht mehr arbeitsfähigen Juden in den Ost-Konzentrationslagern begonnen wurde, zeitgleich mit dem Bau der Vergasungsanlagen und Krematorien, welche Anfang 1943 fertig wurden.[34])

Nichts von alledem ist geschehen, zu dem Hitler nicht mindestens sein Einverständnis oder sogar seine Weisung – mündlich persönlich – gegeben hätte. Ein Einverständnis oder eine Weisung, die auch seine Umgebung von ihm als dem Verkünder des biologischen Endes des Judentums *forderte*, als sein Angebot zur Räumung der besetzten Länder Europas ausgeschlagen und von der, wie er es sah, »jüdischen Hochburg USA« mit offenem Vernichtungskrieg gegen Deutschland beantwortet worden war.

Nach Veröffentlichungen der »Jüdischen Allgemeinen«, vom 7. Mai 1965, hat die Kriegserklärung des Weltjudentums auch zu folgenden militärischen Beiträgen geführt: 1.410.000 Juden kämpften auf der Seite der Feinde Deutschlands. 30.000 amerikanische und 63.000 sowjetische Juden erhielten Kriegsauszeichnungen, davon 111 den höchsten sowjetischen Orden »Held der Sowjetunion«.[7])

Die USA hatten zu allem Überfluß ihr Wirtschaftsabkommen mit Moskau von 1940 schon im Januar 1941 durch die Aufhebung des Waffen- und Rohstoff-Embargos abgerundet und einen Sonderbevollmächtigten nach Moskau entsandt.[19])

Allein im ersten Jahr des USA-Rußlandhilfeprogramms landeten in Murmansk 19 US-Geleit-
züge mit 3052 Flugzeugen, 4048 Panzern und 520.000 Militärfahrzeugen, also mehr, als bei
Beginn des Ostfeldzuges der gesamten deutschen Wehrmacht für den Rußlandkrieg zur Verfügung stand.[13])

1.3.4.
Die verspielte Friedens-Chance

Trotz aller Siege hatte Hitler bereits im März 1943 den Krieg für verloren erkannt. In dieser
Situation buhlte er abermals um die Gunst der Angelsachsen, ihn im Kriege gegen den Bolschewismus zu unterstützen. Vergeblich, wie wir wissen.[15])

Da suchten im Sommer 1943 die Russen, auf drei Wegen gleichzeitig, mit dem Deutschen Reich
zu einem Kompromißfrieden zu kommen. Dr. Picker berichtet, die Vorbedingung der Russen
hätte in der Entfernung *v. Ribbtrops* und des *Massenmörders Himmler* bestanden.[13]) Dr. Peter
Kleist hingegen nennt die Entfernung v. Ribbentrops und *Rosenbergs* als russische Bedingung.[15]) Das Angebot der Russen lautet nahezu übereinstimmend: Grenzen vom 21. Juni 1941
oder deutsch-russische Grenze von 1914. Picker und Kleist berichten ferner übereinstimmend,
daß Stalins Motiv nicht etwa in Schwäche, sondern in dem Unbehagen gegenüber den Westmächten bestand. Stalin fürchtete, die kapitalistischen Mächte verzögerten die Eröffnung der
zweiten Front im Westen, um Rußland sich bei der Wiedereroberung seines Landes totsiegen
zu lassen, und er sah sich durch eine westalliierte Initiative im Mittelmeer und auf dem Balkan
um sein vordringliches Kriegsziel, die Meerengen, betrogen.

Es ist überliefert, daß Hitler zu jener Zeit seinem Außenminister v. Ribbentrop aufgetragen
hatte, entweder England oder Rußland durch Sonderfrieden als Kriegsgegner auszuschalten.
Dr. Picker berichtet, Bormann hätte zum Sonderfrieden mit Rußland geraten.[13, 15])

Trotz oftmaliger abweisender Affronts suchten die Russen den Sommer und Herbst 1943 über
unausgesetzt und auf verschiedenen Wegen mit Deutschland zu einem Sonderfrieden zu gelangen. Vergeblich.

Hitler hatte auf den Westen gesetzt und wollte die Ukraine als Protektorat behalten.[15]) Der
Westen versagte sich 1943 Hitler ebenso wie bei der Heß-Mission im Frühjahr 1941. Aber was
Hitler den Russen nicht zurückgeben wollte, das gab Roosevelt mit vollen Händen und vielfach. Es war Hitlers Nein, das den Sowjets die Tore nach Europa öffnete! Mit amerikanischer
Hilfe. Stalins Dank an die USA war im Dezember 1943 in Teheran der Beitritt der UdSSR zu
dem im Januar 1943 in Casablanca verkündeten Kriegsziel der *bedingungslosen Kapitulation
Deutschlands*. Erst danach erkannte Hitler, wie Picker berichtet, daß er »im Frühjahr 1943 seine
einzige Chance verpaßt hatte, unter imperialen Einbußen, aber mit einem immer noch mächti-
gen Großdeutschen Reich aus dem Zweiten Weltkrieg herauszukommen.«[13])

Ein Kanzler in einem anderen System hätte zurücktreten können. Hitler konnte das nicht. Er war Staatsspitze, Legislative, Exekutive und, seit 1942, auch Jurisdiktion in einer Person. Er konnte nicht zurücktreten, wenn seine Politik gescheitert war, denn es gab keinen Reichspräsidenten mehr, dem er hätte sein Amt zur Verfügung stellen können, kein Parlament mehr, dem er hätte die Vertrauensfrage stellen können, und keinen Staatsgerichtshof mehr, der ihn hätte absetzen können. Es gab für dieses System nur entweder die Flucht nach vorn: mit Hitler in die vom Gegner geforderte bedingungslose Kapitulation; oder eine Konsequenz des Diktators, die ehrenvoll gewesen wäre: das Selbstopfer seiner eigenen Person und seiner belasteten Umgebung, um dem Reich den Weg frei zu machen für eine politische Lösung, solange noch militärische Faustpfänder da waren und solange die deutschen Waffen einer politischen Lösung noch Flankenschutz geben konnten.

Hitler erschoß sich politisch, militärisch und nach dem Ehrenkodex um zwei Jahre zu spät. Millionen mußten noch vor ihm in den Tod.

Es ist müßig, die Gründe für Hitlers *Nein* zum Sonderfrieden mit Rußland zu analysieren. Sie haben so wenig rationalen Hintergrund wie die Motive Roosevelts und Churchills, die von Peter Kleist so formuliert wurden:

> »Hitlers letzte Hoffnung war ein Scheck auf die Intelligenz seiner westlichen Gegner. Er war ungedeckt.«[15])

Stalin und sein Berater-Kollektiv *durften siegen.* Fast gegen Stalins Willen.

Hier darf die kompetente Studie des einstigen israelischen Generalstäblers und späteren Historikers Yehuda Wallach »Das Dogma der Vernichtungsschlacht – Die Lehren von Clausewitz und Schlieffen und ihre Wirkung in zwei Weltkriegen« nicht übersehen werden. Ohne Hitlers Führungsstil zu rechtfertigen, kommt Wallach zu dem Ergebnis, »daß Hitler bis zum Ende des Frankreichfeldzuges in völliger Übereinstimmung mit den Grundsätzen Clausewitz' gehandelt« habe; »mit dem Entschluß, die Sowjetunion anzugreifen, während ein unbesiegtes Großbritannien Deutschland im Rücken blieb, hat Hitler den festen Boden der Clausewitz'schen Grundsätze verlassen. Von nun an trug die Politik nicht mehr zum Sieg der Waffen bei.«[35])

Im Ergebnis sagt Wallach, daß sich Hitler vom Staatsmann zum Nur-Feldherrn degradiert habe. Hatte er als Staatsmann zu siegen verstanden, so schlug er als Feldherr nur noch die größten Vernichtungsschlachten der Weltgeschichte, ein Super-Cannae nach dem anderen, errang aber keinen den Krieg beendenden – letztlich politischen – Sieg.

Die Wandlung der Persönlichkeit Hitlers wird von Wallach nicht übersehen:

> »Es ist ein ganz besonderes Kennzeichen der Eröffnungsphase des Zweiten Weltkrieges und ihrer Durchführung durch Hitler, daß kluge Politik militärischen Erfolgen den Weg geebnet hat. Als aber der Diktator durch die unerwarteten und beispiellosen militärischen Erfolge berauscht war, vernachlässigte er das Gebiet der Politik und begab sich auf rein militärische Abenteuer. Wieder wurde der Versuch unternommen, die blutige Auseinandersetzung zwischen Nationen und Weltanschauungen allein auf militärischer Ebene zu lösen.«[35])

Die Eskalation des Hitler'schen Radikalismus hat mehrere Quellen: die latente Veranlagung zum Vabanque-Spiel, verbunden mit Wunschdenken; die auf Hitler einstürmenden Provokationen des auswärtigen Gegners; die harte Reaktionen fordernden Gefolgsleute des von Hitler selbst geschaffenen Systems; und das vom westlichen Kriegsgegner verursachte Fehlen einer Alternative.

1.3.5.
Die historische Lehre

Arthur Koestler hat festgestellt, daß Kriege nicht um Territorien, sondern um Worte geführt werden.[36] Die wortgewaltige Härte Hitlers hatte sich in Thesen niedergeschlagen, denen er später selbst nicht entrinnen konnte, ohne sein Gesicht zu verlieren. Sie forderten ihren Tribut und entwickelten eigene Antriebskräfte, die über Hitlers persönliche Kraft gingen: Er vermochte sie nicht aufzufangen; er vermochte aber auch nicht, sich der Unmenschlichkeit, die sie auslösten, von Angesicht zu stellen; niemals hat Hitler die Opfer der Einsatzgruppen, der Konzentrationslager, der Vernichtungslager anders als in Form am Schreibtisch zu handhabender Statistiken gesehen und sehen wollen.[13] Sie waren für ihn allenfalls ein geschichtliches Faktum, das bedauerlicherweise noch andauerte. Und mit dieser seiner Haltung blieb er anfällig für weitere Eskalationen des Vernichtungswillens, der sich schließlich bis zum Befehl, Deutschland als verbrannte Erde zu hinterlassen, verstieg.

Für das, was von Hitlers Persönlichkeit am Ende noch da ist, ist eine Begebenheit symptomatisch: Als der letzte Vorstoß am Plattensee von der ausgebluteten SS-Panzerdivision »Leibstandarte« nicht mehr zum Erfolg geführt werden konnte, befahl Hitler seiner Leibstandarte, den Ärmelstreifen »Adolf Hitler« abzulegen. Der Armeeoberbefehlshaber und ehemalige Kommandeur der LAH, Sepp Dietrich, verweigerte diesen Befehl und ließ Hitler durch einen Ordonnanzoffizier vortragen: »Die Leibstandarte ist in diesem Krieg getreu ihrem Eid schon viele Male gefallen; dem, was jetzt noch da ist, lasse ich keinen Fußtritt versetzen.«[37]

Der Persönlichkeitsverfall Hitlers spiegelt sich noch deutlicher in dem Bericht, der als von Schirach autorisierte Stern-Serie 1966 erschienen ist. Auf dem Wehrkreiskommando Wien befand sich am 28. März der Reichsführer-SS und Chef des Ersatzheeres, Heinrich Himmler. Schirach war zugegen, als Sepp Dietrich, der Oberbefehlshaber der 6. SS-Panzerarmee eintraf. Während Himmler mit Dietrich und dessen Begleitung sprach, traf ein Anruf aus dem Führerhauptquartier ein. Himmler nahm den Hörer und ließ Schirach mithören, als von Hitler der Befehl erteilt wurde, den Offizieren der 6. Panzerarmee die Auszeichnungen abzunehmen. Der Stern-Bericht hat Himmlers Antwort überliefert:

> »Mein Führer, wenn ich den Offizieren und Männern der 6. Panzerarmee die Auszeichnungen abnehmen soll, dann müßte ich an den Plattensee fahren und dort den Toten ihre Kreuze abnehmen. Mehr als sein Leben kann auch ein SS-Mann nicht für Sie opfern, mein Führer.«

Der *Stern* berichtet, daß im Augenblick, als Himmler den Hörer auflegte, sich Sepp Dietrich das Ritterkreuz mit Eichenlaub, Schwertern und Brillanten vom Uniformkragen gerissen und es auf den Fußboden geworfen hätte.[41])

Hitler vermochte Treue zu fordern, aber nicht zu geben; außer im Erfolg.

Es ist Schuld seiner Zeitgenossen, den Menschen Hitler als Übermenschen gesehen und in dieser Rolle toleriert zu haben, ihm ein staatsrechtliches System erlaubt zu haben, welches nicht Menschen in ihrer irdischen Unzulänglichkeit zum Maß hatte, sondern einen vollkommenen, göttergleichen Übermenschen an seiner Spitze bedingt hätte. Es ist aber auch Schuld in Hitlers unmittelbarer Umgebung, die sich durch die angeborene oder anerzogene Unfähigkeit auszeichnete, kooperativ zu denken und zu handeln, Kritik zu üben, das Notwendige durch Diskussion zu gewinnen und Mannesmut vor Tyrannenthronen zu beweisen.

Die Hitler'sche Hybris, die sein leuchtendes Werk der Erneuerung des deutschen Volkes und Staates ablöste, ist ein Produkt aus menschlicher Unzulänglichkeit und potenzierender vorbehaltloser Bewunderung des ihn tragenden Systems, die *beide zusammen* der Herausforderung des sittlich *keinesfalls überlegenen* Feindes durch unentschuldbare Überreaktionen erlagen.

In diesem emotionsfreien Bild Adolf Hitlers hat beides Platz: die Liebe der Jugend zu dem großen Sohn ihres Volkes wie die Lossagung Schirachs von dem »millionenfachen Mörder«. Denn Hitler war beides, und er war es nicht ohne Mitschuld seiner Zeitgenossen.

Arthur Koestler hat zu der Problematik der menschlichen Selbstvernichtung angemerkt, sie sei als »Schizophysiologie« Teil des menschlichen genetischen Erbes. Und er leitete dazu aus der Geschichte ab:

> »In allen Kulturen, unsere eigene eingeschlossen, ist der Mord aus persönlichen Gründen eine Seltenheit. Der Mord aus selbstlosen Motiven, unter Einsatz des eigenen Lebens, ist das vorherrschende Phänomen in der Geschichte.«[36])

Danach ist die Gestalt Hitlers keine Tragik, sondern eine Lehre historischen Ausmaßes.

1.4.
Eid und Verantwortung

Die Masse der im Kriege unter Waffen gestandenen Männer hat den Jahrgängen 1915 bis 1927 angehört, daß heißt, mit zwölf der zwanzig Jahrgänge, welche für kurze oder lange Zeit der Hitler-Jugend angehört hatten und von ihr maßgeblich geprägt worden waren. Die Wiedereinführung der allgemeinen Wehrpflicht im Deutschen Reich erfolgte 1935. Der Jahrgang 1915 war demgemäß der erste aktive Jahrgang der neuen Wehrmacht. Für die Beurteilung der Kriegs-Wehrmacht treten die älteren Jahrgänge zahlenmäßig zurück, so daß die Aussage zutrifft, die Masse der deutschen Wehrmacht sei aus der Hitler-Jugend gekommen.

Das bedeutet zugleich, daß das Phänomen »Deutsche Wehrmacht« zu einem nicht geringen Teil mit dem Phänomen »Hitler-Jugend« verknüpft ist. Die freiwilligen Hitlerjungen wurden später Soldaten unter dem Fahneneid. Und unter diesem Eid hatten sie zu dienen – gehorsam bis in den Tod. Die Mehrzahl tat dies im Vertrauen auf den Führer Adolf Hitler, den Obersten Befehlshaber der Wehrmacht, der er seit dem 2. August 1934, dem Todestage Hindenburgs, war. Die Taten und die Toten dieser Jugend zeugen davon.

Aber unter dem Fahneneid mußten auch Dienste geleistet werden, die, wie wir heute erkennen, ein Mißbrauch dieses Vertrauens in die Integrität des Eidesherren waren.

Denn dieser Fahneneid war ein auf Adolf Hitler persönlich geleisteter Eid.

Das war keineswegs normal und selbstverständlich, wie die, die ihn nach 1935 schwuren, gemeint haben. Denn diese Jugend wußte nicht, daß es vor dem Tode Hindenburgs einen unpersönlichen Eid gab: In der Weimarer Republik war der Fahneneid zweigeteilt gewesen; er hatte die Treuepflicht gegen die Reichsverfassung und die Gehorsamspflicht gegenüber dem Reichspräsidenten als Institution umfaßt.[38] Die Treue gegenüber der Verfassung schloß die Treue zu Recht und Gesetz ein. Ein solcher Eid war nicht gegen die Verfassung zu mißbrauchen, auch nicht durch den Reichspräsidenten als Obersten Befehlshaber. Der Eid der Reichswehr vor dem Tode Hindenburgs war der stärkste Garant ihrer Loyalität gegenüber der Republik gewesen.

Aber dieser Eid schien der *Wehrmachtführung* nicht mehr zweckmäßig. Nicht Hitler, sondern die Wehrmachtführung unter ihrem damaligen Reichswehrminister, Generaloberst von Blomberg, konzipierte den neuen Fahneneid als Eid auf Adolf Hitler persönlich, wie es heißt, als Dank für die Erledigung der Röhm-Affäre im Sinne der Reichswehr.[13] Das Gesetz zur Änderung des Fahneneides wurde vom Reichskabinett, in welchem die Nationalsozialisten noch in der Minderheit waren, am 20. August 1934 beschlossen. Damit war die Pflicht zur Prüfung militärischer Befehle auf ihre Verfassungsmäßigkeit entfallen.[38] Das Widerstandsrecht, auf das sich spätere Verschwörer beriefen, war eine Hilfskonstruktion. Denn rechtssystematisch war die Pflicht zur Einhaltung der Verfassung bei militärischen Befehlen durch die Eidesänderung auf den Obersten Befehlshaber Adolf Hitler als Person übergegangen. Er *durfte* befehlen, aber er allein stand unter der Verantwortung vor dem Souverän, daß heißt, vor dem Volk und vor dem Reich, dessen Führer er war.

Die oft beschworene »Verantwortung vor der Geschichte« ist keine Verantwortung, sondern eine Ausflucht von Vabanque-Spielern: Die Geschichte ist kein Rechtsinstitut und schon gar keine moralische Anstalt.

Hitler hat sich nicht verantwortet, nicht vor dem Volk, nicht vor dem Reich und natürlich nicht vor der Geschichte. Die Jugend, die seine Befehle befolgte, hat deshalb das *Recht*, diese Befehle nachträglich zu beurteilen und darüber moralisch zu richten, wie zu seinen Lebzeiten ein Staats- oder Volksgerichtshof hätte urteilen *müssen*. Dieses Recht wird zur Pflicht, wenn die Eidtreuen ihren Eidesherrn als Repräsentanten des noch über ihm stehenden Reiches begriffen hatten.

1.4.1.
Der persönliche Eid

Die neue, ab 1934 geltende Eidesformel lautete:

> »Ich schwöre bei Gott diesen heiligen Eid, daß ich *dem Führer des Deutschen Reiches* und Volkes, Adolf Hitler, dem Obersten Befehlshaber der Wehrmacht, unbedingten Gehorsam leisten und als tapferer Soldat bereit sein will, jederzeit für diesen Eid mein Leben einzusetzen.«[19])

Noch ehe Teile des Offizierkorps diesen von ihnen als »Sklaveneid« bezeichneten Eid verweigern konnten, noch ehe der greise General Ludendorff zum Ausdruck bringen konnte, daß persönliche Eide sich nur jemand schwören lasse, der sie mißbrauchen wolle, hatte Hitler schon politisch reagiert. Noch am Todestage Hindenburgs wies er den Reichsinnenminister an, die »demokratische Legitimation« durch Volksabstimmung herbeizuführen:

> »Fest durchdrungen von der Überzeugung, daß jede Staatsgewalt vom Volke ausgehen und von ihm in geheimer, freier Wahl bestätigt sein muß . . .«[19])

heißt es in Hitlers Weisung vom 2. August 1934.

Mit 90 % Ja-Stimmen wird Hitler durch Plebiszit der Nachfolger des Reichspräsidenten v. Hindenburg und in der Doppelrolle als »Führer und Reichskanzler« bestätigt. Von nun an ist er selbst Regierungschef und Staatsoberhaupt in einer Person. Niemand mehr, der ihn überwacht. Alle Macht ruht von nun an auf Hitler und deshalb auch *alle* Verantwortung.

Und auch dies ist geschichtliche Wahrheit: Von der HJ-Generation, die zwischen den Jahren 1915 bis 1935 geboren war, war 1935, zur Zeit dieser zur Allmacht Hitlers führenden Volksabstimmung, die auch den Fahneneid änderte, *niemand* im wahlmündigen Alter. Die HJ hat Hitler nicht gewählt und hat ihm nicht zur unumschränkten Macht verholfen. Sie hat Deutschland gedient und für Deutschland geblutet, weil sie den Eid ernst nahm, den die Eltern-Generation durch Volksabstimmung gutgeheißen hatte. Die Jugend, die unter diesem Eid kämpfte, hat niemals an einer Wahl stimmberechtigt teilgenommen.

Die Zurückhaltung der wenigen den Blomberg'schen »Sklaveneid« ablehnenden Offiziere brach nach dem Plebiszit zusammen. Zudem konnte Generaloberst von Blomberg eine Entscheidung des Reichsgerichts aus der Zeit vor dem Ersten Weltkrieg vorweisen, in welcher das höchste Gericht die Verweigerung des Eides auf die Person des Kaisers durch einen jugendbewegten Reserve-Offizier dahin beschieden hatte, der Fahneneid wäre nur eine Formsache und hätte nur »rechtsbekräftigende Bedeutung«.[38])

So wurden Hitler die Fahneneide hinfort ausnahmslos geschworen und deutscher Tradition gemäß auch gehalten.

Der Verlauf der Geschichte gab jenen wenigen Weitsichtigen recht, die 1934 die Formel des *Sklaveneides* innerlich abgelehnt hatten. Denn Hitler benutzte diesen ihm von v. Blomberg in die Hand gegebenen persönlichen Treue-Eid ab Mitte 1941 dazu, unter dem Vorwand der Kriegsnotwendigkeit rechtswidrige Tötungen – und rechtswidrige Tötungen sind Morde – zu befehlen und sich den Gehorsam notfalls zu erzwingen.

Nur so ist zu verstehen, daß z. B. als Einsatzgruppen-Chefs so unterschiedliche Männer wie Nebe und Ohlendorf tätig wurden.

Der Widerständler Arthur Nebe, Reichskriminaldirektor im Reichssicherheitshauptamt, befolgte den persönlichen Befehl Hitlers ebenso wie der integere Chef des SD-Inland, Otto Ohlendorf, den Himmler gern als den »Gralshüter der Idee« apostrophierte und der als solcher nicht müde wurde, Hitler und Himmler zur Zurücknahme der Einsatzgruppenbefehle zu bewegen. Ohlendorf war der Mann, der die Gesetzesinitiativen zu einem Minderheiten-Statut für die Juden, für den Schutz religiöser Minderheiten und für die richterliche Überprüfung von KZ-Einweisungen eingebracht hatte.

Wem es gegeben war, Mord als Mord zu erkennen, dem erwuchs die unbequeme sittliche Pflicht, die Befehlsgeber und auch den Eidesherrn an die Einhaltung von Gesetz und Recht zu gemahnen. Eine Form des Widerstandes, die, wie in der Person Ohlendorfs, mehr Mannesmut voraussetzte, als die Teilnahme an Verschwörungen, die Nebe vorgezogen hatte.

1.4.2.
Hitler als Eidnehmer

Hitler selbst ist sich dieser Eidesbindung an sich persönlich voll bewußt gewesen. Hermann Giesler berichtet, Hitler habe ihm im Januar 1940 in der Reichskanzlei gesagt, er lasse den Gedanken an Verrat bei sich nicht aufkommen, obwohl manches dafür spräche. Wörtlich:

> »Unmöglich scheine ihm das, bei der ethischen Verpflichtung des Offizierskorps, seiner absoluten Bindung durch Tradition und Eid.«[11])

Im Spätherbst 1943 hielt Hitler nach dieser Quelle Eidbruch nicht mehr für ausgeschlossen. Sich über den Abfall Italiens auslassend, äußerte Hitler:

> »Wieso erwarten wir Treue und Beständigkeit zum Ehrenwort, wenn bei uns selbst der Verrat grassiere, wenn der Fahneneid für Generäle nur eine fiktive Vorstellung sei, wenn sie sich in den Dienst des Bolschewismus stellten?«[11])

Die Äußerungen Hitlers nach dem Attentat des 20. Juli 1944 sind natürlich zu befangen und stehen zudem bereits unter dem Eindruck des verlorenen Krieges, als daß sie für Hitlers Eidesinterpretation zutreffend sein könnten.

Bezeichnender kann in diesem Zusammenhang die Begründung sein, die Hitler für den Ausstoß Görings und Himmlers aus der Partei in seinem Testament gibt. Bezeichnend insoweit, als Hitler sich hier auf *das Gesetz* beruft, das zu brechen nach seinem Selbstverständnis sein Privileg sein sollte. Hitler schrieb letztwillig dazu:

> »Göring und Himmler haben durch geheime Verhandlungen mit dem Feinde . . . sowie durch den Versuch, *entgegen dem Gesetz*, die Macht im Staate an sich zu reißen, dem Lande und dem gesamten Volk unabsehbaren Schaden zugefügt, gänzlich *abgesehen von der Treulosigkeit gegenüber meiner Person.*«[6])

So ergibt sich, daß Eide und Gesetze nach der Auffassung Hitlers seine Gefolgsleute bedingungslos binden sollten, ja, daß diese die Wohlfahrt des Reiches seiner Person unterzuordnen hatten. In diesem Klima sind Hitlers Vernichtungsbefehle entstanden.

Soweit russische Kriegsgefangene davon betroffen waren – sie wurden zu erheblichen Teilen ausgehungert oder als Kommissare erschossen – so waren diese zwar nicht durch die Konventionen von Genf geschützt, – die UdSSR hatte diese Konventionen nicht unterzeichnet, um Partisanenkrieg führen zu können – aber damit waren diese Gefangenen keineswegs Freiwild. Das deutsche Strafrecht und Militärstrafrecht galt gegen jede Art Mord weiter, und die Genfer Konvention band das Deutsche Reich an die dort vereinbarten Regeln der Kriegsführung.

Denn Krieg bedeutet nicht Mord. Unter dem übergesetzlichen Notstand des Krieges wird die Tötung von Menschen nur im Rahmen einer kollektiven Notwehr straffrei gestellt. Das bedingt, daß Tötung nur im Kampf gegen bewaffnete Gegner und auch da nur im Rahmen der völkerrechtlichen Normen zugelassen ist. Alle anderen Tötungen bleiben Totschlag oder Mord, und zwar nach den Strafrechten der kriegführenden Staaten.

Der Mordparagraph im deutschen Reich hatte bis 1941 nur das Tatbestandsmerkmal der »Tötung mit Überlegung« umfaßt. Zur Abgrenzung vom Totschlag hatte der nationalsozialistische Staat noch vor Beginn der Massentötungen den § 211 des Strafgesetzbuches auf die heute noch geltende Form abgeändert:

> »Mörder ist, wer aus Mordlust, zur Befriedigung des Geschlechtstriebes, aus Habgier oder sonst aus niedrigen Beweggründen, heimtückisch oder grausam oder mit gemeingefährlichen Mitteln oder um eine andere Straftat zu ermöglichen oder zu verdecken, einen Menschen tötet.«[39])

Es ist offensichtlich und bedarf keines besonderen Nachweises, daß einige der zuletzt genannten Tatbestandsmerkmale sich decken mit den Merkmalen der Hitler'schen Tötungsbefehle.

Sie erfüllen den Tatbestand des Mordes selbst nach der von dem nationalsozialistischen Staat eigens erlassenen Norm.

Im Hinblick auf die Befehlsgebung Hitlers zur Massentötung von Juden, Polen, Kommissaren, und russischen Kriegsgefangenen, die historisch feststeht, ist Hitler tatbestandsmäßig »mittelbarer Täter«, der die Abhängigkeit seiner durch den Eid gebundenen Soldaten und Beamten zu Mord mißbraucht hat.

Auch wer nur *rückblickend* Mord als Mord zu erkennen vermag, hat die fortdauernde Pflicht, die geschichtliche Verantwortung des Eidesherrn, der Mord befahl, zu fordern und sich von dessen Morden zu distanzieren.

Damit ist die zentrale Frage zu beantworten: Schirach hatte als Offizier und als Führer der deutschen Jugend nicht nur das Recht, sondern auch die Pflicht, Hitler einen millionenfachen Mörder zu nennen, nachdem er dies als tatbestandsmäßig erkannt hatte. – Allerdings:

Man überschätze die Erkenntnismöglichkeit im Kriege nicht. Die Weisung Nr. 1 für den Krieg lautete: »Niemand darf von einer geheimzuhaltenden Sache mehr wissen, als zur Erfüllung seines Auftrages unbedingt erforderlich ist.« Diese Weisung – eine im Kriege selbstverständliche Maßnahme jeder Geheimhaltung – hat es jedoch unter Anwendung des Prinzips der Arbeitsteiligkeit im Bereich der Massentötungen ermöglicht, den beteiligten Personenkreis weitgehend so auf Einzelfunktionen zu begrenzen, daß ihm der Überblick fehlte und daß für den Einzelnen die Rechtswidrigkeit seines eigenen Auftrages meist nicht erkennbar war. Aber auch bei solcher Erkenntnis war er zum Schweigen verurteilt.

1.4.3.
Der Judenmord

Die durch Chaim Weizmann namens des Welt-Zionisten-Kongresses für das Weltjudentum am 5. September 1939 abgegebene Kriegserklärung gegen Deutschland[7]) hat Hitler das Recht gegeben, die Juden kollektiv zu Feinden des Deutschen Reiches zu erklären, die nach Völkerrecht zu internieren waren; aber diese im Herrschaftsbereich Hitlers internierten Juden waren – mit ganz wenigen Ausnahmen – keine kämpfende Truppe, sondern nicht-kämpfende Zivilbevölkerung. Abgesehen von dem Schutz des deutschen Strafrechts kam diesen Menschen auch der völkerrechtliche Schutz der Hager Landkriegsordnung wie der beiden ergänzenden Genfer Konventionen zu: Nicht-Kombattanten, die ohnehin schon interniert waren, durch Hunger, Seuchen, Erschießen und schließlich Vergasen auszurotten, war ein klares Kriegsverbrechen, das nicht einmal den Schein eines Rechts hatte. So wenig Recht wie die von England bei Kriegsbeginn gegen Deutschland verhängte »Hungerblockade« oder der von der polnischen Regierung verkündete »totale Heckenschützenkrieg«.[19])

Überdies hatte dieser Personenkreis zumeist nicht nur nichts mit der kriegserklärenden Partei der Zionisten zu tun, weil er sich zum Zeitpunkt dieser jüdischen Kriegserklärung von 1939 mit Mehrheit *nicht* im Wirkungsbereich jener westlichen Zionisten befunden hatten, sondern im Reich oder hinter dem »Eisernen Vorhang« der Sowjets, wo erst 1941 in Moskau die Kriegserklärung erneuert wurde.[7]) Sofern es sich um Vorkriegs-Polen handelte, standen diese ebenfalls ganz außerhalb des Einflusses der westlichen Zionisten. Das ergibt sich daraus, daß bereits anläßlich der Evian-Konferenz von 1938 der polnische Staat bemüht gewesen war, seine 2,5 bis 3 Millionen Juden-Minderheit zur Auswanderung in einen zu begründenden und von Polen vorgeschlagenen jüdischen Nationalstaat zu bringen. Die Zionisten konnten die polnischen Juden nicht unterbringen.[13])

Es war sicher nicht die Schuld aller dieser Unglücklichen, daß die Westmächte damals alle polnischen und deutschen Initiativen zur Auswanderung jüdischer Minderheiten scheitern ließen. Und es waren sicher nur zu einem geringen Teil unter diesen Unglücklichen jene Juden zu suchen, die, wie die jüdischen Autoren Salomon Schwarz und Josef Tenenbaum rühmten, »als erste zur Partisanenbewegung aufriefen«; einer Partisanenbewegung, der nach sowjetischen Quellen 500.000 deutsche Soldaten zum Opfer fielen.[7])

Soweit die Vernichtung in Deutschland lebende Juden traf, so ist festzuhalten, daß von internationaler jüdischer Seite im Frühjahr 1933 offen gedroht worden war, die NS-Herrschaft werde durch einen Krieg beseitigt werden. Der Präsident der Internationalen Jüdischen Föderation, Samuel Untermeyer, hat damals erklärt, was durch die New York Times in der Welt verbreitet wurde: Der Krieg, der nunmehr *beschlossen* sei, sei ein heiliger Krieg und würde bis zur Vernichtung Deutschlands geführt.[25]) Dr. Dr. Erwin Goldmann, der ehemalige Präsident des Paulusbundes, das heißt, des Bundes nichtmosaischer Juden in Deutschland, berichtet, *daß damit* den einsässigen und mit Mehrheit deutsch fühlenden Juden die Fortdauer ihrer deutschen Existenz praktisch zerstört worden war, und daß sich die internationalen jüdischen Kreise jeder Einsicht in die von ihnen mit der Untermeyer-Erklärung heraufbeschworenen Gefahren verschlossen.[25])

Was an Lösungsmöglichkeiten zerstört wurde, wird deutlich, wenn man bei Dr. Goldmann nachliest, welchen Plan Göring am 30. April 1935 dem Präsidenten des Paulusbundes eröffnet hatte. Göring konnte nicht begreifen, daß die Einwanderungsgesetze nirgendwo gelockert wurden. Er betonte, daß er sich schon oft und lange Gedanken gemacht habe, wie in Deutschland überzeugte und bewährte national-deutsche Juden endgültig in die Volksgemeinschaft einzugliedern wären. Hitler hätte ihm dazu erklärt: »Wenn wir das aus völkischen Gründen nicht können, sind wir in dieser Hinsicht nicht viel wert.« Göring schilderte sodann seinen Plan:

1. Überprüfung aller Juden durch einen möglichst einfachen, aber doch richtig und gezielt abgefaßten Fragebogen. Es sollte damit geklärt werden, wie lange die Familien bereits in Deutschland ansässig sind, wie sie sich bewährt haben, was der Einzelne vor, während und nach dem Weltkrieg getan und geleistet hatte.

2. Wer als würdig befunden wird, muß sofort mit allen Rechten und Pflichten in die Volksgemeinschaft aufgenommen werden.

3. Alle übrigen müssen innerhalb eines Jahres unter Freigabe eines gerecht gestaffelten Vermögensteils Deutschland verlassen.[25])

Dr. Goldmann berichtet, er hätte später von Göring erfahren, daß Hitler bis 1941 diesem Plan positiv gegenübergestanden hätte. Wie hingegen der Zionismus diesem Assimilationsplan gegenüberstand, wird deutlich aus dem von Goldmann berichteten Zusammentreffen mit Direktor Kareski, einem führenden Zionisten, der 1938 der Reichsregierung wiederholt den Vorschlag der Einführung des Judensternes gemacht hatte. Dr. Goldmann stellte Kareski in dessen Berliner Wohnung zur Rede. Kareski, der auch die Nürnberger Gesetze bejahte, weil sie die Trennung und Erhaltung der Eigenart der beiden Völker beförderten, sagte zu Goldmann, als die Sprache auf die nichtarischen Christen kam: »Was haben wir uns um Euch Gojims zu kümmern?« Kareski gab weiterhin zu, daß die Privilegien für jüdische Frontkämpfer auf Ansuchen jüdischer Kreise beseitigt worden seien. Goldmann berichtet weiter:

»Kareski machte keinen Hehl aus den Anstrengungen seiner Kreise, die Mischlinge ersten Grades auf die Stufe wie Volljuden bringen zu lassen.[25])

Trotz der positiven Haltung vieler deutscher Juden machte die spätere Hybris Hitlers an diesen deutschen Staatsbürgern jüdischer Herkunft und deutscher Nation nicht halt. Auch sie wurden in großer Zahl Opfer des Völkermordbefehls Hitlers.

1.4.4.
Sittlicher Widerstand

Die deutsche Nachkriegsliteratur beruft sich auf das Naturrecht des Widerstandes. Bei dieser Betrachtung bleibt die rechtspolitische Problematik, daß alle staatliche Ordnung auf das positive, das gesetzte Recht aufbaut, und daß das nicht kodifizierte Naturrecht schon mangels verbindlicher Interpretation von Natur aus ordnungs- und damit staatsfeindlich ist, zumeist außer Betracht.

Der Ehrenkodex bleibt bei derartigen Gewissensentscheidungen ein staatstragendes und *zugleich* revolutionäres Regulativ. Er schreibt vor, daß der Eidbruch mit dem Selbsttod zu sühnen ist und daß Tyrannenmord am Eidesherrn das Lebensopfer des Eidbrechenden erfordert.

Widerstand gegen den Rechtsbruch des Eidesherrn ist somit keine gesetzliche Pflicht, sondern eine *sittliche Verpflichtung*. Das bedingt die moralische Verurteilung seiner Untaten auch dann, wenn er sich dem irdischen Gericht entzogen hat. Daß Hitler vor dem Reichsgericht vom Zuschnitt eines preußischen Kammergerichtes nicht bestanden hätte, steht außer Frage. Insoweit bedarf es keines Siegertribunals, um die Rechtmäßigkeit von der Unrechtmäßigkeit des Hitler-Systems abzugrenzen.

Erwin Guido Kolbenheyer, ein gewiß nicht als Feind des Nationalsozialismus zu verdächtigender Philosoph deutscher Zunge, hat in seinem »Dreiergespräch« diese Eides-Situation in einem autoritären Führerstaat so begriffen:

> »Im Augenblick höchster moralischer Verantwortung, in dem erkannt ist, daß nur der radikale Umsturz den Bestand der Volksgemeinschaft retten könne, das persönliche Leben, also einzeln das eines jeden, nicht restlos eingesetzt zu haben, ist Zeichen tiefsten moralischen Verfalls.«[40])

Aber es konnte durchaus Gründe geben, nicht zu putschen, sondern bei der Fahne zu bleiben. Dr. Peter Kleist hat diese Abwägung der Rechtsgüter anläßlich der Sonderfriedens-Kontakte 1943 in Stockholm wie folgt umrissen:

> »Deutschland war in einer ausweglosen Situation. Die Rote Armee marschierte von Osten heran. Mit dieser undurchdringlichen Mauer im Rücken kämpfte das deutsche Volk gegen den Westen, der mit »Unconditional Surrender« jeden Gedanken an einen rettenden Ausgleich erstickte. – Wenn die deutsche Armee aber verblutete, so gab es auf dem Kontinent nur noch *eine* militärische Kraft, die Sowjetmacht. Deutschlands Zusammenbruch mußte dann den Untergang ganz Europas zur Folge haben. Wollte man das in Washington

nicht einsehen, so blieb nichts anderes übrig, als zu kämpfen, zu kämpfen nach beiden Seiten, da eine einseitige, bedingte Übergabe nach Westen, die die Ostfront intakt gehalten hätte, ausdrücklich abgelehnt wurde. *Auch ein innerer Umsturz mit den furchtbaren Folgen eines Bürgerkriegs würde nichts anderes ergeben als die Öffnung Europas für die Rote Armee.*«[15])

Schirach hat sich der Verantwortung nicht entzogen. Eine Veränderung konnte, da stimmte Schirach mit Hermann Göring überein, nicht ohne Bürgerkrieg im Kriege ausgehen. Das hätte das Ende des Reiches und auch Europas bedeutet. Wie auch Göring hat sich Schirach in diese höhere Verantwortung gefügt.[41]) Denn Rußland hatte im Westen 600, im Osten 200 Divisionen stehen, gegen 180 der Westalliierten.[15])

1.4.5.
Die Distanznahme Schirachs

Es hätte nur einen einzigen Ausweg ohne Bürgerkrieg gegeben: Hitlers Rücktritt oder Selbsttod spätestens 1943, um einer politischen Lösung *ohne* Hitler Raum zu geben.

1943, als Hitler den Krieg verloren gegeben hatte[15]), als er erkannt hatte, daß die von ihm geschlagenen Vernichtungsschlachten den Krieg nicht entscheiden konnten[35]), als sich als letzte Frucht seiner Siege der Kompromißfrieden mit Rußland anbot, der das Großdeutsche Reich sogar mit dem Generalgouvernement tolerieren wollte, war die Stunde der Politik gekommen: Sicher einer Politik ohne Hitler, dafür einer *deutschen* Politik.

Aber Hitler blieb. Er vermochte nicht, seine Person der Staatsraison unterzuordnen. Das unterscheidet ihn von der Größe eines Friedrich II, der den Staat sogar für den Fall seiner Gefangenschaft ohne Rücksicht auf seine Person fortzuführen befohlen hatte. Hitler aber hielt nicht einmal sein Volk für würdig, ihn zu überleben. Der Sinn der Geschichte hieß für ihn »Hitler«.

Sebastian Haffner urteilt sicher richtig, wenn er nachweist, daß Hitler entschlossen war, »die Geschichte Deutschlands seiner persönlichen Biographie ein- und unterzuordnen«.[42])

Dieses Urteil ist kulturmorphologisch einzuordnen in die von Oswald Spengler charakterisierte Epoche der verfallenden Kultur und aufgehenden Zivilisation mit den Erscheinungen des urbanisierten Weltstädters und seinen caesaristischen Demagogen. Hitler selbst erfüllte, obwohl seine Blut- und Bodenmythologie anderes hätte erwarten lassen, persönlich alles, was Oswald Spengler an Merkmalen den Menschen der Ausgangsepoche von Kulturen zugeschrieben hatte: Die Beschränkung der Welt auf die Weltstadt; der Großstadtbewohner als nicht mehr der Erde verhafteter neuer Nomade, ein Parasit mit Abneigung gegen organische Arbeit, »der reine, traditionslose, in formlos fluktuierender Masse auftretende Tatsachenmensch, irreligiös, intelligent, unfruchtbar . . . also ein ungeheurer Schritt zum Anorganischen, zum Ende.«[23])

Und weil für Hitler nur ein solcher Ich-bezogener, absurder Geschichtssinn existierte, vernichtete er erst die fremden Völker, die ihm entgegenstanden, dann das eigene Volk und schließlich sich selbst – alles, so weit sein Arm reichte.

Der große soziale Demokrat August Winnig hatte in seinem Werk »Das Reich als Republik« einen gültigen Orientierungspunkt gesetzt:

> »Jede Führung begibt sich ihres sittlichen Rechtes, sobald sie ihren Zweck in sich selbst sucht, und aller äußerer Glanz wird eitel, wenn nicht dieses ewig geltende Recht den Glanz von innen dazutut.«[43])

Schirach ist in Nürnberg von Hitler und Hitlers Untaten abgerückt, hat ihn einen Mörder genannt und die Verantwortung für die Jugend, die er geführt hat, allein übernommen und bis zu seinem Ende getragen. –

Schirach wurde wegen seines Abrückens von Hitler von seinen Zeitgenossen mehr getadelt als gelobt. Aber Schirach ging der vom Kriege gezeichneten deutschen Jugend voran, klarmachend, daß Deutschland und Hitler *nicht identisch* waren.

Deutschland, Du warst der Heiland dieser Welt,
und wer Dich ansah, ahnte Deinen Sinn:
Daß Gott uns Größres gab als nur Gewinn
und Geld.

Nun hat die Welt ein Kreuz für Dich gemacht
und singt zu Deiner heil'gen Agonie
den großen Chor der Neunten Symphonie
und lacht.

Baldur von Schirach »Die Fahne der Verfolgten«

DEUTUNG

Die Hitler-Jugend als geistiges und sittliches Phänomen

»Alle Großen unseres Volkes besaßen Riesenkräfte des Gemüts und damit musische Kräfte. Wir deuten unsere Revolution als die Erhebung des deutschen Gemüts gegen die Willkür des kalten Intellekts. Ihr Sieg bedeutet den Triumph der Seele über alles Mechanische.«

Baldur von Schirach »Vom musischen Menschen«, anläßlich der Eröffnung der Weimarer Festspiele der deutschen Jugend 1938.

Auf, hebt unsre Fahnen

Worte von Willi Jorg
Weise von Fritz Sotke

1. Auf, hebt uns = re Fah = nen in den fri = schen
Mor = gen = wind, laßt sie wehn und mah = nen
die, die mü = ßig sind. Wo Mau = ern fal = len,
baun sich an = dre vor uns auf, doch sie wei = chen
al = le un = serm Sie = ges = lauf.

2. Solln Maschinen wieder schaffend ihre Räder drehn, sollen deutsche Brüder beßre Zeiten sehn, muß unser Streben danach unermüdlich sein, muß ein neues Leben sie für uns befrein.

3. Wir sind heut und morgen, alles, was die Zeit erschafft, ist in uns verborgen, bildet unsere Kraft. Stürmen und Bauen, Kampf und Arbeit unentwegt wird in uns zum Pfeiler, der die Zukunft trägt.

54

2.0.
Eine Generation gibt Rechenschaft

Hitler war nicht Deutschland. Aber er war eine der beiden Bedingungen der Hitler-Jugend. Ohne die zusammenführende Idee des nationalen Sozialismus und ohne die Personifizierung dieser Idee in der Person Hitlers wäre diese Einigung der deutschen Jugend nicht gelungen. Aber auch ohne die andere Bedingung dieses Phänomens *Hitler-Jugend*, nämlich die Besinnung auf die gemütsbewegenden Ideen der geistesgeschichtlichen Phase der deutschen Nationwerdung – als letzte der großen Glieder der europäischen Völkerfamilie – hätte die Hitler-Jugend weder Idee noch Gestalt gewinnen können.

Ist es erlaubt, die *nationalsozialistische Idee* Hitlers als eine der *positiven* Gestaltkräfte der Jugend zu nennen? Diese Frage wird man nicht verneinen können. Der unverdächtige Sebastian Haffner gibt in seinen »Anmerkungen zu Hitler«[42]) folgende Wertung ab:

»Wer mit Marx das entscheidende oder sogar das alleinige Merkmal des Sozialismus in der Sozialisierung der Produktionsmittel sieht, wird diese sozialistische Seite des Nationalsozialismus natürlich ableugnen. Hitler hat keine Produktionsmittel sozialisiert, also war er kein Sozialist: Damit ist für den Marxisten alles erledigt. Aber Vorsicht! So einfach ist die Sache nicht. Interessanterweise haben ja auch die heutigen sozialistischen Staaten es allesamt nicht bei der Sozialisierung der Produktionsmittel bewenden lassen, sondern große Mühe darauf verwendet, außerdem auch ‚die Menschen zu sozialisieren‘, also sie, möglichst von der Wiege bis zur Bahre, kollektiv zu organisieren und zu einer kollektiven, ‚sozialistischen‘ Lebensführung zu nötigen, sie ‚fest in eine Disziplin einzuordnen‘. Es fragt sich durchaus, ob das nicht, trotz Marx, die wichtigere Seite des Sozialismus ist.
Man ist daran gewöhnt, in den Gegensatzkategorien Sozialismus und Kapitalismus zu denken. Aber richtiger, jedenfalls wichtiger, ist es wahrscheinlich, den Gegensatz zum Sozialismus im Individualismus zu sehen und nicht im Kapitalismus. Eine Art Kapitalismus ist nämlich der Sozialismus im Industriezeitalter ganz unvermeidlich ebenfalls...
Wichtiger als die Entfremdung des Menschen von seiner Arbeit – an der in einer Industriewirtschaft wahrscheinlich unter keinem System etwas Entscheidendes zu ändern ist – ist die Entfremdung des Menschen von seinen Mitmenschen. Noch anders gesagt: Wenn das Ziel des Sozialismus die Beseitigung menschlicher Entfremdung ist, dann erreicht die Sozialisierung der Menschen dieses Ziel weit eher als die Sozialisierung der Produktionsmittel. Diese beseitigt vielleicht eine Ungerechtigkeit, allerdings, wenn die letzten dreißig oder sechzig Jahre irgend etwas beweisen, auf Kosten der Effektivität. Jene beseitigt wirklich eine Entfremdung, nämlich die Entfremdung der Großstadtmenschen voneinander, allerdings auf Kosten der individuellen Freiheit. Denn Freiheit und Entfremdung sind ebenso zwei Seiten derselben Medaille wie Gemeinschaft und Disziplin.«
»...*eine* große gesellschaftliche Veränderung gibt es, die Hitlers persönliches Werk war und die interessanterweise zwar in der Bundesrepublik rückgängig gemacht, in der DDR aber beibehalten und weiterentwickelt worden ist. Hitler selbst nannte sie die ‚Sozialisierung der Menschen‘. ‚Was haben wir das nötig: Sozialisierung der Banken und Fabriken‘, sagte er zu Rauschning. ‚Wir sozialisieren die Menschen.‘ Es ist die sozialistische Seite des Hitlerschen Nationalsozialismus, von der jetzt zu reden ist.«
»Was schließlich die fortschreitende Abschaffung von Standesprivilegien und Niederlegung von Klassenschranken betraf, so waren die Nationalsozialisten sogar ganz offiziell dafür (im Gegensatz zu den italienischen Faschisten, die ja die Wiederherstellung eines ‚korporativen Staats‘, also eines Ständestaats, auf ihre Fahne geschrieben hatten – einer von mehreren Gründen, Hitlers Nationalsozialismus und Mussolinis Faschismus nicht in einen Topf zu werfen). Nur das Vokabular änderten sie; was vorher ‚klassenlose Gesellschaft‘ geheißen hatte, hieß bei ihnen ‚Volksgemeinschaft‘. Praktisch war es dasselbe.«

Hier irrt Haffner gründlich, wenn er »klassenlose Gesellschaft« mit »Volksgemeinschaft« gleichsetzt: Die Volksgemeinschaft beruht anders als jeder gesellschaftliche Zweckverband auf der lebensgesetzlichen Bindung im gemeinsamen Bluterbe in Familie, Sippe, Stamm und Volk, eben jener überpersönlichen Lebenseinheit, die nicht nationalsozialistische Erfindung war. Haffner nennt aber richtig

> »... die unleugbaren Geborgenheits-, Kameradschafts- und Glücksgefühle, die in solchen Gemeinschaften gedeihen. Hitler war darin unzweifelhaft Sozialist – ein sehr leistungsstarker Sozialist sogar –, ...«

Das war der neue *sozialistische Aufbruch*, der die Jugend unter die Fahnen des Dritten Reiches geführt hat. Indessen: Die geistige Eigenleistung der Hitler-Jugend-Generation liegt in der Wahrnehmung der geschichtlichen Chance, die Revolution der Vätergeneration zur Evolution der Jugend entfaltet zu haben.

Evolution im Sinne der damaligen geistigen Grundhaltung war die »Überformung der bloß Altes und Überlebtes machtmäßig beseitigenden Revolution durch schöpferische tatkräftige Schaffung neuer Werte und Einrichtungen aus artgemäßen Normen und Idealen heraus.«[44])

So gesehen, war die Hitler-Jugend über die Hitlersche Revolution bereits hinausgelangt und hatte in sich ein anderes Deutschland vorgeformt, welches nicht mehr mit dem des späten Hitler zur Deckung gebracht werden konnte: Die *Idee* eines deutschen Sozialismus hatte sich in der Jugendbewegung emanzipiert, hatte *Bewegung* und Eigenenergie entwickelt und strebte eigenen Zielen zu. Die Jugend Europas nahm dieses neue Wollen mitten im Kriege auf und marschierte und fiel Schulter an Schulter mit ihren deutschen Kameraden. Was blieb, war die Legende. –

Der Versuch, die ehemalige Hitler-Jugend deutend darzustellen, würde verdienen, auf Unverständnis zu stoßen, wenn der Erfolg unseres heutigen auf Erziehung schlechthin verzichtenden *modernen* Bildungssystems sichtbar wäre. Die ehemaligen Angehörigen der Hitler-Jugend sind jedenfalls nach dem Kriege aufgeschlossen und bereit gewesen, sich von jedwedem Besseren überzeugen zu lassen.

So war das jahrzehntelange Schweigen der Generation der *Ehemaligen* zu den Problemen der Bildungspolitik und der Jugenderziehung nicht so sehr Resignation aus dem Gefühl des Versagthabens oder gar des Verführtwordenseins, sondern mehr das Gewähren einer fairen Chance für alles, was da neu und besser kommen und werden wollte.

Für die der Hitler-Jugend hauptsächlich angehört habenden und von ihr geprägten Jahrgänge 1915 bis 1935 liegt diese persönliche Erfahrung im Mittel vier Jahrzehnte zurück; für alle anderen datiert die letzte Erinnerung an die Hitler-Jugend vor mehr als dreißig Jahren. Dreiunddreißig Jahre danach, das ist mehr als die fünffache Dauer dessen, was der Hitler-Jugend als Friedenszeit von 1933 bis 1939 zur Verfügung gestanden hat, oder das fast Dreifache der Hitler-Jugend-Gesamtzeit von 1933 bis 1945.

Es kann daher angesichts solcher Zeitrelationen nicht unredlich sein, das Gesicht der *heutigen* Jugend, wie es sich in den drei Jahrzehnten hat formen können, mit der Erscheinung jener

Jugend zu vergleichen, die sich in nur einem runden Jahrzehnt, in welchem noch zur Hälfte der totale Krieg bestimmend war, selbst geformt hatte.

Wohl ist die sogenannte *Terrorszene* nicht das Spiegelbild der ganzen heutigen Jugend. Aber die Warnungen ideologiefreier Psychologen sind nicht mehr zu überhören. Sie besagen, daß sich an der Seelenkälte unseres Systems staatlicher, schulischer und familiärer Ziel-, Erziehungs- und Bindungslosigkeit kalte Herzen kristallisiert haben, die zu einem gesellschaftlichen Eisberg werden könnten, für den nicht die heutige Jugend, sondern das etablierte System verantwortlich wäre.

Die Frage nach der Berechtigung eines anderen Erziehungssystems aufzuwerfen, ist daher angesichts des sich zunehmend offenbarenden Bildungsnotstandes nicht nur erlaubt, sondern geboten; geboten aus der Verantwortung für die deutsche Jugend von heute und morgen. Die Jugend von vorgestern, von der ehemaligen *Nationalerziehung* geprägt, kann vor der Jugend von gestern mühelos bestehen.

Denn sicher wird man von Bildungsbankrott nicht im Zusammenhang mit jener vergangenen Jugend sprechen können, die sich zu einer Ethik des »Rein bleiben und reif werden«, zu dem Grundsatz »Gemeinnutz geht vor Eigennutz«, zu Freiheit und Vaterland, zu Kameradschaft und Volksgemeinschaft, zu Glaube und Schönheit bekannt hatte, und die in den Feuern des Krieges mit soldatischer Haltung lebte, kämpfte und fiel, nach dem Vorbild Walter Flex's, der das Vor-Sterben als nur einen Teil des Vor-Lebens begriffen hatte:

Eine Ethik der Ich-Überwindung hatte jene Jugend erfaßt, die noch heute anrührt.

Die Revolution der Erziehung

Die Hitler-Jugend war keine isolierte Erscheinung der ersten Hälfte des XX. Jahrhunderts. Sie ist Endpunkt einer Jugendbewegung, die um die Jahrhundertwende mit der Auflehnung gegen die der Jugend unverständlichen gesellschaftlichen Formen der älteren Generation und damit mit einer Auflehnung gegen die ältere Generation an sich begonnen hatte; die im ersten Weltkrieg eine klassenkampffeindliche Solidarität der Frontkameradschaft ausbildete und damit eine sozialrevolutionäre Komponente gewann; und die nach dem Ersten Weltkrieg unter völlig veränderten Umweltbedingungen sich in zwei große Motivgruppen aufspaltete: die apolitische *Bündische Jugend* unter dem weltflüchtigen, romantischen Ideal der Blauen Blume und die *politischen Bünde*, deren Skala von deutsch-nationaler Vaterländischkeit bis zur internationalen Kommune reichte. Einfaches Leben, Zuwendung zur Natur, zum Mitmenschen und zu höheren Zielen sind dieser Nachkriegsjugend gleichwohl gemeinsam gewesen. Ludwig Liebs begreift die Jugendbewegung und die bündische Jugend gar als religiöses Phänomen, welches trotz häufiger Unbewußtheit mit der wiederbelebten Nächstenliebe das Fundament von Gruppe und Bund abgegeben habe.[45]) Es war eine suchende Jugend, die sich gegen die naturwidrigen und zersetzenden Kräfte von Teilen der älteren Generation zur Wehr und zuweilen zur Notwehr gesetzt hat.

Hier wird der Unterschied zwischen der übrigen Jugendbewegung und der Hitler-Jugend sichtbar: Die Hitler-Jugend beseitigte den Gegensatz zwischen den Generationen, indem sie sich ihre Ideale und Ziele bei Vorbildern suchte, denen sie von sich aus folgen konnte. Diese Vorbilder fand sie bei einem Teil der Vätergeneration, nämlich den Frontsoldaten des Ersten Weltkrieges. Es bezeichnet den Fortschritt der Jugendbewegung in der Hitler-Jugend, daß sie nicht mehr in Kampfstellung und Abwehr zur Vätergeneration stand, sondern mit dieser in den Zielen und Idealen übereinstimmte. Der Schritt vom Protest zum Konsens, vom Generationenkonflikt zur Generationengemeinsamkeit, war von der Hitler-Jugend vollzogen worden. Er markiert, trotz oft unterschiedlicher Wege der beiden Generationen zum gemeinsamen Ziel, den eigentlichen Umbruch nicht nur in der Jugendbewegung, sondern schließlich im ganzen Jugendleben. Denn schon vor Beginn des Dritten Reiches war die Hitler-Jugend zu einer der größten freiwilligen, nicht-internationalen Jugendorganisation der Welt herangewachsen. Sie hatte 21 Ermordete zu beklagen und überschritt Ende 1933 die Grenze von 2 Millionen freiwilliger Mitglieder. Bei Kriegsausbruch gehörten schließlich 9 Millionen Mitglieder der inzwischen als Staatsjugend anerkannten Hitler-Jugend an.[3]) [46])

Es ist der Generationen*konsens*, in welchem zukünftige Historiker den Wesenskern jeder Nationalerziehung erkennen werden. Den Schritt dahin hatte die Hitler-Jugend als erste aus sich selbst getan. Diese Grundtatsache zu erkennen ist wichtig, um die Erscheinung einer aus dieser Jugend sich entwickelnden eigenen Ethik verstehen zu können.

Die Beseitigung des Generationenkonfliktes ist von dieser Jugend selbst ausgegangen. Natürlich gab es auch Ansätze dafür in anderen Gruppen der pluralistischen Jugendbewegung vor 1933, so z.B. um die Person des Admirals von Trotha und um Arthur Mahraun. Aber diese Ansätze blieben im Ansatz stecken, weil wesentliche Grundbedingungen für ein Umsichgreifen von »Bewegung« fehlten. An Hemmnissen seien im Bereich der Bündischen Jugend die starke Exklusivität von Schülern und Studenten, im politischen Lager hingegen eine Klassen-

Polarisierung genannt. Der Partikularismus der Bünde, der aus der Originalität einzelner Führer lebte, ließ Gemeinsamkeit nicht aufkommen.

Die Bünde lebten als Eliten an der Wirklichkeit jener Tage vorbei. Die Wirklichkeit am Ende der zwanziger und am Anfang der dreißiger Jahre war ja nicht mehr die nationale Versehrtheit, sondern viel stärker die als deren Folge sich unübersehbar manifestierende Verelendung des ganzen Volkes und die Ausnutzung dieser Verelendung durch Mächte, denen zu wehren dem Volk die psychische, physische und nationale Kraft fehlte.

Die moralische Ausbeutung des Volkes durch die damaligen Medien und eine entartete Asphalt-»Kultur«, die Zersetzung des Gemeinsinnes durch Neidideologien, wie des auf das Chaos zielenden Kommunismus, und die Verwahrlosung der Menschen in heute nicht mehr vorstellbarem Elend, in Hunger, Elendsquartieren, Arbeitslosigkeit und in der Angst vor dem Aufstand der Straße und des Pöbels, das war die herausfordernde Realität jener Jahre, auf die die Hitler-Jugend die Antwort – nicht für eine Klasse und nicht für eine Gruppe, sondern für das Volk in seiner Einheit – formulierte und in die soziale *Tat* umsetzte.

Die Hitler-Jugend war in ihrem Anfang und in ihrer ganzen Dauer antiausbeuterisch und damit solidaristisch. Mit dieser Haltung verhinderte sie das Abgleiten der Arbeiter-Jugend in den Kommunismus.

Für die Hitler-Jugend stand am Anfang und auf die Dauer ihr Selbstverständnis als klassenlose Jugend, die auf dem Prinzip der Solidarität der von den Vätern erlebten Frontkameradschaft aufbaute. Man darf in diesem Zusammenhang allerdings weder die integrierende Wirkung einer Partei, die ihren deutschen Sozialismus aus denselben Quellen schöpfte, noch die Personifizierung dieser Idee in der Person des ehemaligen Gefreiten und nunmehrigen Parteiführers Hitler unterschätzen. Sie waren die unentbehrlichen *Katalysatoren* des Sammlungsprozesses. Dennoch war der Einfluß der Partei auf die Hitler-Jugend schon von Anfang an und für die Dauer ihres Bestehens nahezu nullwertig: *Die Jugend dieser Partei hatte vom ersten Tage an das Recht, sich ihren Weg selbst suchen zu dürfen, ohne Eingriff von außen,* gleichgültig, ob er von der Partei, vom Staat, von Parteigliederungen oder Militär unternommen sein sollte.

Die Verfügungen, die der Jugend ihr Eigenleben, ihren eigenen Staat, garantierten, sind im Kapitel über die vormilitärische Ausbildung auszugsweise zitiert. Sie waren ursächlich für den eigenen Weg des Ausgleichs, den die Jugend zu ihrer Vätergeneration unternahm.

Sie, die Jugend selbst, nahm sich die Vorbilder, die Ideen und Ideale und machte sie zu den ihrigen, ein Prozeß, der als Angebot von außen nicht möglich, sondern zum Scheitern verurteilt gewesen wäre.

2.1.1.

Die notwendigen Irrtümer

Die wertbildende und gestaltprägende Kraft der Hitler-Jugend ging aus von ihrem buchstäblichen *Selbstbestimmungsrecht.* Es ist keine Frage, daß hier auch die Gefahren lagen, insbesondere die Gefahr des Irrtums im jugendlichen Überschwang.

Einer dieser Gefahren ist die Jugend erlegen, nämlich der Gefahr, die Person Hitlers, ihres Namensgebers, der menschlichen Fehlbarkeit zu entrücken und ihn mit der Sache, also mit Volk, Nation, Reich, ja auch mit Deutschland schlechthin gleichzusetzen. Das ist ein so spezifisch jugendlicher Fehler, daß er geradezu natürlich ist, so daß ihm keine Schuld anhaftet: Begeisterung und Überschwang sind Recht der Jugend. Aber auch die Vätergeneration war demselben Irrtum weitgehend erlegen.

Dabei war diese Jugend in ihren Idealen mehr sachverbunden als auf Personen bezogen. *Niemals* hat die nationalsozialistische Jugend die *Bilder von Parteiführern* vor sich hergetragen, wie wir es aus Osteuropa und Asien kennenlernen mußten. Es war immer die *Fahne,* die die Hitler-Jugend *als Ausdruck ihrer Ideale und ihrer Sittlichkeit* vor sich hertrug: Die Fahne mit dem Adler mit Schwert und Hammer auf schwarzem oder rotweißrotem Grund. Da es üblich geworden ist, über die Fahne als Ausdruck des gemeinsamen Wollens zu lästern, sei an das Wort Carlo Schmids erinnert, daß auch der Partisan in seinem Versteck noch »seine Fahne« habe.

Die Verkörperung ihres Ideals in der Person des *Führers,* dessen Hingabe an die Idee von den Liedern und Gedichten dieser Jugend besungen und als Vorbild gerühmt wurde, hatte einerseits die integrierende Kraft, die eine so schnell und auf der Basis der Freiwilligkeit gewachsene Millionen-Organisation benötigte, andererseits aber in ihrer Unterordnung unter den Dienst an Deutschland eine nahezu abstrahierende, entpersönlichende Wirkung, die sich *in der Fahne* objektivierte.

Daß Irrtümer möglich waren, war der Jugendführung bewußt. Schirach hatte 1937 anläßlich des fünften Jahrestages des Reichsjugendtages von Potsdam erklärt:

> »Hebbel sagt irgendwo: ,Das Alter nennt seine gemachten Irrtümer Erfahrung'. Ich behaupte: Die Jugend wird weniger durch Erfahrung der älteren Generation bereichert, als durch die notwendigen Irrtümer, durch die allein sie zu eigener Erfahrung gelangt. Nur diese ist lebendig. Weise werden kann man nur durch sich selbst, niemals durch andere.«[47])

Der Satz hat angesichts des folgenschwersten Irrtums, dem die Jugend mit der Gleichsetzung von Hitler und Deutschland erlag, Bestand: eine Erfahrung mit Vermächtnis-Charakter, die die Überlebenden zu Schlußfolgerungen zwingt.

Der ursprüngliche Bildungsauftrag der Hitler-Jugend lag abseits der Wissensvermittlung. Das Gesetz über die Hitler-Jugend vom 1. 12. 1936, welches den auf freiwilliger Basis erreichten Status gesetzlich anerkannte und der Jugend den von Hitler versprochenen *eigenen Staat* gewährte,[3]) trennte noch die Zuständigkeiten der Wissensvermittlung von den »Aufgaben der körperlichen, geistigen und sittlichen Erziehung« in den Zuständigkeiten des Reichskultus-ministers und des Jugendführers des Deutschen Reiches als nunmehr oberste Reichsbehörde. Da aber Erziehung nicht teilbar ist, leistete die Hitler-Jugend bald auch auf dem Sektor der schulischen Wissensvermittlung Pionierarbeit.

2.1.2.
Selbstführung der Jugend

Schirach hat 1937 mit der Sammlung »Adolf Hitler an seine Jugend« die Richtlinien, die er als von Hitler für die Erziehung gegeben ansah, veröffentlicht.[48]) Einige wenige seien zitiert:

Hitler auf dem Reichsparteitag 1933:

> »Ihr seid noch jung. Ihr habt noch nicht die trennenden Einflüsse des Lebens kennengelernt. Ihr könnt Euch noch so unter- und miteinander verbinden, daß Euch das spätere Leben niemals mehr zu trennen vermag.
> Ihr müßt in Eure jungen Herzen nicht den Eigendünkel, Überheblichkeit, Klassenauffassungen, Unterschiede von arm und reich hineinlassen.«

Hitler in »Mein Kampf«:

> »Die Jugend hat ihren Staat für sich.«
> »Die Jugend steht dem Erwachsenen in einer gewissen geschlossenen Solidarität gegenüber, und dies ist selbstverständlich.
> Die Bindung des Zehnjährigen zu seinem gleich alten Gefährten ist eine natürliche und größere als die zu den Erwachsenen.«

Hitler auf dem Reichsparteitag 1933:

> »Der Knabe in der Schule fühlt instinktiv die Berufung seines Lehrers. Dem einen gehorcht er, gegen den anderen treibt er offene Rebellion. Das Volk prüft durch Widerstand auf allen Lebensgebieten die Fähigkeit der Führung. Am meisten auf dem Gebiete der Politik. Denn es ist klar: die Aufrechterhaltung einer volkischen Gemeinschaft verschiedener Rassenbestandteile hat nur dann einen Sinn, wenn sie von dem Teil führend getragen und verantwortet wird, der die Bildung selbst übernommen und dann ja auch vollendet hat.«

Hitler am 2. Mai 1931:

> »Jugend muß von Jugend geführt werden.«

Schirach hat besonders diesen Grundsatz aufgenommen und weiterentwickelt. Man muß sich klarmachen, in welches Neuland diese Maxime vorstieß. Sie war anfangs nicht viel mehr als ein Experiment. Wohl gab es schon Erfahrungen von der frühen Jugendbewegung her, von den Wandervögeln, den Bündischen, den Völkischen. Aber das waren alles elitäre Gruppen gewesen. Und überdies: Hitler hat ihnen nicht angehört. Hitlers Prägung als urbaner Menschentyp stand dem *Zurück-zur-Natur* recht fern; daß er Vegetarier war, ändert daran nichts.

Wenn Hitler gleichwohl diesen Grundsatz für die Jugenderziehung wirken ließ, so nahm er damit spätere wissenschaftliche Erkenntnisse voraus: Die Erziehungslehre hatte noch nicht erkannt, daß Geschwisterschaft die Prägewirkung des Elternhauses nicht nur ersetzen, sondern übertreffen kann; die Pädagogik begann gerade zu erkennen, daß eine Gruppe von Generationsgleichen Anpassungsprobleme mit nahtloserer Kontinuität zu lösen vermag als im Generationenwechsel; die Psychologie hatte noch nicht definiert, daß das Selbstwertstreben des Einzelnen unter Gleichentwickelten zusätzliche Differenzierungsreize und Selbstwertstrebungen auslöst, statt durch Ungleichheiten wie im Generationenwechsel entmutigt zu werden; und auch die Soziologie hatte noch nicht erkannt, daß ein Organismus *Jugend* das Prägemodell für den Organismus Volk und Nation abgibt.

In der sich selbst führenden Jugend waren diese Erfahrungen weniger theoretisch gemacht worden. Die elitären Gruppen der Jugendbewegung hatten erfahren, daß eine natürliche Abstufung der Reifegrade innerhalb einer Gruppe den Reiz auslöst, der gerade einen Schritt weitergelangten Reife nachzustreben, und daß dieses Nachstreben mit kleinen Schritten ein beständiges, wiederholbares Erfolgserlebnis ermöglichte, und zwar auf allen Stufen der Entwicklung. Daß dieses Prinzip Vorbilder bedingt, versteht sich von selbst.

Das Vorbild ist Prinzip und der Inhalt des Leitsatzes »Jugend muß von Jugend geführt werden«. Entwicklungspsychologisch liegt der Imitationstrieb zugrunde. Dieser Antrieb gewinnt Zielrichtung durch den Typus, den sich die Jugend *in freier, unbeeinflußter Willensbestimmung* selbst wählt. Mit dieser Freiheit greift die Jugend bei der Wahl ihres Vorbild-Typs auch auf frühere Generationen über, sie »adoptiert« ihn zur Selbstverwirklichung. Das ist das genaue Gegenteil zu oktroyierten Verhaltensweisen.

Es ist klar, daß das Experiment der Führung der Jugend durch sich selbst gelingen oder scheitern mußte mit der Vorbildlichkeit ihrer eigenen jungen Führer, mit deren natürlicher Autorität und deren vorhandener Qualifikation, lange ehe dafür Kriterien erarbeitet waren. Das Problem bei der sich schnell zu vielen Millionen Mitgliedern entwickelnden Hitler-Jugend lag darin, die Gemeinschaft der Jugend hermetisch abzuriegeln gegen die sich andienenden Erzieher, Reformer, Organisatoren und auch Ewig-Jugendbewegten. Es galt, den Gestaltkräften in der zunächst noch weitgehend formlosen Masse von Jugend den Freiraum zu verschaffen, sich jugendgemäß, d.h. jungen- oder mädchenhaft, entwickeln zu können und die Leitbilder für das Verhalten in der Gemeinschaft sich profilieren zu lassen.

2.1.3.

Selbstbesinnung zur Kameradschaft

Hier liegt Schirachs überzeitliches Verdienst, der Jugend die nötige Zeit gelassen zu haben, ihr sichtbares Gären in stilles Reifen übergehen zu lassen. Schirach hatte sehr wohl erkannt, daß eine Erziehung durch Vorbild das Wesen seines Auftrages ausmachte. Aber um zum verbindlichen Vorbild zu gelangen, bedurfte es des klärenden Prozesses tagtäglichen Erlebens,

d. h. der alltäglichen Erlebens- und Leistungsgemeinschaft. Um sie mit Wert zu füllen, stand am Anfang des Weges der Hitler-Jugend die *Kameradschaft* als Ausdruck ihrer sozialistischen Tat.

Schirach dazu: »Unsere Erziehung ist nicht auf Belehrung gegründet, sondern auf Erleben.« – »Der wahre Erzieher lehrt nicht, er lebt, das heißt: was er vollbringt, das leistet er durch seine Persönlichkeit.« – »Die Grenze zwischen Wissen und Bildung ist dort gezogen, wo der jugendliche Mensch das Erlebnis begehrt...« – »Wenn ich in Bezug auf die charakterliche Erziehung junger Menschen vorbehaltlos glaube und bekenne, daß die Macht des persönlichen Vorbildes mehr vermag als jede schriftliche und mündliche Belehrung...« – »Die Jugend hat mit der großen Politik nichts zu tun. Sie soll nur der Träger des Gedankens der Kameradschaft der jungen Menschen untereinander sein.«[47])

Diese Phase der Selbstbesinnung der schnell auf sieben Millionen *freiwilliger* Mitglieder anwachsenden Hitler-Jugend dauerte bis 1937, also bis etwa vier Jahre nach der Machtergreifung Hitlers. Dieser Zeitraum von vier Jahren entspricht dem Zyklus, der dem Altersaufbau der Hitler-Jugend zugrunde lag: vier Jahrgänge der zehn- bis vierzehnjährigen Jungen und Mädel taten im *Deutschen Jungvolk* bzw. im *Jungmädelbund* ihren Dienst, während die vier Jahrgänge der vierzehn- bis achtzehnjährigen Jungen und Mädel in der *Hitler-Jugend* bzw. im *Bund deutscher Mädel* organisiert waren. An die Stelle des Arbeits- und Wehrdienstes der Jungen trat später für die siebzehn- bis einundzwanzigjährigen Mädel, unterbrochen durch den weiblichen Arbeitsdienst, noch das BDM-Werk *»Glaube und Schönheit«*.[46])

Im Jahre 1937 waren die 1933 beigetretenen Jungen und Mädel aller Organisationen vier Jahre von der Hitler-Jugend geformt worden und hatten ihre eigenen Formgaben beigetragen. Ein großer Teil von ihnen war Führer bzw. Führerin in ihren Organisationen geworden und stand als der von Natur aus aktive Teil der Jugendlichen nun vor weiteren Führungsaufgaben. Die vielen in den folgenden Jahren eingetretenen Jungen und Mädel hatten zum Teil von früheren Bünden her oder im Laufe der Hitler-Jugend-Zugehörigkeit erworbene Erlebniserfahrung und stellten mit dieser Erfahrung das kritische und formstabilisierende Element dar.

Diese Phase des Wachsens und der Gestaltwerdung der Hitler-Jugend ist gekennzeichnet durch eine gewisse *Extroversion*, ein Nach-außen-leben, der Jugend. Der aus der Kampfzeit überkommene revolutionäre Anspruch, das Sichdurchsetzenmüssen gegen altes Klassendenken, die Verwirklichung der Volksgemeinschaft im Rahmen der jungen Kameradschaft, das Hervorbringenmüssen einer eigenen Führerschaft, welche nicht aufgepfropft werden, sondern aus der Basis heraus nach oben wachsen sollte, das alles bedingte eine Lebensform für diese frühe Hitler-Jugend, welche sich am »Draußen« orientierte. Aufmärsche und Kundgebungen, Sport und Spiel, Fahrt und Lager, Trommeln und Fanfaren bezeichnen die Merkmale dieser Arbeit. Für das Naturerlebnis wurde weitgehend auf bündische Erlebnisformen zurückgegriffen, zumal die Bündische Jugend in der Hitler-Jugend aufgegangen war und sich in jener Zeit im Jungvolk führend und stilprägend behauptete. Selbst der *Heimabend* war – bündischem Vorbild entsprechend – um diese Zeit nur die in vier Wände verlegte Zeltgemeinschaft von Fahrt und Lager. Aber diese Erlebnisformen waren zur Bewährung der jungen Führerschaft dienlich und geeignet, sie durch die freiwillige Gemeinschaft zu sieben und sie durch die Gemeinschaft und deren Erlebniswillen zu formen. Dies gelang in unerwartet kurzer Zeit, da einerseits ein weltanschaulicher Überbau durch den Nationalsozialismus gegeben und in Adolf Hitler personifiziert war, andererseits das Prinzip der *Freiwilligkeit* einen untrüglichen Indikator enthielt, nämlich die Anziehung der Jugendlichen oder deren Wegbleiben oder Fluktuation zu anderen, besser geführten Einheiten.

Soziologisch bedeutsam für den Aufbau waren zwei Faktoren: Die Auslese des aus der Kampfzeit übernommenen höheren Führerkorps, das von Schirach eigenwillig ergänzt und geprüft worden ist und sich auf den Stil des Reichsjugendführers einstellte, wie ihn die Reichs-Führer- und -Führerinnenschulen, insbesondere in Potsdam, anboten; andererseits die Selbstauslese der Basis, die aus dem Prinzip der Freiwilligkeit eine formgebende Auslese von unten aus den untersten Gemeinschaften erlaubte und – von wenigen Entgleisungen und Übergriffen abgesehen – aus dem Zwang, jugendgemäßes Erlebnis zu gestalten, eine zwangsläufig positive Typenbildung bewirkte.

Das Ergebnis fand seine staatliche Anerkennung in dem Gesetz über die Hitler-Jugend vom 1. 12. 1936, durch welches die Hitler-Jugend den Auftrag des Reiches zur körperlichen, geistigen und sittlichen Erziehung der Deutschen Jugend bestätigt erhielt, nachdem sie ihn de facto bereits erfüllte.

Der Stabsführer der Hitler-Jugend, Hartmann Lauterbacher, hat dazu vor dem 3. Nordseeführerlager 1939, wie aus dem bebilderten Jahresbericht hervorgeht, erklärt:

»Der Führer hat mit dem Gesetz vom 1. Dezember 1936 die HJ. zur Organisation der deutschen Jugend gemacht, hat ihr den Auftrag gegeben, die gesamte deutsche Jugend zu erfassen, sie körperlich, geistig und sittlich zu ertüchtigen. Aber aus diesem Gesetz hat die HJ. niemals eine Pflicht abgeleitet im Sinne eines Befehls; denn die Gemeinschaft der HJ. ist angetreten aus dem inneren freiwilligen Drang zu dieser Gemeinschaft.
Viele Staaten in der Welt beneiden das deutsche Volk ob dieses Prinzips der Freiwilligkeit, ja, sie zweifeln aus ihrem Nichtverstehen heraus fast an der Möglichkeit, daß eine so große Organisation von $7^1/_2$ Millionen Jungen und Mädeln getragen sein könne von diesem Grundsatz der Freiwilligkeit. Wir können ihnen darauf nur antworten: der Grund dafür ist die grenzenlose Liebe, die die deutschen Jungen und Mädel zu ihrem Volk besitzen. Es ist der Befehl des Herzens, der diese Jungen und Mädel in diese stolze Gemeinschaft stellt. Niemals wird die HJ. von diesem Prinzip der inneren Freiwilligkeit in der Mitarbeit und Führung ihrer Arbeit abkommen.«[81])

Das Gesetz war also nicht auf die Ablösung der Freiwilligkeit durch Zwang gerichtet. Auch Schirach hat das fortgesetzt betont. Zugrunde lag, daß die Hitler-Jugend äußerst finanzschwach war und schon deshalb in Gefahr war, von finanzstärkeren Einrichtungen abhängig zu werden, insbesondere von den Mitteln des Reichswehrministeriums. Mit dem Gesetz über die Hitler-Jugend wurde diese Gefahr gebannt: die Hitler-Jugend wurde eine oberste Reichsbehörde mit eigenem Etat. So eindeutig die Gefahr fremder Einflußnahmen gebannt war, hätte sich aber auch eine gewisse Abhängigkeit vom Reich selbst ergeben können. Jedenfalls muß das Gesetz über die gesetzliche Dienstpflicht von 1936 in solchem Zusammenhang gesehen werden. Es wurde hinausgeschoben, so daß es *erst* am 25. März 1939 durch die erste und zweite Durchführungsverordnung normiert wurde. Es wurde aber insoweit abgeschwächt, als die Mitgliedschaft in der sogenannten Stamm-HJ freiwillig blieb und die Dienstpflichtigen in ihr Dienst zu tun hätten; ferner dadurch, daß die Hitler-Jugend in der Finanzhoheit der NSDAP verblieb und nur die behördlichen Aufgaben des Jugendführers des Deutschen Reiches vom Etat des Innenministeriums gedeckt wurden. Für die staatlichen Aufgaben war eine Behörden-Abteilung in der Reichsjugendführung zuständig. Diese Abteilung hatte dafür zu sorgen, daß alle Maßnahmen der Reichsjugendführung mit den etwa betroffenen anderen staatlichen Stellen abgestimmt und in die erforderliche verwaltungsrechtliche Form gebracht wurden. Erst im Krieg wurde daran gedacht, für bestimmte Einsätze wie Ernteeinsatz und Altmaterialsammlung die Jugenddienst*pflicht erstmalig* anzuwenden. Und nur in diesem Rahmen ging der Vollzug dieses Dienstpflichtgesetzes, d.h. seine Durchsetzung, am 1. 2. 1942 formell auf die Justiz über. Gleichwohl wurde diese Pflichterfassung nach dem 1. 2. 1943 nur in einigen wenigen Gebieten *probeweise* durchgeführt. Diese Maßnahmen waren kriegsbedingt, aber nicht allgemein erforderlich, denn es blieb der Stolz des größten Teils der Jugend, auch und gerade im Kriege ihren Einsatz freiwillig zu leisten.

2.1.4.
Der Sozialismus der Jugend

Die große Leistung der Hitler-Jugend bis zum Jahr 1938 ist die Schaffung einer Solidargemeinschaft gewesen, die im jährlichen Reichsberufswettkampf, einer *Olympiade der Arbeit*, ihren wirklichkeitsbezogenen Ausdruck fand. Die Arbeits- und Lebensbedingungen der arbeitenden Jugend hatten durch die Verabschiedung eines ganzen und bis heute weiter wirkenden vorbildlichen Gesetzeswerkes des Jugendrechts eine menschenwürdige Verbesserung erfahren: die *Kameradschaft* der Jugend hatte sich bewährt.

Was heute unter der Parole »Chancengleichheit« Gegenstand gesellschaftlicher Zielsetzungen ist, war in der Hitler-Jugend, die in Leistungseliten dachte, aus einem anderen Motiv als dem der Gleichmacherei bereits vorweggenommen und verwirklicht worden. Der Reichsberufswettkampf war entgegen heutiger Interpretation nicht auf erhöhte Leistungsausbeutung angelegt, sondern durch das daran anschließende Begabten-Förderungswerk auf die nachhaltige Förderung der Sieger des Reichsberufswettkampfes in allen Sparten und auf allen Ebenen von den Kreissiegern bis zu den Reichssiegern bedacht. Bis hin zum Vollstudium stand die Weiterbildung zum erträumten und erstrebten Beruf dem Begabten und Wollenden offen.

Dieses Sichbewährthaben des jugendeigenen Sozialismus' blieb nicht nur eine tragende Basis der Hitler-Jugend bis zu ihrem Ende, sondern sie brachte die Glaubwürdigkeit dieser jungen Bewegung hervor, die ihr den weiteren Ausgriff auf andere Lebens- und Arbeitsgebiete bis hin zur ganzheitlichen Erziehung erst ermöglichte.

Da diese soziale Tatgemeinschaft entscheidende Impulse für das Anwachsen der Hitler-Jugend zur größten Jugendbewegung der Welt gegeben hat, darf sie nicht übersehen werden. Schirach hat dazu in »Die Hitler-Jugend – Idee und Gestalt« ausgeführt:

> »Eigentlich könnten wir feststellen: Jugend ist Sozialismus. Dafür ist die HJ ein lebendiger Beweis... Das Wesen der sozialen Tätigkeit liegt darin, daß sie *nicht Gnaden verteilt, sondern Rechte herstellt*... Es soll auch kein Hitlerjunge dafür danke sagen. Es ist die selbstverständliche Kameradschaft der Jugend...«[49]

> »...Wir versuchen, den Blick der jungen Generation auf das Ganze zu richten. Um das Ganze sehen zu können, muß die Jugend mit allem befaßt werden, was zum Arbeitskreis der Reichsjugendführung gehört, mit dem Ferienlager und mit der Arbeitslosigkeit, mit dem Glück und mit dem Unglück. Nicht idealistische Schwärmer wollen wir erziehen, sondern Menschen, die mit der Kraft ihrer inneren Begeisterung das harte Leben zu meistern verstehen, Menschen, die das Grundgesetz des Sozialismus in ihre Blutbahn geimpft bekommen haben: daß Hilfe für den vom Schicksal geschlagenen Kameraden nie durch Almosen geleistet werden kann, sondern ausschließlich durch Kameradschaft. Es ist vielleicht gerade diese sozialpolitische Arbeit der HJ, die sie so ganz abhebt von dem, was wir vor ihrem Entstehen Jugendbewegung nannten. Die HJ flüchtet nicht aus der harten Gegenwart, sondern steht mitten in ihr. Sie dient der Zukunft, indem sie die Aufgaben löst, die ihr vom Leben der Gegenwart gestellt werden. Sie weiß, daß ihr Weg durch das Tor der Leistung geht.«[49]

Im Hinblick auf die heute nicht mehr vorstellbaren ausbeuterischen Arbeitszeit- und Urlaubs-Regelungen für Jugendliche, die die HJ vorfand, führte Schirach aus:

> »Die Forderung nach der Freizeit des Jungarbeiters ist ein Programmpunkt, von dem die Hitler-Jugend niemals abgehen wird. Sie ist diktiert von der Dankbarkeit gegenüber der Millionenmasse schaffender deutscher Jugend, die die überwiegende Mehrheit der HJ ausmacht. Angesichts der Tatsache, daß sich die Arbeiterjugend der großen Industriebezirke Deutschlands schon lange vor dem 30. Januar 1933 zur Fahne der HJ bekannte, fühle ich die Verpflichtung, als Sprecher dieser Jugend für ihr selbstverständliches Recht einzutreten. Dabei ist zu bedenken, daß es sich nicht etwa um eine Anmaßung einer überselbstbewußten Jugend handelt, nicht um ein willkürliches Recht einer einzelnen Berufsgruppe. Es ist im Gegenteil das Recht des deutschen Volkes auf seine Jugendkraft, ein sozialistisches Recht, das nicht an den Einzelnen denkt, sondern an Deutschland und seine ferne Zukunft. Es muß und wird verwirklicht werden, weil von seiner Erfüllung das Schicksal der Gesamtheit abhängt.«[49]

Der Adel der Arbeit und der Leistung, den Schirach proklamiert hatte, fand im Reichsberufswettkampf seine edelste, im Jugendrecht seine dauerhafteste Krönung.

2.1.5.

Die Wende nach innen

Die Prägung des Führerkorps von oben und die Formung der Führerschaft von unten begegneten sich ab 1937 nicht nur, sondern durchdrangen sich auch in der Notwendigkeit, von nun an nicht nur die Erziehung, sondern im weiteren Sinne auch die Bildung der deutschen Jugend bewirken zu müssen. Schirachs Politik hatte die Voraussetzungen für die neue Aufgabe geschaffen. Er vollzog in den Jahren 1937 und 1938 die entscheidende Wende von der allgemeinen Jugendarbeit zur *Nationalerziehung*.

Es ist Schirachs Anliegen und Werk gewesen, die Revolution in die Evolution überzuleiten. Das bemerkenswerte Phänomen ist, daß Schirach die *Wende nach innen* vollzog, ohne auf dem äußeren Sektor irgendetwas von dem Erreichten aufzugeben. Vom Naturerlebnis auf Fahrt und im Lager, vom Aufmarsch und der großen Kundgebung ging der neue Kurs nicht ab. Die *körperliche Ertüchtigung* wurde zur *Leibeserziehung* verbreitert, und die sozialpolitischen Ziele wurden eher erhöht als aufgegeben.

War bis dahin die Jugendarbeit vom *Draußen* bestimmt gewesen, so wird sie jetzt auch und zunehmend vom *Drinnen* mitgestaltet; neben die frühere *Nomadenhaftigkeit* tritt nun die Seßhaftigkeit; die freie Natur wird vom gestalteten Raum ergänzt; das Erlebnis der Gemeinschaft wird in musische Form übertragen, neben Trommeln und Fanfaren treten Blockflöten und Streichinstrumente, neben die Kundgebung tritt das Laienspiel, neben die Fahnensprüche die Lyrik und neben die Prosalesung tritt das Drama. Der Weg zur Kultur wird freigemacht und damit ein Anschließen an überlieferte geistige Werte früherer Generationen bewirkt. Die Zuwendung der Jugend zu Goethe und Weimar, wo die Reichsführerlager und die Kulturtage einschließlich des Kulturwettkampfes auf allen musischen Gebieten bis zu den Ausscheidungen der Reichssieger und die Weimar-Festspiele stattfanden, sind beispielhaft.

Der damalige Chef des Kulturamtes der Reichsjugendführung, Carl Cerff, schrieb in der Festschrift der Weimarer Festspiele der deutschen Jugend 1938[81]) unter anderem:

>»Unser Bekenntnis zu Deutschland umschließt auch das Bekenntnis zur deutschen Kunst. Der Begriff Deutschland ist für uns nicht nur die bloße Darstellung des äußerlich Sichtbaren oder Greifbaren; ein unabänderlicher Bestandteil dieses hohen Begriffes sind die Kräfte der Seele und des Gemütes, die ihre stärkste und erhabenste Darstellung in den Werken unserer großen Meister gefunden haben...«

>»Die Kunst ist für die seelischen Bezirke dieser Erziehungsarbeit eine unentbehrliche Kraft, sie kann darum nicht ein Vorrecht einer kleinen Schicht hierfür besonders vorgebildeter und materiell vermögender Menschen bleiben, sondern muß der deutschen Jugend ohne Ansehen der Herkunft, des Standes und der Schulbildung zugänglich gemacht werden. Daß für das Aufnehmen und Verstehen der großen Kunstwerke bestimmte Voraussetzungen vorhanden sein müssen, weiß die Führung der Hitlerjugend und schafft sie in ihrer kulturellen Erziehung.

>Die Weimar-Festspiele der Deutschen Jugend sind erneut ein Beweis dafür, wie ernst es die Hitlerjugend mit dem Grundsatz meint, daß die Kunst dem Volke gehöre. Sowohl die tüchtigsten Schüler wie auch die tüchtigsten Jungarbeiter werden alljährlich durch die Teilnahme an diesen Festspielen geehrt. Voll Ehrfurcht sitzt heute zu Füßen der großen Meister eine Jugend, die nicht den bequemen Genuß, sondern die harte Arbeit auf ihre Fahnen geschrieben hat. Wer sich in dieser Arbeit auszeichnet, der soll auch wert sein, an den edelsten und höchsten Schätzen deutscher Kunst Anteil zu haben.«

Und Baldur von Schirach hatte vorausgeschickt:

>Heute erst beginnen wir langsam zu erkennen, welche wahrhaft schöpferische, erzieherische Macht dieser Stadt entströmt, rufen die Jugend hierher zusammen, die Jungarbeiter, Jungbauern und Schüler, damit sie hier *erleben*, was sich nicht *erlernen* läßt. Jahr um Jahr wird deutsche Jugend nach Weimar kommen und von Weimar scheiden und ihr Herz wird ergriffen sein von jenem Geheimnisvollen, das unser Wesen als Deutsche vornehmlich bestimmt: *ich nenne es Ehrfurcht.*<

Aus Anlaß dieser Festspiele der Deutschen Jugend sprach Schirach 1937 über >Goethe in unserer Zeit<. Schon im darauf folgenden Jahr schenkte er der Hitler-Jugend den Band >Goethe an uns<, der den Genius Johann Wolfgang von Goethes für die deutsche Jugend neu entdeckte und zu nie in solcher Breite erlebter Strahlkraft brachte.[50]

Es waren wohl auch die Gedanken Goethes über die Erziehung, die Schirach zu seinem neuen Kurs ermutigten:

>Die Menschen halten sich mit ihren Neigungen ans Lebendige. Die Jugend bildet sich wieder an Jugend.< (Sprüche in Prosa)

>Mit wenigen Worten ließe sich das ganze Erziehungsgeschäft aussprechen, wenn man nur Ohren hätte zu hören: Man erziehe die Knaben zu Dienern am Staate und die Mädchen zu Müttern, so wird es überall wohl stehen.< (Sprüche in Prosa)

>Männer sollten von Jugend auf Uniform tragen, weil sie sich gewöhnen müssen, zusammen zu handeln, sich unter ihresgleichen zu verlieren, in Masse zu gehorchen und ins Ganze zu arbeiten.< (Wahlverwandschaften)

Diese Hinwendung zum Kulturerbe war unmerklich vorgeformt worden durch das Einbeziehen der weiblichen Jugend. Hatte diese in den ersten drei Jahrzehnten der deutschen Jugendbewegung keine hervorstechende Rolle gespielt, so waren die Mädel in der Hitler-Jugend nicht nur an Zahl überlegen. Die Verinnerlichung, die nach 1937 in der Hitler-Jugend um sich griff, war bei den Mädeln vorweggenommen worden. Bei ihnen hatte das Heim seinen ursprünglichen Stellenwert behalten. Die Weisung der Reichsjugendführung, daß Mädel nicht den Jungen gleich in Zeltlagern nächtigen, sondern grundsätzlich in festen Häusern, vorzüglich Jugendherbergen, ihr Fahrt- und Lagererlebnis gestalten sollten, hatte zur Entdeckung des Innenraums, seiner Gestaltung, seiner Kultur und seiner bildenden Kräfte geführt. Ein Effekt, der durch das unter Leitung der Reichsjugendführung gewaltig aufblühende Deutsche Jugendherbergswerk ausgelöst und durch das 1937 proklamierte *Jahr der Heimbeschaffung* gelenkt wurde, bis Schirach 1938 *die erzieherische Macht des Raumes* zum Bestandteil des Nationalprogramms der Jugenderziehung erhob, das sich im Heimbeschaffungsgesetz von 1939 verwirklichte. Schirach bezeichnete diese Schritte mit den Worten:

>Wir unterscheiden uns von der Jugend von einst dadurch, daß wir mit beiden Beinen auf der Erde stehen. Auch die Jugend vor uns hat gesungen; aber wir singen *und* bauen.<[47]

Und in Bezug auf den von ihm bewußt vollzogenen Kurswechsel sagte Schirach im März 1938:

>Damals kämpften wir um die Menschen, heute geht es um die Erziehung. Damals versammelten wir die Masse der Jugend auf freien Plätzen zu gewaltigen Kundgebungen. Heute ist die Masse eine Organisation, und wie der einzelne Mensch und seine Gemein-

schaft Form erhielt, so auch der Raum. Das Haus der Jugend und die Fahne auf dem Dach, das ist nicht zweierlei, das gehört zusammen wie Idee und Gestalt, Glaube und Schönheit, Wille und Macht.«[47])

Die neuen kulturhaften und kulturbewußten Erlebnisformen, die von nun an nachhaltig mitwirken,

> Theaterringe, Konzerte der Jugend und für die Jugend, Morgenfeiern, Buchwochen, Dichterlesungen, Jugendfilmstunden, alte und neue konzertante Musik, Aufbruch in Lyrik, Drama und Epos, Stilprägung in Heimbauten der Hitler-Jugend und im Kunsthandwerk, Tanz, Gymnastik, Mode, Wohnkultur und Gesundheitspflege,

bezeichnen ein neues Lebens- und Kulturgefühl dieser auch dem Schönen verbundenen Jugend. Wer ein Drama oder ein Symphoniekonzert nicht in der geschlossenen Gemeinschaft der Jugend erlebt hat, vermag nicht die gesteigerte Intensität solchen Erlebnisses zu ermessen, vermag auch nicht das beherrschende Gefühl innerlicher Gleichgestimmtheit zu verstehen. Eine neue Dimension war zu dem Ideal des Soldatischen als Haltung hinzugetreten: das Musische als Ausdruck schöpferischen Kulturbewußtseins. Die Revolution war von der Jugend zur Evolution geführt worden.

Schirach hatte den Idealtyp des *musischen Menschen* 1938 in Weimar proklamiert und dazu erklärt:

> »Ist das nicht vielleicht die schönste Frucht unseres Ringens um eine neue Zeit, daß wir durch unsere politische Erziehung zur Nation in unserer Jugend nun erleben können, wie Kultur und Politik, also deutsches Dasein, für sie zu einer Einheit geworden ist...
> Weil wir Deutsche sind, können wir uns mit amusischen Erscheinungen auf die Dauer nicht befreunden...
> Das Gemütliche gehört zu uns wie das Heldische...
> Jene Gemütlichkeit, von der Fichte sagt, daß sie allein unsere Siege erkämpft...
> Wir deuten die nationalsozialistische Revolution als die Erhebung des deutschen Gemüts gegen die Willkür des kalten Intellekts.«[47])

Von nun an öffnete sich die Jugend, ohne etwas von dem Errungenen aufzugeben, dem Musischen, dem Stil, der Kultur, dem Gemüt. Wenn diese Jugend in ihrer Zeit Wurzeln schlug, so aus der Tiefe ihres Gemütes.

Schirach hatte auf das Gemüt als Erziehungsfaktor hingewiesen, als er im März 1938 in der Kroll-Oper *Die erzieherische Macht des Raumes* beschworen und hinzugefügt hatte:

> »Denn der Mensch lebt nicht vom Brot allein, wir bedürfen der seelischen Nahrung genauso wie der physischen. In unserer Jugend besonders lebt ein Verlangen nach dem Unsterblichen, Ewigen, Unfaßbaren. – Man nenne dieses Höhere nun wie man mag. Für uns Deutsche ist alles Religion.«[47])

Das Tor zu neuem, vielfältigem Jugendleben war damit aufgestoßen; das von Schirach geforderte Bündnis von Jugend und Genie war möglich geworden; die der Jugend eigene Ethik begann sich auszuformen: die *Evolution* wurde von der Jugend aufgenommen und zu ihrer eigenen Sache gemacht.

Die *Bildung* wurde Teil der Nationalerziehung, eine Bildung, die nicht auf das menschliche Kollektiv gerichtet war, sondern auf die Persönlichkeit, nicht auf Wissensvermittlung, sondern auf Herzensbildung. Diesen Weg zur Persönlichkeitsbildung wies Schirach in seiner Grundsatzrede vor der Reichsführer-Tagung im Nationaltheater in Weimar am 24. Mai 1938:

> »Der Jugendführer und Erzieher der Zukunft wird ein Priester des nationalsozialistischen *Glaubens* und ein Offizier des nationalsozialistischen *Dienstes* sein. Er wird aber auch Träger sein jener weltweiten *Bildung*, die für alle Generationen und auch für alle Völker jener große Deutsche verkörpert, der in dieser Stadt seine irdischen Augen schloß, um seine ewigen für immer zu öffnen und auf uns zu richten. Im Bannstrahl dieser Sterne wird der Erzieher der Zukunft für die ihm anvertraute, nicht nach Wissen, aber Bildung hungernde Jugend jenes höchste Glück bringen, das nach Goethes ewigem Gesetz den Erdenkindern nur durch die *Persönlichkeit* offenbart werden kann.«[47])

2.1.6.
Akademie für Jugendführung

Zu den ersten beispielhaften Verwirklichungen dieser neuen evolutionären Nationalerziehung gehört die Gründung der Akademie für Jugendführung in Braunschweig, die nach geistiger wie baulicher Anlage zum Strahlzentrum des neuen Aufbruchs werden sollte.

Die Akademie hatte die Zweckbestimmung, den Nachwuchs für das Führerkorps der Hitler-Jugend heranzubilden. Sorgfältig ausgelesene und bewährte Angehörige der mittleren Führerschaft sollten nach Ableistung des Wehrdienstes und des Reserveoffizierjahres in einjährigen Lehrgängen die Bildungsgrundlage für den höheren Dienst erhalten. Gastdozenten internationalen Rufes wirkten neben HJ-eigenen Dozenten und Erziehern bei dem differenzierten Lehrprogramm. Charakter und Leistung hatten höchsten Stellenwert. Das Bildungsangebot war ganzheitlich orientiert und wurde durch einen halb- bis einjährigen Auslandsaufenthalt mit praktischer Arbeit in einem ausländischen Industrie-Unternehmen abgerundet. Nach einem Schlußexamen sollte das Jugendführerpatent verliehen werden.

Dazu Schirach in der Pressekonferenz vom 7. Dezember 1936, in welcher er sich im Hinblick auf das Gesetz über die Hitler-Jugend zu dem fortdauernden Prinzip der Freiwilligkeit bekannte:

> »Die Kampfzeit der Bewegung hat die Führer der Jugend besonders ausgelesen. Was sich damals an Tüchtigkeit und Tapferkeit, Treue und Beharrlichkeit durchsetzte, ist hundertfach erprobt. Unsere zukünftigen Führer werden zwar nach einem anderen System ausgelesen werden müssen. Sie werden es in mancher Beziehung leichter haben als wir, aber ihre dienstliche Ausbildung wird außerordentliche hohe Anforderungen an sie stellen...
> Im Frühjahr 1939 wird der Bau unserer Akademie für Jugendführung in Braunschweig fertiggestellt sein. Dort werden diejenigen Jugendführer, die sich als Unterbannführer in der praktischen Führung der Jugend ausgezeichnet haben, nach abgeschlossenem Ar-

beits- und Militärdienst für ein Jahr zusammengefaßt und für ihre besonderen Aufgaben als zukünftige Bannführer ausgebildet. Nach einem weiteren halben Jahr Auslandsdienst werden die als Bannführer in Aussicht genommenen HJ-Führer nochmals geprüft und erhalten sodann nach bestandener Prüfung... ihr Patent als Bannführer.«[47])

Das dort erwähnte *Patent als Bannführer* wurde später als *Jugendführer-Patent* Teil der Laufbahnbedingungen des Führerkorps. Parallel zur Bildung des Jugendführers wirkte die Akademie für Mädelführung nach spezifisch weiblichen Bildungsinhalten.

Im Nationaltheater von Weimar erklärte Schirach am 24. Mai 1938 vor dem Führerkorps der Hitler-Jugend:

»Gelingt es uns, über diese begeisterte Jugend hinaus zum erstenmal in der Geschichte unseres Volkes einen Stand zu begründen, der als erzieherische Elite unseres Volkes jeden einzelnen, der ihm angehört, typmäßig derart formt und ausprägt, daß der Begriff Jugendführer ähnlich, wenn auch anders wie der Begriff Offizier, in unserem ganzen Volk und darüberhinaus in der ganzen Welt eine bestimmte innere Auffassung und äußere Haltung kennzeichnet?... Unser Denken und Fühlen ist einheitlich geworden, und auf der Grundlage unserer gemeinsamen Weltanschauung haben sich auch in alltäglichen Fragen gemeinsame Auffassungen entwickelt, denen für unser Volk und unsere Zukunft deswegen besondere Bedeutung zukommt, weil sie zum erstenmal nicht allgemeiner, d. h. politischer oder gesellschaftlicher Natur sind, sondern *kulturpolitischer Art.*«[47])

2.1.7.
Die Adolf-Hitler-Schulen

Als Gegenstück zur Akademie für Jugendführung als Bildungsstätte des Führerkorps schuf Schirach für die Bildung junger Leistungseliten die Adolf-Hitler-Schulen. Sie waren eine Begabtenförderung für Zwölfjährige aller Schichten, die in sechs Jahren zum Abitur geführt wurden unter pädagogischen Voraussetzungen, denen Schirach selbst Modellcharakter für die zukünftige Pädagogik beimaß. Anläßlich der Grundsteinlegung von neun Adolf-Hitler-Schulen im Januar 1938 führte Schirach aus:

»Zu allen Zeiten werde ich bestreiten, daß Wissen allein weise macht. Die Entscheidung, die wir in diesem Wendepunkt der Erziehung zu erfüllen haben, ist die Entscheidung zwischen der Seele und dem kalten Intellekt... Die Vergötzung des Geistes, wie sie Jahrzehnte hindurch in unserem Volk betrieben wurde, führte zur Zerstörung der naturgegebenen Ordnung. Der Weg des geistigen Menschen jener Zeit ging ... in ein Land der Verneinung. Dem intellektuellen Dünkel galt der Geist mehr als Volk, Fahne und Vaterland. Gegen diese kalten Rechner erhob sich unsere Bewegung. Sie war und ist eine Revolution der Seele. Sie lebt vom Schlag lebendiger Herzen. In ihr wird jene Macht offenbar, die der Intellektuelle leugnet, weil er sie ebensowenig zu denken vermag wie den Gott, der sie uns gab: Die Macht des Gemütes... Die Waffen des Intellekts werden dieser Generation gegeben, und zwar die schärfsten und härtesten, aber sie sollen nicht um ihrer selbst willen zu einem törichten und verderblichen Scheingefecht untereinander gebraucht werden, sondern einer höheren Idee dienen.«[47])

Schirach bezeichnete die andauernde Krise der Schule als eine Krise der Lehrer. Zur Wegweisung aus dieser Krise schuf Schirach das Modell der Adolf-Hitler-Schulen, die auf ganzheitliche Bildung mit höchstem wissenschaftlichen und pädagogischen Niveau zielte. Daneben entstand zeitgleich eine Erzieher-Akademie, die den Nachwuchs des wissenschaftlichen Lehrpersonals der Adolf-Hitler-Schulen aus bewährten HJ-Führern heranbildete.

Im Kapitel »Gestaltwerdung« ist über die auf den Adolf-Hitler-Schulen angestrebte »Einheit der Erziehung« eingehender berichtet.

2.1.8.

Das BDM-Werk »Glaube und Schönheit«

Es ist in diesen deutenden Betrachtungen nicht der Ort, in Einzelheiten nachzuzeichnen, wie die Jugend die Wendung nach innen vollzog und neben die vorherrschende körperliche und geistige Ertüchtigung nun die gemüthafte Kulturarbeit zu stellen vermochte. Es wäre aber ganz unausgewogen, bei diesem Überblick nicht auch die vierte große Komponente zu erwähnen, die der Jugendbewegung neue sittliche und ästhetische Erlebnisweisen erschloß: das BDM-Werk »Glaube und Schönheit«.

Dieses Werk wendete sich an die zur Fraulichkeit heranreifende weibliche Jugend, deren Anspruch spezifisch weiblich und darüberhinaus auch differenzierter war als der der übrigen Jugend. Schirach trug mit dieser Gründung der jugendpsychologischen Erkenntnis zur Geschlechterentwicklung Rechnung. Während die Jungen nach Erreichen des 18. Lebensjahres in Arbeitsdienst und Wehrdienst der ihnen geschlechtsgemäßen »individuativen« Entwicklung zum Mann – ein geistiger Reifeprozeß vom »Ich« zum »Selbst« – entgegenging, traten die heranwachsenden Mädel dieser Altersstufe in die ihrem weiblichen Geschlecht zugeordnete »sensitive« Entwicklung zur Frau – ein Prozeß seelischer Steigerung – ein.

Die Geschlechterpsychologie C. G. Jungs hatte erkannt, daß nach einer kurzen parallel verlaufenden Entwicklungsphase sich die Geschlechter immer stärker differenzieren und auseinanderentwickeln, und zwar mit den unterschiedlichen Betonungen des Individuativen und des Sensitiven, bis diese Auseinanderentwicklung um das 22. Lebensjahr herum abgeschlossen ist. Dies ist die Zeit, in der sich, wie Prof. Dr. Fischer, Berlin, in einer Vorlesungsreihe an der Akademie für Jugendführung 1944 ausdrückte[51]), die Geschlechter am stärksten anziehen, weil sie ihre individuellen Ausformungen als *männlichster Mann* und als *weiblichste Frau* erreicht haben. Sie begegnen sich in diesem seelischen Spannungsfeld und werden auf dem weiteren Weg in ihrem Wesen einander wieder ähnlicher.

Lebensglück in sittlich und kulturell hochstehenden Familien zu ermöglichen, war das Ziel dieser Erziehung unter Ausformung starker eigenständiger und gemeinschaftsbezogener *Persönlichkeiten* bei beiden Geschlechtern, wobei die unterschiedlichen Leistungsmotivationen der Geschlechter zu beachten waren.

Schirach hat selbst den entscheidenden Impuls gegeben und begründet:

> Die jüngeren Jahrgänge werden ausschließlich zur Gemeinschaft erzogen. Das Mädel zwischen 17 und 21 Jahren aber soll zur gemeinschaftsgebundenen *Persönlichkeit* erzogen werden.«[53]
>
> »Werdet schön an Körper und Geist und achtet Euch selbst so hoch, daß nur die Besten es wagen dürfen, Euch gut zu sein.«[53]
>
> »Wie der Junge nach Kraft strebt, so strebe das Mädel nach Schönheit. Aber auch der BDM verschreibt sich nicht dem verlogenen Ideal einer geschminkten und äußerlichen Schönheit, sondern ringt um jene ehrliche Schönheit, die in der harmonischen Durchbildung des Körpers und im edlen Dreiklang von Körper, Seele und Geist beschlossen liegt.«[53]

Mit der Einbeziehung der Mädel in die Jugendarbeit und mit der Berücksichtigung ihrer geschlechtstypischen Eigenart als ganz und gar gleichberechtigter Jugendteil hatte Schirach den entscheidenden Schritt von der *Jungenschaft* alten bündischen Stils hin zur *Jugendbewegung* getan. Sein kulturpolitisches Anliegen wurde von der Mädelführung aufgenommen und weitergetragen und auch in den Notzeiten des Krieges bewahrt. Entscheidend aber dürfte der geistesgeschichtliche Prozeß sein, den Schirach mit der Mädelerziehung ingang gesetzt hatte, nämlich der Frau die hohe Stellung, die sie im mittelalterlichen Abendland innehatte, wiederzugeben: Leben zu behüten, Sitte zu bewahren, Schönheit zu pflegen. In der Form der Kameradschaft der beide Geschlechter umfassenden Jugendgemeinschaft war das *mehr* als Emanzipation.

Die Gleichberechtigung der Geschlechter war in der Hitler-Jugend keine Forderung, sondern die selbstverständliche Wirklichkeit. Die aus den natürlichen physiologischen und psychologischen Unterschieden sich ergebenden getrennten Wege der Erziehung liefen jedoch nicht auseinander, sondern begegneten sich im gemeinsamen Ziel. Diese Gemeinsamkeit der Geschlechtererziehung hatte Baldur von Schirach mit der Erschließung des Kulturerbes und der Zielsetzung der Entwicklung neuer sittlicher und kultureller Werte als das beiden Geschlechtern gemeinsame Dritte ermöglicht.

War in Friedenszeiten auf diesem gemeinsamen Gebiet der Kulturarbeit auch gemeinsames Erleben möglich geworden, wie es sich in dem breiten Spektrum von den Rundfunksendungen *Stunde der jungen Nation*, über Weimarer Festspiele und die Reichsführer-Tagungen bis hin zu den Jugend-Kundgebungen in Nürnberg beispielhaft manifestiert, so brachte die Kriegszeit mit dem wehrdienstbedingten Führermangel bei der männlichen Jugend die Bewährung dieser gleichberechtigten Gemeinsamkeit dergestalt, daß in vielen Fällen die Kontinuität der Gesamtarbeit durch die Mädelführungen gewährleistet wurde. Der Begriff der Kameradschaft hat in der Hitler-Jugend seinen überlieferten männlichen Grund in die neue gesamtmenschliche Dimension beider Geschlechter erweitert: Ein sittliches und kulturelles Phänomen ersten Ranges.

2.2.
Die Gestaltwerdung

Von Ende 1932 bis Ende 1933 verzehnfachte sich die Mitgliederzahl der Gesamt-Hitler-Jugend auf rund zwei Millionen. Ein ähnlicher Zustrom hielt jahrelang an, und zwar im Durchschnitt mit 1,3 Millionen Mitgliedern Zuwachs jährlich, so daß 1937 die sieben Millionen überschritten wurden und 1938 die acht Millionen, um 1939 mit rund neun Millionen Angehörigen den Höchststand zu erreichen.

Aber diese Zahl trügt. Da die ältesten Jahrgänge alljährlich zum Arbeitsdienst und zur Wehrmacht abgingen oder in andere Gliederungen der Partei überführt wurden, wurden auch diese Abgänge ausgeglichen, so daß der Zugang von neuen Mitgliedern jährlich etwa zwei Millionen Jungen und Mädel ausmachte. Diese Millionenzahl aufzunehmen und zu betreuen, sie zu organisieren und zu *bewegen*, sie in den Geist der Kameradschaft einzuführen und sie mit ihrer körperlichen, geistigen und seelischen Bereitschaft auf die neuempfundene *Volksgemeinschaft* einzustimmen, mag eine glänzende organisatorische Leistung gewesen sein. Sie war aber weitaus mehr. Was sie war, ergibt sich, wenn man berücksichtigt, daß dieser Zustrom aus reiner Freiwilligkeit getragen wurde. Die Anziehung dieser Jugendbewegung muß von einer Kraft gewesen sein, die ein vermutlich unwiederholbares Phänomen in der Jugendgeschichte darstellt.

Auch dieses Phänomen bedarf noch der Verdeutlichung. Die Hitler-Jugend jener Wachstums-Jahre bestritt ihre Organisation aus ihren Pfennig-Mitgliedsbeiträgen und hatte an Zuschüssen der Öffentlichen Hand nicht mehr zur Verfügung, als die schmalen Jugendpflege-Etats der zuständigen Körperschaften. Die Hitler-Jugend hatte keine Heime, sie hauste jahrelang in Baracken und Kasematten, in Kellern und auf Dachböden. Die Hitler-Jugend hatte keine eigenen Sportplätze, keine Turnhallen, keine Veranstaltungssäle. Das Jugendherbergsnetz war für diese Riesenorganisation noch gänzlich unzureichend. Sportgeräte, Zelte, Ausrüstungen, ja selbst die Dienstkleidung mußten sich die Jungen und Mädel selbst anschaffen.

Es waren Zeiten, in denen es junge Führer fertigbrachten, für 10 oder höchstens 15 Mark ein zehntägiges Zeltlager oder eine vierzehntägige Großfahrt durchzuführen. Oft mit Sparmarken ein Jahr lang angespart, oft mit Hilfe von Patenschaften wohlhabenderer Eltern für die Kinder ärmerer Familien, und nur selten auch durch Spenden der gewerblichen Wirtschaft.

Bei dieser Beschränkung der Mittel mußte vom Heimbau bis zur Dienstgestaltung improvisiert werden. Die Tatkraft junger Einheitenführer hat damals buchstäbliche Wunder vollbracht. Sie war Auslese-Kriterium und Charakterschulung zugleich. Diese Zeit war es, die lebenstüchtige, tatkräftige und zugleich idealistische, charakterfeste junge Menschen in natürlicher Selbstauslese in die Führungspositionen aller Ebenen brachte und den Führertyp schließlich prägte.

Die Hitler-Jugend hat aus dem Prinzip der Freiwilligkeit und der Selbsthilfe ihre Form und Gestalt gewonnen. Nicht staatliche Hilfe, nicht finanzielle Etatisierung, nicht Privilegien hätten diese besondere Formgebung vermocht. An ihrem Ende steht der lebenstüchtige, verantwortliche und begeisternde Typ des Jungenführers und der Mädelführerin. Ein Typ, der nie aus einer *Staatsjugend* hervorgegangen wäre.

Natürlich verlief dieser Prozeß nicht ohne Rückschläge oder ohne menschliches Versagen. Es ist geradezu Merkmal dieser Formkraft, daß sie über Versager hinwegging; daß sie immer wieder und immer mehr Kräfte zur Selbstführung und zur Selbsterziehung herausforderte und auch fand. Der Richtwert »Volksgemeinschaft« war ein nahezu unbestechlicher Dauertest.

Es könnte eingewendet werden, daß die innere Bewegung der Jugend keineswegs das Ausmaß gehabt habe, welches die Millionen-Mitgliederzahlen anzudeuten scheinen. Das ist sicher richtig und spricht eben für die angestrebte Freiwilligkeit. Es hat ohne Zweifel erhebliche Randgruppen gegeben, die nur nominell Mitglieder der Hitler-Jugend waren und sich nie oder nur gelegentlich *sehen* ließen, ohne ernsthaft Dienst zu tun. Es gab genug Möglichkeiten für Abseitsstehende und Mitläufer: manche der heute führenden Politiker bekunden das hinsichtlich ihrer eigenen Person. Für Zwang jedenfalls sprach dies alles nicht, und wenn viele heutige Staatsmänner, Spitzenpolitiker und Gewerkschaftler damals zu Rängen wie Stamm- und Gefolgschaftsführer aufstiegen, so muß wohl entgegen anderen nachträglichen Bekundungen ein nicht zu übersehendes Maß an Begeisterung und freiwilliger Führungsleistung ursächlich gewesen sein. Das alles spricht für und nicht gegen die Eigenbewegung der Hitler-Jugend, die hier aufgezeigt wird.

Selbst wenn man davon ausgeht, daß alle Jungen und Mädel, die je Mitglied der Hitler-Jugend waren, nur widerwillig oder mißmutig Dienst getan hätten, daß also die Gruppe der für die Jugendbewegung – gleichgültig, ob vor oder nach 1933 – unansprechbaren jungen Menschen Mehrheit gewesen wäre, und daß sich die Ansprechbarkeit, die Begeisterung und der Schwung auf jene ca. zehn Prozent Führer und Führerinnen beschränkt hätte, die auch ohne die Hitler-Jugend *jugendbewegt* gewesen wären, so bleibt doch als Realität, daß dann ständig 700 000 bis 900 000 Jungen und Mädel als Führer und Führerinnen aller Ebenen mit jährlichen Abgängen von etwa 200 000 und ebenso hohen Nachwuchszahlen ein Ausmaß an Freiwilligkeit ergeben hätte, welches weltweit einsam dastünde. Aber die *Bewegung* der Jugend reichte viel weiter und weit über die Führerschaft hinaus. Führerschaft ohne die freiwillige Gefolgschaft war bei dem Strukturprinzip der Hitler-Jugend ein absurder und realitätsfremder Begriff. Denn die Führerschaft entstand aus der Gruppe, erwuchs aus der Basis und war nicht aufgepfropft.

Soziologische Studien der Zukunft werden dieses Phänomen erhärten. Für die Ausbildung der breiten Jugend-*Bewegung* war die *Volksgemeinschaft* der Katalysator des Wachstumsprozesses.

2.2.1.
Strukturkrise durch Wehrdienstpflicht

Eine krisenhafte Entwicklung setzte jedoch bereits ab 1935 ein, und sie wirkte gegen die Hitler-Jugend: Die Arbeitsdienstpflicht und die Wehrpflicht, schließlich die erweiterte Wehrpflicht und endlich das zusätzliche Reserveoffiziers-Jahr. Seit 1935 gab die Hitler-Jugend viele ihrer 17- bis 19jährigen jungen Führer als Freiwillige und die 20jährigen als Dienstpflichtige für zweieinhalb bis dreieinhalb Jahre an den Reichsarbeitsdienst und die Wehrmacht ab. Viele blieben als Offiziere und Unteroffiziere in diesen Verbänden und ermöglichten dort mit ihrer eingebrachten Jungenführer-Praxis die Ausweitung dieser Institutionen bis hin zum Volksheer. Es unterliegt in der ernstzunehmenden Geschichtswissenschaft keinem Zweifel, daß der Aufbau der Wehrmacht ohne den Beitrag an Fähigkeit zur Menschenführung, den die Hitler-Jugend leistete, weder nach Ausmaß noch nach Wert hätte gelingen können.

Indessen: Die Hitler-Jugend gab ihre jungen Führer, immer, wenn sich ihr höchster Wert als mittlere Führerschaft hätte auswirken können, als Gefolgschafts- und Stammführer, als Fähnlein- und Jungstammführer, und teilweise auch als Bann- und Jungbannführer an die Wehrmacht ab. Dort verblieben sie zumeist oder wechselten danach ins Berufsleben. Nur wenige Reserveoffiziere und -Unteroffiziere fanden nach der zweieinhalb- bis dreieinhalbjährigen Dienstpflicht, die oft noch durch die militärischen Einsätze in Österreich, im Sudetenland und der Tschechei oder anderer Krisen wegen verlängert wurde, zur Hitler-Jugend zurück.

Dieser Substanzverlust betraf letztlich aber nur die Gliederung der 14- bis 18jährigen Jungen. Denn bei den Mädeln lagen insoweit andere Verhältnisse vor, als diese nur der Dienstpflicht im weiblichen Arbeitsdienst unterlagen und danach wieder bis zur Vollendung des 21. Lebensjahres Mitglieder des BDM oder ab 1938 des BDM-Werks *Glaube und Schönheit* wurden; bei den Pimpfen hingegen, also dem *Deutschen Jungvolk* der 10- bis 14jährigen, stellten die HJ-Jahrgänge der 14- bis 18jährigen ein ideales Reservoir für eine Führerschaft im richtigen Altersaufbau.

Dazu ist zu bemerken, daß das Prinzip der Selbstführung der Jugend natürlich nicht die Selbstführung durch Gleichaltrige, sondern eine natürliche Abstufung der Reifegrade innerhalb der Ebenen der unteren und mittleren Führerschaft bedingte.

In den ersten Jahren waren die Einheiten des Jungvolks und der Jungmädel noch nicht jahrgangsweise gegliedert, so daß sich in den untersten Einheiten, den Jungschaften bzw. Jungmädelschaften, Jungen und Mädel im Alter von 10 – 14 Jahren befanden. Diese -schaften wurden deshalb zumeist von etwas älteren Jugendlichen geführt. Dadurch wurden zuviele Unterführer im Jungvolk und Jungmädelbund gebunden, die jahrgangsmäßig schon der HJ bzw. dem BDM hätten zugehören müssen.

Mit dem jahrgangsweisen Aufbau der Einheiten, welcher ab 1936 galt, ging dieser Überbedarf zurück. Für den Altersaufbau beim Deutschen Jungvolk und bei den altersentsprechenden Jungmädeln darf als typisch angesehen werden, daß die Jungenschaftsführer bzw. Jungmädelschaftsführerinnen je nach dem zu führenden Jahrgang 13 bis 15 Jahre alt waren, für die Führer der nächsthöheren Diensteinheiten, der Jungzüge bzw. Jungmädelscharen, die ebenfalls aus einheitlichen Jahrgängen bestanden, lag das Alter zwischen 14 und 16 Jahren. Die alle Jahrgänge umfassenden Einheiten der Fähnlein- bzw. Jungmädelgruppen hatten Führer von etwa 15 – 17 Jahren, während die letzten ehrenamtlich zu führenden Einheiten, die Jungstämme bzw. Jungmädelringe, von Jugendlichen zwischen 17 und 19 Jahren geführt wurden.

Dieser Altersaufbau wurde dadurch gefördert, daß die Mittelschüler bis zum 16. Lebensjahr und die Oberschüler bis zum 18. oder 19. Lebensjahr für solche ehrenamtliche Tätigkeit frei waren, während die Volksschüler, wenn sie nach der Schule in eine Lehre eintraten, in die HJ bzw. den BDM übergingen, denn die für die Führertätigkeit notwendigen Nachmittage fehlten den Lehrlingen ganz.

Eine ähnliche Altersstrukturierung war dem Mädelbund der 14- bis 18jährigen Mädel ohne Schwierigkeiten möglich. Hier war es allenfalls die frühzeitige Heirat, welche das Mädel vorzeitig aus der Jugendgemeinschaft herauslöste, während andererseits ein größeres Reservoir an unverheirateten Mädeln auch noch über 21 Jahre als Mädelführerinnen zur Verfügung stand. Im Kriege war das nicht mehr der Fall, da auch die Mädel zu Kriegshilfsdiensten herangezogen wurden.

Ganz anders die Struktur bei der Hitler-Jugend. Hier war davon auszugehen, daß die jungen Führer nach der Lehre, also mit 17 oder 18 Jahren, zunächst ihren Dienstpflichten genügten, während die Abiturienten zumeist entweder studienhalber ausschieden oder zunächst ihren Wehrdienst hinter sich brachten. Mithin standen der HJ als Gliederung nur wenige Führungskräfte über 18 Jahren zur Verfügung, nämlich Jungarbeiter im Gesellenstatus, Lehrlinge mit mittlerer Reife, oder Abiturienten, die Praktika oder Volontariate vor dem Studium absolvierten.

Diese mißliche Situation bedingte, daß die Hitler-Jugend sich zumeist ohne ausreichende Altersdifferenz, besonders bei den mittleren Führern von Gefolgschaften und Stämmen, selbst führen mußte und dafür weitaus weniger Oberschüler mit relativ großem Freizeitreservoir in Anspruch nehmen konnte, als alle anderen Gliederungen der Hitler-Jugend.

Hinzu kam, daß das Jungvolk viele Führungstalente bei sich zurückhielt, die der HJ besonders bei der Besetzung der unteren Führerstellen, der nach Jahrgängen geordneten Kameradschaften und Scharen, fehlten. Das mag zu einem Teil daran gelegen haben, daß die *Pimpfe* die Erlebniswelt und Erlebnisweisen der Bündischen Jugend fortsetzten, zu einem anderen Teil aber seinen Grund in der Scheu gehabt haben, als Schüler Jungarbeiter führen zu müssen, die nicht nur bereits im Leben standen und äußeren Einflüssen stärker ausgesetzt waren, sondern die darüberhinaus umso gleichaltriger wurden, je höhere Einheiten zu führen waren.

2.2.2.
Differenzierung in Sondereinheiten

In der pubertären Entwicklung waren keineswegs alle geeigneten Jugendlichen bereit, Führungsaufgaben zu übernehmen. Besonders bei den Oberschülern war die zeitweilige Ablenkung durch bürgerliche »Freiheiten« groß. Umso höher ist zu veranschlagen, daß sich der deutsche Jungarbeiter – vom Handwerkslehrling bis zum Handlungsgehilfen – in die Bresche dieser Personalkrise geworfen hat. Er, der vom Beruf voll beansprucht war, der oft weniger wortgewandt und sicher zumeist weniger geschult war, vermochte es, die größte Führungs-schwierigkeit, der die Hitler-Jugend gegenüberstand, zu bewältigen: Er führte Halbwüchsige und oft Gleichaltrige – eine Führungsleistung, die nachträgliche Bewunderung auch dann verdient, wenn man das durch solche Schwierigkeiten bedingte zeitweilige Niveaugefälle zwischen den Einheiten der HJ und denen der Pimpfe ungerechtfertigter Kritik unterwirft.

Fest steht, daß die jungen HJ-Führer größere Opfer an Freizeit zu bringen hatten, als die Pimpfenführer, die zumeist Schüler waren, daß sie mit weniger Voraussetzungen an Bildung wesentlich kritischere Jungen in der Pubertät zu führen hatten, und schließlich, daß sie viel mehr an Vorbildlichkeit aufbringen mußten, um anerkannt zu werden. Diese HJ-Führer trugen die eigentliche *Last* der Erziehung, wo die anderen Gliederungen der Hitler-Jugend ihren Dienst mehr aus *Freude* tun konnten. So kam es, daß die HJ stellenweise weniger Begeisterung und mehr Pflicht in ihren Motiven hatte. Auch ist zu sagen, daß in den Industriestädten die HJ von diesem Strukturmangel stärker betroffen war, als in kleinstädtisch-ländlichen Bezirken. Während in den letzteren in vielen Fällen Junglehrer die mittleren Führungsstellen übernahmen, waren es in den Großstädten anfangs die nicht mehr in wehrpflichtigem Alter stehenden Führer aus der Kampf- und Aufbauzeit, und nach deren Ablösung entweder Berufstätige, die über das Wehrpflichtalter hinaus waren, oder Jungarbeiter, die das wehrpflichtige Alter noch nicht erreicht hatten.

Das hatte zur Folge, daß die HJ als Gliederung der 14- bis 18jährigen noch länger eine politisch-militante Prägung pflegte, daß sie ihren Leistungswillen im Reichsberufswettkampf und ihre Kameradschaft in Marsch und Sport ausdrückte, während das von Schirach angesteuerte kulturpolitische Ziel, *der musische Mensch,* in der HJ langsamer um sich greifen konnte, als im Bereich der Mädelerziehung und beim Jungvolk. Zwar erhielt die HJ vom Jungvolk her durch die jährliche Überweisung des ältesten Jungvolk-Jahrgangs nach und nach einen jungenhafteren und dem Musischen aufgeschlossenen Unterbau, was sich auch in der Übernahme der Uniform – Jungenschaftsjacke, Schihose, Schimütze – ausdrückte, doch blieb durch den Übergang der Masse der vierzehnjährigen Jungen ins Berufsleben ein anderer Ton bestimmend.

Hier war es die Differenzierung zu Sachaufgaben, waren es die HJ-Sondereinheiten, die dieser Gliederung die notwendigen neuen Impulse brachten. Musikeinheiten und Spielscharen, Volkstanzkreise und andere Kultureinheiten sicherten dem introvertierten Teil der Jugend eine stärker musisch bestimmte Erlebnisform, während die Leistungssportbegeisterten in den Sport-Dienstgruppen einen ihren Interessen entgegenkommenden Dienst tun konnten. Ein Großteil der Hitler-Jungen suchte seinen Neigungen in den Sondereinheiten der Motor-HJ, Flieger-HJ, Marine-HJ, Reiter-HJ, Nachrichten-HJ oder den Feldscher-Einheiten nachzugehen. An der gemeinsamen Zielsetzung änderte sich nichts, denn der Jugendliche hatte die freie Wahl in diesem vielseitigen Angebot. Mit dieser Auffächerung zu Sachaufgaben vermochte sich die HJ auch ältere Führer zu sichern, die aus den Sachgebieten stammten.

Was sich bei der HJ unter dem Zwang der Gegebenheiten an Differenzierung ereignete, entsprach ganz dem jugendpsychologisch begründeten Bedürfnis. Bei den entsprechenden Alterstufen des BDM war eine ähnliche Aufgliederung mit Schwerpunkten auf Sachgebieten bereits erprobt: auf dem dem weiblichen Lebensbereich entsprechenden Interessenfeld Singen, Musizieren, Laienspiel, Werken, Gesundheitsdienst, Luftschutz. Es fand schließlich in dem BDM-Werk *Glaube und Schönheit* für die 17- bis 21jährigen Mädel seine Krönung. In den Arbeitsgemeinschaften des in Mädelgruppen gegliederten BDM-Werkes war es jedem Mädel möglich, sich seinen persönlichen Neigungen und Interessen entsprechend weiterzubilden und durch die ganz auf die weibliche Psyche und Physis eingehende Leibeserziehung zu gesunder Schönheit zu gelangen.

2.2.3.
Überwindung kollektivistischer Abgleitungen

In den ersten fünf Jahren hat die Hitler-Jugend angesichts des Millionen-Zustroms an Jugendlichen sicher oft in der Versuchung gestanden, die wirklich gigantischen Probleme einfach und sicher durch kollektivistische Lösungen zu meistern. Wäre die Freiwilligkeit als Grundprinzip der Jugendbewegung aufgehoben worden, so wäre die Hitler-Jugend wahrscheinlich zu einer kollektivistischen Staatsjugend entartet. Im freien Wettbewerb der Führungskräfte und der Führungsstile, der durch das Aufgehen der Bünde in der Hitler-Jugend ausgelöst wurde, bildete sich jedoch ein Regelkreis heraus, der sicherstellte, daß *jugendgemäße* Erlebnisformen, Lebensvollzüge und Führungsstile sich behaupteten.

Da aber daneben die Hitler-Jugend aufgrund ihrer weltanschaulichen Bindung an den Nationalsozialismus auch aus dessen Mißverständnis oder Fehlinterpretationen gefährdet war, das Kollektiv über die Personalität des Individuums zu stellen, blieb die Versuchung latent bestehen.

Drei Faktoren wirkten zusammen, die kollektivistische Tendenz aus der Hitler-Jugend nachhaltig zu verbannen:

Erstens war es die Person des Reichsjugendführers Baldur von Schirach, die konsequent auf weltanschauliche Evolution und ganzheitliche Persönlichkeitsbildung hinleitete. Schirach schreckte auch vor harten Konsequenzen gegen höchste Führer, die eine andere Sicht hatten, wie z. B. in Bezug auf vormilitärische Ausbildung, nicht zurück.

Zweitens war es die weibliche Komponente, die von Natur und Anlage aus nicht für kollektivistische Experimente zu gewinnen war, sondern sich für die Persönlichkeitsbildung entschied. Sie anerkannte zwar das Dienen als ein spezifisch weibliches Motiv, wollte es aber aus der Reife der fraulichen Persönlichkeit heraus gestalten, erkennend, daß Liebe, Ehe und Familie Werte sind, die nur aus der kraftvollen Eigenständigkeit von Persönlichkeiten resultieren.

Drittens war es – ungewollt, aber höchst wirksam – eine aus dem schnellen Wachstum ohne Institutionalisierung sich ergebende soziologische Gesetzmäßigkeit: das Gesetz der kleinen

Gruppe, das Prinzip der »Jungenschaft«. Ungeplant, sich spontan aus der Notwendigkeit ergebend, breitete es sich unabhängig voneinander über die gesamte Millionen-Organisation aus: die kleinste Einheit der Jugendorganisation, sei es als Jungenschaft, Mädelschaft oder als Kameradschaft, war der Wirkrahmen jugendlichen Erlebens. Diese kleinste Gruppe bildete sich aus den Unterführern höherer organisatorischer Einheiten auf allen Ebenen immer wieder aus und gewann prinzipiellen Charakter.

Sie war auch die Zelle des *Vor*lebens, die Zelle, in der sich die jugendlichen Kräfte maßen und sich zusammenfügten, in welcher sich im täglichen Erleben Strukturen bildeten, die sich schließlich an dem einen Ersten orientierten, der dann ihr Führer wurde. Dieses Führungsprinzip durchdrang die gesamte Hitler-Jugend, denn *es gab keine andere Einwirkungsmöglichkeit* auf die Millionen junger Menschen, als in solchen kleinen Erlebnisgemeinschaften. Keine Erlasse, keine Vorschriften, keine Programme, keine Prüfungen vermochten zu ersetzen, was die Freiwilligkeit der kleinen Gruppe als Erlebniseinheit vermochte. Sie las aus. Und was sie auslas, waren kraftvolle junge Persönlichkeiten mit natürlicher Autorität.

2.2.4.
Das Prinzip der kleinen Gruppe

Dieser Ausleseprozeß geschah von unten, in voller Breite und auf allen Stufen der Organisation. Sie ergab sich aus der Dreier- und Vierergliederung des unteren organisatorischen Aufbaus. Diese Gliederung ließ keine zur Verkrustung anregende Autoritätspyramide aufkommen, sondern regte die Bildung *neuer* lebendiger Erlebnisgruppen an. Nicht der nächsthöhere Jungzugführer – *andere Gliederungen entsprechend* – nahm seine drei Jungenschaftsführer zusammen, um sie zu schulen oder mit ihnen auf Fahrt zu gehen, sondern der Führer der übernächsten Einheit, des Fähnleins, tat dies mit seinen vier Jungzug- *und* zwölf Jungenschaftsführern, die dann eine Erlebnisgemeinschaft, sei es als Fahrtengemeinschaft, als Schulungsgruppe, als Sport- und Spielmannschaft oder als Arbeitsgemeinschaft abgab. In dieser Gruppe hatte sich nicht nur ihr Führer als Erlebnisgestalter und Vorbild zu bewähren, sondern vor allem die vier Jungzugführer, die sich zwischen dem die Gruppe führenden Fähnleinführer und den wieder zu erlebnishungrigen Pimpfen gewordenen zwölf Jungenschaftsführern als erste unter Gleichen befanden.

Dementsprechend ging auch der Jungstammführer nicht mit seinen vier Fähnleinführern auf Fahrt, sondern begründete aus den sechzehn Jungzugführern mit ihren vier Fähnleinführern eine neue Arbeits-, Erlebnis- und Wettbewerbsgruppe, der er seinen Stil zu geben suchte und vor der er selbst, wie auch die vier ins Glied zurückgetretenen Fähnleinführer, bestehen mußte.

Für den Jungbannführer waren es die Fähnleinführer, die zusammen mit ihren Jungstammführern die ansprechbare und mithin führbare Gruppe abgaben, die zusammen erlebten, sich aneinander und *mit*einander maßen, sich gegenseitig bestätigten oder auslasen, ja sich gegenseitig befruchteten und anregten, und die das alle verbindende Ehrgefühl, den Korpsgeist entwickelten, der Selbstauslese und Selbsterziehung innerhalb der Gruppe ermöglicht.

Das Prinzip der kleinen Gruppe gewährleistete, daß sich die Führer und Unterführer aller Gliederungen der Hitler-Jugend *immer wieder* in der Rolle des sich bewähren müssenden *Kameraden* befanden. In diesen Erlebnisgruppen war Autorität eine Erscheinung des Vertrauens und der Anerkennung unter Gleichen. Sie schützte vor Hochmut. Und mit dieser Durchdringung der Millionen-Organisation mit einem vielschichtigen Netz von kleinen Gruppen, die sich verflochten, bildete sich der starke unmittelbare menschliche Bezug von Führer und Gefolgschaft heraus, der mit dem militärischen Bezug von Befehl und Gehorsam nichts gemein hat: In der Jugendbewegung gesellten sich junge Menschen zu menschlichen Vorbildern, die sie zu ihren Führern erhoben und die sie sich als Führer verpflichteten.

Trotz der Millionenzahl von Mitgliedern wurde die Massen*organisation* von der Wärme zahlloser menschlicher Bezüge durchpulst, so daß daraus der höhere Rang der Jugend*gemeinschaft* entstand.

Man sollte diese Strukturierung der Jugend in ihren erzieherischen und elitebildenden Kräften nicht unterschätzen. Denn sicher ist der Mangel solcher Strukturen im Lehrwesen der Schulen der Grund gewesen, daß die Schule in die Krise geriet: Die Krise der Schule war, wie Schirach laut und auch deutlich formulierte, die Krise des Lehrers.

2.2.5.
Die Einheit der Erziehung

So lag nach Jahren des Aneinander-Vorbei-Erziehens von Schule und Hitler-Jugend nichts näher, als die Einheit der Erziehung wieder anzustreben. Nicht in der Kasernierung der Schüler, wie sie in den Nationalpolitischen Bildungsanstalten, den Nachfolgern der ehemaligen Kadetten-Anstalten unter der Inspektion des SS-Obergruppenführers Heißmeyer, betrieben wurde, lag das Ziel, sondern in der Übertragung des Selbstführungsprinzips der Jugend auf die Schule.

Schirach hatte lange mit dem Reichserziehungsminister Rust verhandelt, um zu einer Reform des Erziehungswesens zu gelangen. Rust vermochte innerhalb seines Ministeriums nicht, eine Reform durchzusetzen, weil es an dem dazu erforderlichen Lehrertyp fehlte. Darüber berichtete Schirach im Oktober 1936 vor den Gebietsführern und Obergauführerinnen und folgerte aus der Ablehnung des Reichserziehungsministers dann: »Jetzt bleibt uns nur noch die *Revolution* der Erziehung!« So gründete Schirach mit der finanziellen Unterstützung des Leiters der Deutschen Arbeitsfront, Dr. Robert Ley, noch im selben Jahr die Adolf-Hitler-Schulen sowie eine Erzieher-Akademie, die zunächst in Sonthofen untergebracht wurden.

Anläßlich der Grundsteinlegung von neun Adolf-Hitler-Schulen im Januar 1938 führte Schirach u. a. aus:

> »Geführt von jungen Erziehern, die Kameraden derselben Gemeinschaft sind, der sie selbst angehören, wachsen die Adolf-Hitler-Schüler in einer Welt auf, in der es zwischen Lehrern und Schülern keinen anderen Unterschied gibt, als den der natürlichen Autorität.«[47])

Und in Kritik zum herrschenden Bildungssystem fügte er hinzu:

> »Wer die heiligen Bücher eines Volkes mit dem Seziermesser intellektueller Analyse auseinanderschneidet und dann aus dem entseelten Gebilde Buchstaben für Buchstaben herauslöst, eine Dichtung »erklärt« und zum Gegenstand einer mathematischen Gleichung degradiert, hat das Recht, Erzieher zu sein, verwirkt. Wie viele Deutsche sind so um die Seele unserer größten Dichtungen betrogen worden!«[47])

Während des Reichsführerlagers 1938 erklärte Schirach im Nationaltheater von Weimar zum Thema »Um die Einheit der Erziehung«:

> »Es war niemals unser Ehrgeiz, eine Massenbewegung zu sein, immer erschien uns die sinnvoll gegliederte, aber ausnahmslos alle umfassende Gemeinschaft als eigentliches Ziel unserer Arbeit... Lernen wir aus diesen Beispielen, daß nur die Jugendbewegung fortleben kann, die ihr Führungsproblem nicht nur für eine, sondern für alle Generationen löst...
>
> Wir bekennen uns in diesem Kreise zu meinem Satz, daß die moderne Erziehung auf Vorbild und Beispiel gegründet ist...
>
> Die Hitler-Jugend will nicht der alleinige Erziehungsfaktor für die Jugend unseres Volkes sein. Ihre sachlichen Auseinandersetzungen mit der Schule sind nicht durch Machtstreben bedingt. Es ist notwendig zu erkennen, daß die Führerschaft unserer Jugend nicht aus Verwaltern von Organisationsdienststellen besteht, sondern aus Trägern und Bekennern einer erzieherischen Anschauung, die ohne weiteres auch im schulischen Leben verwirklicht werden kann. Die Selbstverantwortung der Jugend ist auch in der Schule denkbar...
>
> Das Objekt der Erziehung ist immer dasselbe, ob es in dem einen Fall als Schüler oder im anderen als Hitlerjunge bezeichnet wird, es ist ein und derselbe Mensch...
>
> Wir wissen aus dem Munde des Reichsministers für Unterricht, daß alle Fragen der Umgestaltung der Schule im nationalsozialistischen Sinne daran scheitern, daß nicht jener Lehrertyp zur Verfügung steht, der allein den Erfolg einer solchen Veränderung sicherstellt...
>
> Wenn es möglich war, die Jugendorganisation der nationalsozialistischen Bewegung durch den immer wiederholten Appell an die Selbstverantwortung aufzubauen, mußte daraus die Folgerung gezogen werden, daß auch die Schule die freiwillige Bereitschaft der Jugendlichen erringen muß...
>
> Wir greifen nicht über auf andere Arbeitsgebiete, aber es ist uns nicht gleichgültig, ob die uns anvertraute Jugend glücklich ist oder nicht, *deren Herzen uns auch da gehören, wo wir sie in unseren Schulen nach strengsten wissenschaftlichen Anforderungen erziehen.*«[47])

Die Adolf-Hitler-Schulen als ganzheitliche Bildungsstätten haben sich bewährt. Die Erzieher-Akademie mit ihrem Nachwuchs aus bewährten Jugendführern hat höchsten menschlich-erzieherischen wie wissenschaftlichen Rang erlangt. Beides hätte wegweisend bis in unsere

Zeit hinein wirken können, wenn die Grundlage der Jugendbewegung, die aus der Selbstverantwortung und -führung der Jugend und aus der Erlebnisgemeinschaft der kleinen Gruppe auf allen Ebenen der Organisation bestand, überdauert hätte.

2.2.6.
Mit der Jugend der Welt

Im *Deutschlandlager* in Rheinsberg in der Mark hatten sich 1935 rund 3000 deutsche Jungen aus allen fünf Erdteilen versammelt als Ausdruck der Verbundenheit des Auslandsdeutschtums mit dem Reich.

Die Olympiade 1936 in Berlin stieß das Tor zur Welt auch für die deutsche Jugend vollends auf. Waren im Jahr 1935 erst 186 Gruppenfahrten ins Ausland gegangen, so waren es 1937 deren rund 400 mit 14000 Teilnehmern. Im selben Jahr 1937 hatte sich in Heidelberg ein von der Jugend von 16 Nationen beschickter Kongreß zur »Action mondiale de la jeunesse contre le bolschevisme« konstituiert. Aber diese politische Abgrenzung lag nicht im Sinne der Reichsjugendführung.

Das Jahr 1938 wurde zum »Jahr der Verständigung« erklärt. Zu seinen Höhepunkten zählte neben Jugendaustausch mit Italien, Rumänien, Ungarn, Jugoslavien, Polen, Griechenland, Türkei, Irak, Portugal, Spanien, Bolivien, England, Irland, den baltischen und skandinavischen Staaten, ein Besuch von 30 deutschen Jugendführern in Japan.

Der Krieg beendete die Bemühungen der Hitler-Jugend um Verständigung nicht. Die Kulturtage der europäischen Jugend in Weimar fanden weiter alljährlich statt. An den Winterkampfspielen der Hitler-Jugend und ab 1941 auch an den Sommerkampfspielen nahmen ausländische Jugendgruppen teil; 1941 waren 28 Nationen vertreten. Schließlich wurde am 14. September 1942 in Wien der »Europäische Jugend-Verband« gegründet.

Seine Aufgabe, Ziele und Ordnung gehen hervor aus Baldur v. Schirachs Rede vor der Vollversammlung, vor der er u. a. ausführte:

> »Die Aufgabe des Europäischen Jugendverbandes ist die Festigung und Stärkung des Bewußtseins der europäischen Zusammengehörigkeit in der jungen Generation unseres Kontinents. Als Ausdruck der neuen Ordnung ist der Europäische Jugendverband eine Arbeitsgemeinschaft von national selbständigen und volksbewußten Jugendorganisationen. Dieser Charakter des Europäischen Jugendverbandes schließt die Einmischung in die inneren Verhältnisse der Jugendorganisation eines Landes aus. Der Europäische Jugendverband lehnt daher auch alle paneuropäischen Bestrebungen ab. Als die größte Vereinigung von Jugendführern und Erziehern, die bisher in der Welt gegründet wurde, geht er mit der Erfüllung seiner Aufgabe von dem Gedanken aus, daß die Nation, das heimatliche Elternhaus und die nationale Jugendgemeinschaft die entscheidenden erzieherischen Erlebnisse der Jugend sind. Wer seiner Nation gegenüber treu, gewissenhaft und tapfer seine Pflicht erfüllt, schafft damit eine Voraussetzung für eine europäische

Gemeinschaft, die nur dann einen Wert besitzen kann, wenn ihre einzelnen Mitglieder nationale Repräsentanten ihrer Völker sind.

In diesem Gremium hat jede nationale Jugend, die wir einladen, sich dem Europäischen Jugendverband anzuschließen, ob sie nun einem kleinen oder großen Volke angehört, Sitz und Stimme. In den Arbeitsgemeinschaften präsidiert die Organisation, die auf dem Spezialgebiet besondere Leistungen aufzuweisen hat. Die Mitglieder des Europäischen Jugendverbandes sind grundsätzlich gleichberechtigt.«[3])

Mit dieser Erklärung Schirachs ist das Selbstverständnis der Hitler-Jugend als die Jugend der deutschen Nation in einem Europa gleichgeachteter und gleichberechtigter Nationen festgelegt. Dieses Selbstverständnis ist gefeit gegen jeden Vorwurf des Chauvinismus, des Rassismus oder des Imperialismus: Die deutsche Jugend hatte sich unter Baldur v. Schirach und in der Begegnung mit der Jugend der Welt zu einer humanistischen Völker- und Weltanschauung emanzipiert und damit gedanklich das *Europa der Vaterländer* vorausgenommen.

2.2.7.
Nationalerziehung

Das System einer Nationalerziehung, welche nichts zu tun hat mit nationalistischer Erziehung, sondern welche in geschlossener Ganzheit die der Gemeinschaft verpflichtete, verantwortliche und schöpferische Persönlichkeit als Vollenderin eines reichen Kulturerbes in einer sozialistischen Volksgemeinschaft zum Ziel hatte, gewann unter Baldur von Schirach und der von ihm geprägten Jugend Konturen, die Inhalt und Ziel kommender Reformpädagogik sein könnten.

Schirachs Ansprache *Um die Einheit der Erziehung* endete 1938:

> »Ich sehe sie alle vor mir, diese körper- und geistesgestählten Kameraden, die nicht Schulmeister sein werden, sondern Meister des Lebens... Diese Mannschaft von morgen wird nicht mit erhobenem Zeigefinger vor die Jugend treten und sie mit lateinischen Sprüchen ermahnen. Ihre Lehre wird sein: das Beispiel ihres Lebens, und wenn sie die Worte der Weisheit sprechen, werden die Herzen der Hörer ergriffen sein von der zwingenden Gewalt ihres gelebten Glaubens.«[47])

Das Bild des ganzheitlichen Menschen, das Schirach leitete, spricht aus dem Schluß seiner Ansprache zur Großdeutschen Buchwoche 1938:

> »Wie wenige kennen den weiten Raum der Gedanken, die unser Volk gedacht hat, der Lieder, die es dichtete; wahrlich, wer seine Heimat wahrhaftig liebt, der wird nicht nur die Bilder ihrer Landschaft andächtig betrachten, nicht nur die Städte, Dome, Burgen, Wälder, Seen und Berge, nein, er wird die Wanderschuhe von Zeit zu Zeit ablegen, um im Großdeutschen Reich des Geistes auf Fahrt zu gehen. Denn wer Deutschland kennenlernen will, darf nicht nur in die Weite wandern, er muß auch in die Tiefe steigen. Erst dann wird ihm offenbar, daß unser Volk keine andere Nationalhymne haben kann als jene, die da heißt: ,Deutschland, Deutschland über alles'.«[47])

2.3.
Der militaristische Schein

Der Hitler-Jugend in ihrer Gesamtheit, insbesondere aber der gleichnamigen Gliederung der 14- bis 18jährigen Jungen, ist oft nachgesagt worden, sie hätte sich in Soldatenspielerei erschöpft und bereits im Frieden vormilitärische Ausbildung betrieben. Im Nürnberger Siegertribunal ist sogar versucht worden, der Hitler-Jugend diesen Vorwurf als ein Verbrechen gegen den Frieden anzulasten.

Ein Blick zurück in die Geschichte der deutschen Jugendbewegung zeigt allerdings, daß das Anliegen vormilitärischer Ausbildung nicht erst nach 1933 *diskutiert* worden ist, sondern daß bereits in der als demokratisch und republikanisch anerkannten Weimarer Republik die vormilitärische Ausbildung der Jugend seitens der Regierung angestrebt, durchgeführt und finanziert worden ist.

Der Zug zur vormilitärischen Ausbildung war 1930 deutlich geworden, als sich die »Deutsche Freischar« mit dem »Großdeutschen Jugendbund« des Admirals von Trotha zur »Freischar junger Nation« zusammengeschlossen hatte.

Erich Blohm berichtet in seinem Buch »Hitler-Jugend – soziale Tatgemeinschaft«, daß die Reichsregierung der zunehmenden Politisierung der Jugend entgegentreten und in politisch neutrale militante Richtungen ablenken wollte:

> »Dazu wurde 1932 das *Reichskuratorium für Jugendertüchtigung* gegründet (General von Stülpnagel). Es sollte das Interesse der Jugend auf die geländesportliche Ertüchtigung lenken und hat dafür erhebliche Mittel vom Staat erhalten. Geländesportschulen wurden eingerichtet und Lehrgänge für Geländesportlehrer abgehalten.«[3])

Dem muß etwas wenig Bekanntes, aber um so Bedeutenderes hinzugefügt werden: Im Herbst 1932 ist eine Abordnung dieses Reichskuratoriums für Jugendertüchtigung nach Genf gefahren und hat sich dort die von ihm geförderten Arten des Geländesports vom Völkerbund genehmigen lassen, um nicht mit den Beschränkungen des Versailler Diktats zu kollidieren.[54])

Dieser der Weimarer Republik vom Völkerbund genehmigte Gelände*sport* ist von der Hitler-Jugend übernommen und zu jugendgemäßeren Formen – z.B. Geländespiel – weiterentwickelt worden.

Das war vermutlich den Anklägern beim Nürnberger Tribunal nicht bekannt gewesen.

Auch ein Blick auf die Vorkriegszustände im übrigen Europa ist aufschlußreich: Sofern überhaupt Jugendarbeit betrieben wurde, war sie nicht Jugend*bewegung*, sondern steuerte in der Mehrzahl der Fälle in Richtung Staatsjugend mit vormilitärischer Ausbildung. Vormilitärische Ausbildung hatte es in Europa im ersten Weltkrieg gegeben, und sie lag erneut in den zwanziger Jahren in der Luft *Europas* und auch des Versailler Deutschlands, das mit seinem 100000-Mann-Berufsheer keine Sicherheit geben konnte.

Obwohl die vormilitärische Ausbildung greifbar in der Luft lag, hat sich die Hitler-Jugend diesem Trend konsequent *verschlossen*. Ihr Selbstverständnis beruhte schon vor 1933 und erst recht danach bis zu ihrem Untergang auf jener Form der »Jugendbewegung«, die auf den Säulen von Freiwilligkeit und Selbstführung ruhte.

Mit Recht weist Blohm darauf hin, daß eine Regierung oder ein Jugendverband, der die Jugend militärisch hätte ausbilden wollen, zu diesem Zweck keine Jugendführer eingesetzt haben würde, die überhaupt nicht Soldat gewesen seien, wie dies bei der Hitler-Jugend in Friedenszeiten, bis auf einige Fachressortchefs, durchgängig der Fall gewesen ist.[3])

Man muß hinzufügen, daß sich dieses Selbstverständnis der Hitler-Jugend auch nicht änderte, als ihre Führer sich inzwischen als Soldaten und zumeist als Offiziere in Dienststellungen bis hin zu Kommandeuren von Truppenteilen bewährt und ausgezeichnet hatten. Gerade diese Erfahrung bestätigte den Jugendführern ihre Vorkriegs-Erziehungsprinzipien: Wehrhaftigkeit, aufbauend auf den gesunden, sportlich gestählten Körper und als Folge von Heimatliebe und Charakterbildung, nicht aber als Folge der Erlernung des Waffenhandwerks; musisches Wesen in soldatischer Haltung hatte sich als Prinzip der Nationalerziehung bewährt.

2.3.1.
Verwehrte Einflüsse

Natürlich ist seitens der Gliederungen der Partei, insbesondere der SA, später aber auch seitens der Wehrmacht, der Versuch unternommen worden, die Hitler-Jugend unter ihren wehrpolitischen Einfluß zu bringen. Das ist nie gelungen. Bereits die »Richtlinien für das Verhältnis zwischen NSDAP und Hitler-Jugend e. V., vom 5. 12. 1926« hatten bestimmt:

> »Ein HJ-Führer darf nicht gleichzeitig SA-Führer oder NSDAP-Leiter sein.
> Alle Mitglieder der HJ, die das 18. Lebensjahr vollendet haben, müssen Mitglieder der NSDAP sein.«[3])

Damit war jede Einflußnahme und Unterwanderung von außen unterbunden.

Noch die Erste Durchführungsverordnung zum Gesetz über die Hitler-Jugend vom 25. 3. 1939 betonte:

> »Die Zugehörigkeit zur Stamm-Hitler-Jugend ist freiwillig.«[3])

Und die Zweite Durchführungsverordnung vom gleichen Tage bestimmte in § 11:

> »Für die Dauer des aktiven Wehrdienstes ruht die Zugehörigkeit zur Hitler-Jugend.
> Angehörige des Reichsarbeitsdienstes dürfen sich im Dienst der Hitler-Jugend nicht betätigen.«[3])

Nach 1933 war das *Reichskuratorium für Jugendertüchtigung* zunächst in die Zuständigkeit des Ausbildungswesens der SA übergegangen, 1935 wurde es aufgelöst; die Hitler-Jugend übernahm die Nachfolge *nicht*. Daraus ergibt sich, daß der Hitler-Jugend für die Wiederaufrüstung keine Rolle zugewiesen worden war, und daß in den Planungen des Generalstabes und in den entsprechenden Vorbereitungen des Reichskriegsministeriums die Hitler-Jugend nicht die mindeste Rolle gespielt hat.

Als 1937/38 ein Amtschef der Reichsjugendführung auf eigene Faust mit dem Reichskriegsministerium verhandelte, um eine vormilitärische Ausbildung an der Waffe und eine Finanzierung aus dem Wehretat zu erreichen, führte dies zum Ausscheiden des betreffenden Amtschefs. Der Vorgang selbst sollte später vom Nürnberger Internationalen-Militär-Tribunal der HJ als *Verbrechen gegen den Frieden* zur Last gelegt werden. Schirach bekundete dazu ausweislich des Protokolls des IMT u. a.:

> »Ich habe vorhin schon gesagt, daß zwischem ihm und mir wegen seiner Übertreibung, vor allem, weil er die Schießausbildung und das, was er Wehrertüchtigung nannte, so überschätzte, Differenzen entstanden, die schließlich zu seiner Entfernung, seinem Weggang aus der Reichsjugendführung führten... Jedenfalls ist für die deutsche Jugenderziehung nicht das maßgeblich gewesen, was (er) vor einem Lehrgang von Soldaten gesprochen hat, sondern das, was ich den Jugendführern gesagt habe.«[55])

Das Heer hatte einen ähnlich gelagerten Fall. Als im Sommer 1939 der Verbindungsoffizier des OKW und des OKH zum Jugendführer des deutschen Reiches die Überführung der gesamten Leibeserziehung – Leibesübungen, Wettkampfsport und Wehrertüchtigung – in die Zuständigkeit des Heeres forderte, endete dieser *militaristische* Vorstoß mit der Abberufung des Verbindungsoffiziers.[54])

Die Anklage, die Hitler-Jugend durch das Nürnberger Siegertribunal wegen Verbrechens gegen den Frieden als verbrecherische Organisation zu verurteilen, wurde aufgrund Schirachs Beweisführung fallengelassen.

2.3.2.
Wehrertüchtigung im Kriege

Freilich hatte der Aufbau der Wehrmacht von der Hitler-Jugend profitiert. Sie erhielt körperlich durchgebildete Rekruten, die auch aus ihrer sportlichen Motivation Strapazen zu ertragen bereit waren, Rekruten, die das Leben in der Gemeinschaft gewohnt waren und sich lebenstüchtig in ungewöhnlichen Lebensumständen behaupteten, die an soldatische Pflichtauffassung und Verantwortung gewöhnt waren und die ihre Vaterlandsliebe als Frucht ihrer jugendlichen Erfahrung mitbrachten. Sie brachten auch eine gesunde Menschenkenntnis mit, die den militärischen Führern viel Vorbildlichkeit abverlangte, und brachten dafür eigene Verantwortung und Entschlußfreude neben einer häufigen Fähigkeit zur Menschenführung ein. Das bedeutendste Geschenk dieser Rekruten an das Militär aber war ihre Kameradschaftserfahrung und ein nicht formeller, sondern lebendiger Gemeinschafts- oder Korpsgeist.

Der ehemalige Verbindungsoffizier der Wehrmacht zur Hitler-Jugend, der spätere Generalfeldmarschall Rommel, urteilte 1939 über die Hitler-Jugend:

> »Von geistlosem Drill keine Spur. Eher zuviel Frische als zu wenig. Erstaunlich, daß sich die Jungen dann als Rekruten so reibungslos der Disziplin einfügen.«[3])

Und der britische Militärhistoriker Liddell Hart vertritt die Auffassung, bei den britischen Offizieren bestehe die einmütige Ansicht, daß die jungen *Hitler-Regimenter* sogar im katastrophalen Schlußabschnitt des Krieges, als alles verloren war, die bekannte Kampftüchtigkeit der deutschen Frontsoldaten des Ersten Weltkrieges noch übertroffen hätten:

> »An Tapferkeit kamen sie den Vätern gleich; aber dazu trat als neue Erscheinung ein verblüffendes Ausmaß an eigener Initiative – bis hinab zur kleinsten Kampfgruppe, ja bis zum Einzelkämpfer.«[56])

Die Briten wurden dadurch auf dem Schlachtfeld immer wieder überraschend vor neue schwierige Lagen gestellt.

> »Der deutsche Soldat des Ersten Weltkrieges war bei aller Tapferkeit oft ratlos, wenn die Offiziere ausfielen; der junge Hitlersoldat des Zweiten Weltkrieges wurde gerade dann unberechenbar gefährlich... Die junge Generation, von der es hieß, sie sei zur Herde gedrillt, zeigte in der Schlacht nicht weniger, sondern mehr Selbstvertrauen, Eigenwillen, Einfallsreichtum und Selbständigkeit.«[56])

Es waren insgesamt nicht-militärische Eigenschaften und Fähigkeiten, die von der Hitler-Jugend zur Erhöhung der Wehrkraft beigetragen wurden.

Selbst unter den alles verändernden Bedingungen des totalen Krieges trat die Ausbildung an der Waffe hinter die Bildung der jugendlichen Gesamtpersönlichkeit zurück. Die kriegsbedingte Wehrertüchtigung der 16- bis 18jährigen Hitlerjungen wurde erst 1942 aufgenommen, als sichergestellt war, daß die Führung der sogenannten *Wehrertüchtigungslager* in Händen der HJ blieb dergestalt, daß das Heer verwundete HJ-Führer, die Offiziere waren, dafür abkommandierte. Diese blieben zwar Offiziere, wurden aber der Reichsjugendführung unterstellt und versahen ihren Dienst in HJ-Uniform. Die Wehrertüchtigungslager wurden nicht in Kasernen, sondern in leerstehenden Lagern des Reichsarbeitsdienstes untergebracht. Als Ausbilder wurden Feldwebel und Unteroffiziere, die möglichst HJ-Führer sein sollten, abkommandiert. Die Lagerführer und die Ausbilder wurden ausnahmslos vor Aufnahme des Ausbildungsdienstes in Lehrgängen von ihrer *militärischen* auf die *nicht-militärische*, d.h. auf die jugendgemäße und waffenlose Ausbildung umgeschult.[54])

Das Ausbildungsprogramm der Wehrertüchtigungslager beschränkte sich auf 160 Stunden. Es umfaßte Kleinkaliber-Schießausbildung im Umfang des überlieferten Schießsportwesens und Geländeausbildung im Wehrsportrahmen. Zum Abschluß dieser Ausbildung erhielten die Jungen den »Kriegsausbildungsschein (K-Schein) der HJ«. Er entband niemanden von der Rekrutenausbildung in der Wehrmacht.[54])

Im Rahmen des Zivilschutzes sind schon im Frieden Jungen und Mädel für den Luftschutz, das Meldewesen und die Verwundeten-Betreuung ausgebildet worden, nicht anders als andere Bevölkerungsgruppen auch. Jungen und Mädel haben sich während des Krieges im Zivilschutz bewährt und sind dafür auch oft ausgezeichnet worden.

Alle anderen »Kriegseinsätze« von Jungen und Mädeln der Hitler-Jugend betrafen zivile Hilfsdienste.

Ein anderer Zweig des Kriegseinsatzes war ab 1943 die Einziehung der Sekunda-Klassen der Gymnasien zur Luftwaffe als Flakhelfer. Die in den Feuerstellungen der Flak kasernierten Jungen wurden von ihren Lehrern weiterunterrichtet und vom Kaderpersonal der Luftwaffe an den Fliegerabwehrgeschützen ausgebildet und schließlich auch eingesetzt. Diese Jungen waren wehrrechtlich Soldaten und der Einwirkung der Hitler-Jugend entzogen. Der Reichsmarschall Hermann Göring hatte sich als Oberbefehlshaber der Luftwaffe nicht mit der – von der Reichsjugendführung dem Heer abgetrotzten – Lösung nach dem Muster der Wehrertüchtigungslager begnügen wollen. Gegen den Protest der Reichsjugendführung und selbst des Chefs der Parteikanzlei, Bormann, erzwang er durch Rechtsverordnung den Status des *Schüler-Soldaten*, der erzieherisch unverantwortbare Folgen hatte.[54] [57]

2.3.3.
Division Hitler-Jugend

Die Aufstellung der 12. SS-Panzer-Division »Hitler-Jugend« im Rahmen der Waffen-SS geschah auf Initiative der Reichsjugendführung. Freiwillige des Jahrgangs 1927, ausschließlich aus den Wehrertüchtigungslagern der Hitler-Jugend, die mehr als ihre Pflicht tun wollten, bildeten diese junge Division unter der Führung fronterfahrener Offiziere und Unteroffiziere, vornehmlich der Leibstandarte, die zumeist selbst aus der HJ hervorgegangen waren. Eine moderne Waffen- und Kampfausbildung, die auf alle nebensächlichen Formalismen verzichtete, die aber die jungen Freiwilligen ganzheitlich ansprach, wurde diesen Jungen unter dem bald darauf gefallenen Generalmajor der Waffen-SS, Witt, einem Ehrenzeichenträger der HJ, zuteil. Unvergänglichen Kriegsruhm hat diese jüngste Divison an ihre Fahnen geheftet.

Heinrich Eberbach, General der Panzertruppen a. D. und ehemaliger Oberbefehlshaber der 5. Panzer-Armee, der die HJ-Division unterstellt war, urteilt:

> »Die 12. SS-Panzerdivision hat bei der Invasion gegen die ganze Wucht geballten Material- und Menscheneinsatzes der Heeresgruppe Montgomery zehn lange Wochen – meist im Schwerpunkt der Angriffe – standgehalten. Sie ist dabei fast aufgerieben worden. Immer leistete sie mehr, als man erwarten konnte. Diese ungewöhnliche Festigkeit wäre nicht möglich gewesen, wenn die Truppe zum Kadavergehorsam gedrillt gewesen wäre. Die jungen Soldaten dieser Division waren dank vorbildlicher Erziehung und Ausbildung, wie sie sich für den Einsichtigen aus den Kriegserfahrungen und der Technik ergaben, auf selbständiges Handeln eingestellt. Dahinter stand die Liebe zur Heimat.«[58]

Und Chester Wilmont urteilte aus der Sicht der Gegenseite:

> »Die 12. SS-Panzerdivison, die diesen Abschnitt verteidigte, kämpfte mit einer Zähigkeit und einem Ingrimm, wie sie während des ganzen Feldzuges nicht wieder angetroffen wurden.«[59]

Der Tagesbefehl des Generalkommandos I. SS-Panzerkorps »Leibstandarte«, Kommandierender General SS-Obergruppenführer und Panzergeneral der Waffen-SS Sepp Dietrich, lautete am 10. Juni 1944:

> »Die 12. SS-Panzerdivision ‚Hitler-Jugend‘ hat ihre Feuertaufe hinter sich und in Angriff und Abwehr Hervorragendes geleistet. Soldaten der Division ‚Hitler-Jugend‘! Ihr habt an Tapferkeit und Härte alle meine Erwartungen übertroffen. Ich bin stolz auf Euch und spreche Euch meine volle Anerkennung aus. Vor den Gefallenen neigen wir uns in Ehrfurcht.«[60])

Und bereits am 14. Juni 1944 lautete ein weiterer Tagesbefehl des Kommandierenden Generals:

> »Das Korps hat in tagelangen heftigen Kämpfen den im Angriff gewonnenen Abschnitt gehalten und sich auch trotz stärkstem Einsatz feindlicher Artillerie und Luftwaffe nicht erschüttern lassen. Die Pimpfe der 12. SS-Panzerdivision ‚Hitler-Jugend‘ haben sich hervorragend bewährt.«[60])

Am Vortage seines Soldatentodes, am 13. Juni 1944, schrieb der Führer und soldatische Erzieher dieser »Pimpfe«, der Divisionskommandeur der HJ-Division, SS-Brigadeführer Witt, an einen Gebietsführer der Hitler-Jugend:

> »Wir stehen inzwischen mit der Division in harten Kämpfen und die Jungs schlagen sich prächtig. Alle Erwartungen, die wir in sie gesetzt haben, sind nicht nur erfüllt, sondern werden bei weitem übertroffen...«[60])

Der junge General vollendete sein Vor*leben* mit dem Vor*sterben*. Viele seiner Jungen folgtem ihm. Ihr Kämpfen und Fallen ist in die Geschichte eingegangen.

2.3.4.

Volkssturm

Gegen Ende des Krieges drohte der Jugend noch einmal Gefahr, diesmal von Seiten des Volkssturmes. Den Bemühungen der Reichsjugendführung gelang es zu verhindern, daß Hitler-Jungen mit erwachsenen Volkssturmmännern zusammengefaßt eingesetzt wurden. Die Reichsjugendführung konnte erreichen, daß die Wehrertüchtigungslager zum *Volkssturm/ III. – Aufgebot* erklärt wurden mit der Maßgabe, daß sie nicht eingesetzt werden durften, sondern der Wehrmacht als letzte Rekruten-Reserve zur Verfügung standen. Mit dieser Lösung waren allerdings die Angehörigen der Wehrertüchtigungslager völkerrechtlich Kombattanten und damit der Wehrmacht gleichgestellt. Mit diesem Kombattanten-Status mußten die Wehrertüchtigungslager in den letzten Kriegsmonaten dann die Waffen-Ausbildung des Volkssturmes an Sturmgewehr, Maschinengewehr und Panzerfaust für den letzten noch wehrdienstfreien HJ-Jahrgang zulassen. Diese Hitler-Jungen waren rechtlich Soldaten geworden.[54])

Bei den Kämpfen in Deutschland sind Hitler-Jugend-Volkssturm-Einheiten im Regelfall nicht eingesetzt worden. Der berühmt gewordene Einsatz der Hitler-Jugend in Berlin hatte nur voll ausgebildete Jungen der Wehrertüchtigungslager, die ohnehin volkssturmpflichtig waren, zu Einheiten zusammengefaßt, die unter eigener Führung – als Offiziere hochdekorierte HJ-Führer – mit einem vertretbaren strategischen Auftrag des deutschen Oberkommandos kämpften, nämlich die Offenhaltung der Heerstraße und der Pichelsdorfer Brücken für die Entsatzarmee Wenck. Die Behauptung eines Autors, es habe sich um 5000 Jungen gehandelt, ist falsch und um ein Vielfaches überhöht.[54]

Nach Erledigung des Auftrages wurden die überlebenden Jungen von ihren Führern aus dem Kampfgebiet herausgelöst und durch den russischen Einschließungsring geschleust.

2.3.5.
Pflicht aus der Freiheit

Die Hitler-Jugend war aus dem politischen Kampf hervorgegangen. Als Kampfgemeinschaft hat sie militärische Ordnungselemente übernommen. Ihre soldatische Haltung war ganz auf das Friedenswerk der Erneuerung Deutschlands gerichtet. Diesem Ziel entsprachen auch die musischen Inhalte ihrer Arbeit.

Die Hitler-Jugend hat Eigenbewegung entwickelt, die sie in den Stand setzte, alle Überfremdungen von außen zurückzuweisen. Dem Übergriff des Militarismus hat sie sich selbstbewußt widersetzt. Die Jugend hat mit dieser Einstellung Recht behalten: sie hat ihr großes Friedenswerk unternommen, ohne die natürliche Wehrkraft zu schmälern; im Gegenteil sind den Streitkräften Patrioten zugewachsen, die kaum mehr als das Waffenhandwerk zu erlernen hatten.

Die Jugendführung hat nur schweren Herzens zugelassen, daß der Jugend die Fröhlichkeit des Friedens genommen und durch die Pflicht des Kriegseinsatzes ersetzt wurde. Die Jungen und Mädel aller Gliederungen der Hitler-Jugend aber haben im Kriege ihre Pflicht erkannt. Sie haben sie getan, stolz, es den Erwachsenen an Einsatzfreude gleichtun zu können.

Es bewahrheitete sich die Erkenntnis des amerikanischen Psychologen Asubel lange bevor sie niedergeschrieben war, daß die Konfliktstoffe zwischen den Generationen sich in dem Maße verringern, wie die Jugend in den Arbeits- und Leistungsbereich der Erwachsenen einbezogen wird.[61]

Selbst die Siegermächte mußten diese Jugend freisprechen.

Der aus der Bündischen Jugend hervorgegangene Publizist Arthur Erhardt schrieb dazu 1969 in Nation Europa:

> »Vom allgemein menschlichen Standpunkt aus ist es zu beklagen, daß der großangelegte Versuch, die Jugend eines Volkes zur freudigen Trägerin seiner Kultur und seines

Geisteslebens zu machen, durch den Krieg jäh unterbrochen wurde… daß man die Erfahrungen des pädagogisch und jugendpsychologisch hochinteressanten und offensichtlich weitgehend geglückten Massenexperiments ‚HJ' in amerikanische Archive eingesargt hat.«[62])

Die Archive sind inzwischen offen und der Forschung zugänglich. Sie sind wenig ergiebig. Viele Archivalien sind noch in Privathand. Aber es fehlt am Mut, sie für *objektive* Forschung heranzuziehen.

Die Motive jener Jugend, die im Frieden *singend baute* und im Kriege *schweigend fiel*, sind über die ihrer Kritiker erhaben. Es kann nicht übersehen werden, daß in der Hitler-Jugend das Soldatische als Haltung nicht zum Militarismus entartete, sondern sich im Frieden zu einem positiven Erziehungselement im Sinne von Selbstzucht, Selbstbeherrschung und Selbstüberwindung entwickelte, welches viele Antriebe zur Selbsterziehung lieferte, und zwar ohne einseitige Begrenzung auf eines der beiden Geschlechter.

2.4.
Die Ethik der Jugend

Wenn die Hitler-Jugend mehr als Staatsjugend war; wenn sie nicht nur nach dem Willen ihrer Eltern-Generation geformt worden ist; wenn sie vielmehr Jugendbewegung aus eigenem Antrieb war und sich nach eigenen Maßstäben selbst formte, so muß sie eine eigene Sittlichkeit aus sich selbst hervorgebracht haben. Es ist nicht denknotwendig, daß solche Sittlichkeit mit den Normen der herrschenden Gesellschaft zur Deckung käme, vielmehr ist bei richtiger Entwicklung anzunehmen, daß sich in einer jugendeigenen Ethik Wertvorstellungen des Volkes und der Kulturnation, denen die Jugend entstammt, herausbilden, welche unbeeinflußt und unverbildet von den »repressiven Zwängen der Umwelt« zur prägenden Form werden.

In der Tat ist der Hitler-Jugend solche im besten Sinne evolutionäre Rolle innerhalb des Dritten Reiches zu eigen gewesen. Sie schlug sich nieder in Hitlers Wort von der Jugend als den *Garanten der Zukunft*. Diese Rolle war aber auch eine im strengen Wortsinne *nationale* Aufgabe; national im Sinne des englischen Konservativen Edmund Burke (1729—1797), der die Nation als eine »Gemeinschaft der Toten, der Lebenden und der Kommenden« definierte.

Aus einem so gearteten Nation-Verständnis hat die Hitler-Jugend als echte Jugendbewegung Kräfte der nationalen Vergangenheit vergegenwärtigt, um damit in die Zukunft zu bauen. Die Jugend lebte dabei nicht dumpf und unartikuliert aus den »dunklen Ursprüngen *volklichen* Lebens« im Sinne Herders, sondern in klarer Bewußtheit auch aus dem Kulturerbe des *Abendlandes*. So kommt es, daß unter den erkennbaren ethischen Hochwerten sich spezifisch deutsches Erbe mit spezifisch abendländischem Kulturgut verbindet. Eine Deutung des sittlichen Phänomens Hitler-Jugend erfordert daher sowohl eine Definition des *Abendländischen*, als auch eine ganzheitliche Betrachtung ihrer Strebungen.

Unter den Deutungsversuchen des Phänomens Hitler-Jugend nimmt Kochs Vorbemerkung zu seiner Geschichte der Hitler-Jugend einen hohen wissenschaftlichen Rang ein.[63] Koch nimmt die Hitler-Jugend als Endpunkt einer Entwicklung, die er in gerader Linie vom deutschen Idealismus und der Romantik herleitet. Koch übersieht dabei, daß die von ihm bezeichnete Wurzel längst vor der Hitler-Jugend durch eine Reaktion überwuchert worden war, die sich als Intellektualismus und Materialismus bereits der früheren Jugendbewegung als *Herausforderung* gestellt hatte und die die romantisierenden Bewegungen des Wandervogels und der Bündischen Jugend *nicht* bewältigt hatten. Die Herausforderung war geblieben. Somit wäre es richtiger, die Bündische Jugend als den Endpunkt der idealistischen Romantik zu erkennen, da diese Bewegung keine gültige Antwort zu finden vermochte, sondern in die Scheinwelt der Blauen Blume mit esoterischem Gehabe flüchtete. Die idealistische romantische Wurzel führte zwar in den Stamm des Baumes der Hitler-Jugend hinein, aber neben vielen anderen Wurzeln; und was sich als Krone dieses Baumes daraus entwickelte, die Erscheinung also, entfaltete sich aus den Beiträgen aller Wurzeln, nicht einer einzigen unter vielen anderen.

Ein anderer Deutungsversuch wird von Dr. Stellrecht geliefert.[64] Stellrecht, alter Wandervogel und Teilnehmer des Ersten Weltkrieges, ehe er zwischen 1934 und 1938 Amtschef in der Reichsjugendführung wurde, sieht seinem Herkommen gemäß die Hitler-Jugend vornehmlich als Jungenbund und sucht dessen Wurzel im Erlebnis des Kampfes in der Erde Flanderns. Von dort her verfolgt er die vermeintliche Wurzel des Soldatisch-Heroischen bis hin in die Hitler-Jugend. Auch das ist nur eine beschränkte Teilwahrheit. Auch hier ordnet Stellrecht einem Ast der Erscheinung eine eigene Wurzel zu und zerstört damit die Ganzheit der Erscheinung, die aus Jungen *und* Mädeln, aus soldatischer Haltung *und* musischem Anspruch, aus nationalem Ideal *und* sozialer Tat, aus Geist *und* Gemüt bestand.

Schließlich unterlegte Erich Blohm seiner Darstellung der Hitler-Jugend im Titel eine Deutung als *soziale Tatgemeinschaft*. Wenngleich er dazu im Inhalt viele Fakten, aber wenig Kommentierung anbietet, so kommt sein Teilaspekt »Soziale Tat« dem Antriebskomplex am nächsten, bleibt aber auch in einem *Teil* der Erscheinung befangen, ordnet also auch *eine* Wurzel, eine wesentliche Wurzel, *einem* Ast der Erscheinungsfülle zu.

Drei Teil-Erscheinungen, absolut genommen und auf eine dazu passende Wurzel zurückgeführt, lösen die ganzheitliche Gesamt-Erscheinung auf. Ihre Ganzheit zerbricht über diesen Deutungsversuchen.

2.4.1.

Der abendländische Aspekt

In der kulturmorphologischen Sicht, die Albert Mirgeler in seiner Geschichte Europas entwickelt hat, steht im vorabendländischen Zeitraum zwischen Völkerwanderung und Karlsreich die Sehnsucht nach der ordnenden und befriedenden Macht des »Reiches«. In dieser Vorstellung verband sich die Ordnungskraft des untergegangenen Römischen Reiches mit der Gottesstaatsidee Augustins. Nach dem vergeblichen Anlauf Theoderichs des Großen schien sich diese Sehnsucht in der Reichsidee Karls des Großen zu verwirklichen.

Auch das Karlsreich zerfiel. Sein Zerfall bezeichnete das Grunderlebnis des abendländischen Menschen, aus dem die Antwort der abendländischen Kultur erwuchs: die Unmöglichkeit der Verwirklichung des Gottesstaates auf Erden. Die Ganzheit der abendländischen Menschheit reagierte mit grenzenloser Enttäuschung. Je nach individueller Eigenart hatte die Reaktion drei Akzente. Allen gemeinsam war die »Distanznahme«, wie Mirgeler sie nennt.

Im Bereich des Glaubens war es der Rückzug in die Askese; im Geist-Seele-Bereich war es die Scholastik; im Bereich der leiblichen Welt und Umwelt war es das Rittertum. Drei Wurzeln, die gemeinsam und mit vielen Überlappungen die Ganzheit des abendländischen Menschen prägten.

Die Reaktion – sie ist für den abendländischen Geist ebenso kennzeichnend wie die Revolution – manifestierte sich bei allen drei Wurzeln in den Verkrustungen des kanonischen Rechts, der theologischen Summa und in der höfischen Konvention.

Gegen diese Reaktionen standen wieder Revolutionen auf: Reformation, Aufklärung und Demokratie. Diese drei Bewegungen bezeichnen den Geist der Neuzeit. Sie sind ganz miteinander verwoben und niemandem würde einfallen, eine davon als absolut zu setzen. Sie waren eine Einheit mit drei Akzenten und durchdrangen die Ganzheit des Abendlandes.[65])

Indessen setzte sich diese Wellenbewegung von Revolution und Reaktion in der Neuzeit fort. Die Neuzeit ist *nicht mehr* durch Reformation, Aufklärung und Demokratie gekennzeichnet.

Die Gegenbewegungen führten erneut zur Verkrustung der revolutionären Aufbrüche: Die Reformation versandete in Ritualismus; die Aufklärung verengte sich zum Rationalismus, die Demokratie erstickte in der Restauration.

Wieder standen die Kräfte der Innerlichkeit gegen die Äußerlichkeiten der Reaktionen auf: der Glaube wurde durch Mystik und Pietismus belebt, der Geist-Seele-Bereich durch Idealismus und Romantik, die Umwelt durch die Entdeckung von Volk und Nation. Die Schwerpunkte für diese Entwicklung lagen in Europas deutscher Mitte.

In den ersten Jahrzehnten des XX. Jahrhunderts hatte die Reaktion zu neuer Erstarrung geführt. Sie bezeichnen die Wirklichkeit, die zur Herausforderung für die Jugend wurde. Der profanierte Glauben entbehrte schließlich des religiösen Inhalts, Atheismus breitete sich aus oder wurde durch primitive Magie überlagert. Der Geist-Seele-Bereich zeitigte die Erscheinungen des Materialismus und Intellektualismus. Die Umwelt wurde von profitorientiertem Oekomomismus und Internationalismus bestimmt. Die Zeit der Ismen war angebrochen und zerstörte die Ganzheit des abendländischen Menschentums.

Zwölfhundert Jahre abendländischer Geschichte hatten alle Kulturimpulse erlahmen lassen, hatten statt lebendigen Glaubens dogmatische Leere, statt lebensrichtiger Geistigkeit lebensfeindlichen Materialismus und statt staatsbürgerlichen Gemeinsinns nationwidrigen Demokratismus die Herrschaft gewinnen lassen.

Die Weltwirtschaftskrise, die hinzutrat, beschränkte sich ebensowenig wie die anderen drei Abgleitungen auf Deutschland. Sie betraf *ganz* Europa. Aber sie traf Deutschland am härtesten. In die Herausforderung von persönlichem und – durch Versailles – staatlichem Ruin und drohender Überfremdung durch Asiens menschenverachtenden *Kollektivismus* gestellt, fand sich im Herzen Europas, wo die Not am größten und die Gefahr am greifbarsten war, in Deutschland, eine Antwort. Sie war der Inhalt der Jugendbewegung, die den Nationalsozialismus aufnahm und ihn zur Evolution zu führen unternahm.

Das ist die geistesgeschichtliche Realität des letzten abendländischen Aufbruchs in Europa. Er ging von der deutschen Jugend aus, erfaßte jedoch die Jugenden der meisten europäischen Völker. Die Vergeblichkeit dieses Aufbruchs vermag die Realität des Gewollten nicht aufzulösen. In der Geistesgeschichte ist nicht der Erfolg, sondern das Gewollte real.

2.4.2.
Das religiöse Motiv

Führende Vertreter der ehemaligen *Bündischen Jugend* hatten den Kirchen vorgeworfen, sie hätten die in der *bündischen* Jugendbewegung sichtbar gewordenen religiösen Kräfte nicht erkannt und ihren Führern nicht die notwendigen Hilfen gegeben. Die religiösen Antriebskräfte, aus denen die ehemalige Jugendbewegung gelebt hat, seien *Mündigkeit* und *Nächstenliebe* gewesen. Mündigkeit ist danach nicht uneingeschränkte Selbstbestimmung, sondern das bewußte und freiwillige Eingehen von Bindung, die nicht nur auf den Mitmenschen zielt, sondern auf Gott.[45])

Dabei sei die Liebe zu Gott der Liebe zum Nächsten gleichzusetzen, die als Kernsatz der christlichen Lehre bezeichnet wird. Diese Lehre neu zu begreifen, sie wieder zu ergreifen und danach zu leben, sei das religiöse Motiv jener Jugendbewegung gewesen.

In dieser sicher sachverständigen Betrachtung der Antriebskräfte der *alten* Jugendbewegung wird das soziale Moment, das Gerechtigkeitsstreben also, ebenso sichtbar wie das Streben zur Gemeinschaft und, zumindest bei den konfessionellen Bünden, die Unterordnung der Gemeinschaft unter die Transzendenz Gottes. Dienst für die Gerechtigkeit und für die volkliche Gemeinschaft wurde sowohl bei den konfessionellen als auch bei den politischen Bünden bereits als eine Art Gottesdienst begriffen.

Man wird sagen müssen, daß die Hitler-Jugend *diese* religiösen Motive nicht nur vielfach geteilt, sondern viele sogar wirksam überhöht habe. Wenn die Gesellung, das Streben zur Gemeinschaft und die Bindung an sie Ausdruck des religiösen Motivs der Jugendbewegung gewesen sei, so ist die *größere* Gemeinschaft, die Einigung der Jugend über alle Parteiungen und Konfessionen hinweg, wie sie Schirach herbeigeführt hat, die konsequente Weiterführung dieses religiösen Motivs, solange die Gemeinschaft auf Gott und den menschlichen Nächsten ausgerichtet blieb. Das ist der Fall. Schirach hat sich stets und uneingeschränkt zu Gott bekannt und dieses Bekenntnis – überkonfessionell natürlich – zur unveräußerlichen Bedingung der Mitgliedschaft gemacht.

Der große Kulturmorphologe Oswald Spengler hat bei der Betrachtung der Kunst als Ausdruckssprache bemerkt:

> »Erst die höhere Kunst ist entschieden ‚Kunst vor Zeugen‘... Dieser Ausdruck ist entweder *Ornament oder Imitation*. Die Imitation geht von dem physiognomisch erfaßten Du aus, das unwillkürlich zum Mitschwingen im Lebenstakte lockt... Jede Religion ist ein Hinüberwollen der wachen Seele zu den Mächten der Umwelt, und ganz dasselbe will die in ihren weihevollsten Momenten ganz religiöse Imitation... Das kann sich bis zu jener ‚hinreißenden‘ Wirkung gemeinsamer Gesänge, Marschbewegungen und Tänze steigern, die aus vielen einzelnen eine Einheit des Fühlens und Ausdrucks, ein ‚Wir‘ macht.«[23])

Es gehört zum Phänomen *Hitler-Jugend*, daß ihre Feierlieder gemeinsam gesungen wurden und somit Ausdruck und Bekenntnis waren; sie waren nicht Gegenstand des Vortrags, des sich an Zuhörer Wendens, sondern unmittelbarer Ausdruck eines eigenen, gemeinsamen Gefühls. Der Bekenntnischarakter der Lieder der Hitler-Jugend ist nicht zu übersehen.

Wenngleich auch die Bündische Jugend diesen Bekenntnischarakter des Liedes bereits gekannt hat, so kam bei der Hitler-Jugend hinzu, daß sich ihr gesamter kultureller Ausdruck nicht an Publikum wandte, sondern sich in der Bestätigung des gemeinsamen Fühlens, Wollens, Strebens und Glaubens erschöpfte – wie Nietzsche einmal bemerkt hat: »vor dem höchsten Zeugen: Gott«.

Das religiöse Motiv der Hitler-Jugend ist in ihrem gesamten *Ausdruck*, sei es im Singen oder Bauen, im Dichten oder Tanzen, im Marschieren oder in der Gymnastik, im Feiern und Sichergreifenlassen, unübersehbares Bekenntnis.

Aus Schirachs »Revolution der Erziehung«[47]) wird belegt:

> »Was wir für die Einigkeit Deutschlands tun, geschieht nicht im Geiste der Politik, sondern auch im Geiste der Religion.«

> »Ich gedenke, weder in den Wäldern Germaniens heidnische Opferstätten zu errichten und die Jugend zu irgendeinem Wodanskult zu bringen, noch das junge Deutschland sonstwie den Zauberkünsten irgendwelcher bärtiger Krautapostel auszuliefern. Im Gegenteil! Möge jeder der religiösen Überzeugung dienen, die er vor seinem Gewissen verantworten kann.«

> »Ich habe bereits in den vergangenen Jahren viele Millionen der deutschen Jugend, die einst in marxistischen Organisationen, in Freidenkerverbänden und in der Gottlosenbewegung organisiert waren, innerlich und äußerlich für die Hitler-Jugend gewonnen... Diese Jugendlichen haben bei uns nicht nur das Wunder einer klassenlosen Kameradschaft erlebt, sie haben auch in dieser Gemeinschaft gelernt, an große und heilige Begriffe, die lange Jahre hindurch in den Dreck gezogen wurden, zu glauben... aus tiefstem Herzen und aus seelischer Überzeugung... Hier bei uns gewann diese Jugend wieder ihren Glauben an das Ideal, ihren Glauben an ihr Volk, und damit ihren Glauben an einen gütigen und großen Gott... Ich habe in der Hitler-Jugend niemals einen Gottlosen geduldet.«

> »In ihr wird jene Macht offenbar, die der Intellektuelle leugnet, weil er sie ebensowenig zu denken vermag, wie den Gott, der sie uns gab: Die Macht des Gemütes.«

> »Nach unserem Gefühl ist eine Religion so gut wie die andere, sofern sie die Bindung des Einzelnen an ein Höheres bedeutet und zu den Lebensgesetzen des Volkes nicht im Widerspruch steht.«

> »Alle solche Arbeit der Jugendführung hat das Ziel, die ... Kinder unseres Volkes ... stark und gläubig zu machen im Bekenntnis zu dieser heiligen Heimat, die uns von Gott gegeben wurde, damit wir in ihr seine Liebe und Güte erkennen.«

> »Wir haben tiefen Anteil am wahren religiösen Erlebnis dieser Zeit... Die Hitler-Jugend bekennt ... in der Öffentlichkeit: Wir alle glauben an einen allmächtigen Gott. Wir alle sind Zeugen der wunderbaren Wandlung, die unser Volk durch seine Hilfe erfahren hat ... Indem sie (die Hitler-Jugend) an der Einigung der Jugend arbeitet, ...wird auch der kleinste Angehörige ihrer Front ein Werkzeug des göttlichen Willens. So ist das Erlebnis der Kameradschaft ... auch ein religiöses Erlebnis... Ich wollte an diesem Morgen bekunden, daß die Hitler-Jugend gottgebunden ist wie keine zweite Jugend, daß sie ihre religiöse Haltung nicht anzweifeln läßt und daß wir alle uns in unserer Treue zu Gott, zu unserem Führer und zu Deutschland durch niemanden beschämen lassen ... und meinen, dereinst in Demut vor dem ewigen Richter des Weltalls bestehen zu können und hoffen und glauben, daß seine verzeihende Güte den Urgrund unseres Wollens, die Liebe zu ihm, anerkennen möge. Hier steht die Jugend, und sie neigt ihr Haupt.«

Der Hitler-Jugend ist von Außenstehenden oft der Vorwurf gemacht worden, sie hätte den emotionell-irrationalen Bereich jugendlicher Erlebnisfähigkeit zu sehr angesprochen. Dieser Vorwurf hätte nur dann Substanz haben können, wenn diese Ansprache areligiös und gottlos gewesen wäre. Sie war es nicht. Die religiöse Antriebskraft ist artikulierter und verbreiteter als bei der vorangegangenen elitären bündischen Jugend. Das Bekenntnis der Hitler-Jugend zur irrationalen Größe »Gott« enthält nicht weniger an Demut, Bindung und Rückbindung, als das Bekenntnis der institutionalisierten Konfessionen. Indessen: das Bekenntnis der Hitler-Jugend zu Gott heischte die Tat!

Diese Tat forderte die Zuwendung zum ärmeren Nächsten, aber nicht, um ihn zum Werkzeug klassenkämpferischer Machtpolitik zu machen, sondern um ihn aufzunehmen in die Solidargemeinschaft, die Kameradschaft, ihn zu befreien, ihn zu befördern und ihn zu steigern. Alles dieses war abseits aller Mystizismen möglich in einer Tatgemeinschaft, die unter dem Begriff der Kameradschaft verwirklicht wurde.

Unter Kameradschaft einzuordnen ist auch die politische Gegnerschaft der Hitler-Jugend gegen alle ausbeuterischen politischen Systeme. Wenn eingangs gesagt wurde, daß die Hitler-Jugend von ihrem Aufgang bis zu ihrem Untergang eine antikapitalistische und antikommunistische Geisteshaltung bewahrt habe, so bewies sich dies an ihrem ethischen Anspruch als ein von der Kameradschaft nicht abzusondernder Fürsorge- und Gerechtigkeitssinn, als eine buchstäbliche Nächstenliebe, die sich nicht in caritativer Fürsorge erschöpfte, sondern auf Geisteserhebung und Gemütstiefe hinwirkte, auf Befreiung in einem religiös motivierten Sinne.

Schirachs innere Einstellung zu der Erscheinung Christi ist durch sein Gedicht *Christus* gekennzeichnet.

> Wenn heute er vom Himmel niederstiege,
> der große Krieger, der die Wechsler schlug,
> so brüllt ihr wieder euer »crucifige!«
> und schlagt ans Kreuz ihn, das er selber trug.
>
> Er aber lächelt leise eurem Hasse:
> »Die Wahrheit steht, wenn auch ihr Träger fällt;
> der Glaube lebt, da ich das Leben lasse...
> Und ragt am Kreuz den Kämpfern aller Welt.«

Noch nach Beginn der Auseinandersetzung der Partei mit den Kirchen sprach Schirach vor Erziehern der Adolf-Hitler-Schulen von Christus als der »größten Führerpersönlichkeit der Weltgeschichte«. Das Gebot der Nächstenliebe bezeichnete er dabei als ein weltgeschichtlich bedeutsames Postulat, das erst die Bildung des modernen Europas ermöglichte. Er warnte vor dogmatischer Verhärtung und forderte die Erziehung zur Ehrfurcht vor jedem religiösen Bekenntnis.[66])

Mit dieser Auffassung stimmte Schirach mit dem Vorkriegs-Hitler überein. Das kontrastiert zwar zu Hitlers späterer menschenverachtender und blutiger Hybris, erklärt aber andererseits den Konsens Schirachs mit Hitler und seine spätere Abwendung von Hitler, als er Hitlers Taten erkannt hatte. Henry Picker berichtet:

»Christus war für Hitler eine einzigartige religiöse und historische Persönlichkeit und als Galiläer ‚Arier‘, der in seiner Ethik und religiösen Verkündung der Menschheit zeitlose Werte gesetzt hatte.«[13])

In einer Geheimrede am 23. November 1937 auf der Ordensburg Sonthofen äußerte Hitler vor dem politischen Führernachwuchs:

»Wir Nationalsozialisten sind in unserem tiefsten Herzen gottgläubig. Eine einheitliche Gottesvorstellung hat es im Laufe vieler Jahrtausende nicht gegeben. Aber es ist die allergenialste und erhabenste Ahnung des Menschen, die ihn am meisten über das Tier heraushebt, nicht nur die Erscheinung außen zu sehen, sondern immer die Frage des ‚Weshalb‘, des ‚Warum‘, des ‚Wodurch‘ usw. aufzustellen. Und diese ganze Welt, die uns so klar ist in der äußeren Erscheinung, ist uns ebenso unklar in ihrer Bestimmung. Und hier hat sich die Menschheit demütig gebeugt vor der Überzeugung, einem ungeheuren Gewaltigen, einer Allmacht gegenüber zu stehen, die so unerhört und tief ist, daß wir Menschen sie nicht zu fassen vermögen. Das ist gut!... Daher möchten wir, daß unser Volk demütig bleibt und wirklich an einen Gott glaubt. Also ein unermeßlich weites Feld für die Kirchen. Sie sollen daher auch untereinander tolerant sein.«[13])

Ergänzend wird Schirach aus seinen Reden an die Jugend zitiert, um die soziale Komponente als Ausdruck tätiger Nächstenliebe zu erhellen:

»Die Jugend ist aus freiwilligem Entschluß, aus Begeisterung und echtem sozialistischen Gefühl zur HJ gestoßen.«[47])

»Arbeiterjungen und Schüler, Bauernmädel und Offizierstöchter, sie alle kamen zu dem großen Jugendbund..., um eine Gemeinschaft zu gestalten, die keine Klassen kennt. Die Fähigen steigen in dieser Gemeinschaft auf, ob sie nun Söhne und Töchter wohlhabender oder arbeitsloser Volksgenossen waren, denn kein anderes Gesetz hat für die Führerauswahl der Hitler-Jugend Gültigkeit als allein das der Leistung, des selbstlosen Einsatzes und des aufrechten Charakters... Die Hitler-Jugend ist eine einzige große Familie, und es kann für den einen nicht soviel Unglück geben, daß nicht die Kraft der Millionen anderer Kameraden dieses Unglück überwinden könnte.«[47])

»Im Vordergrund der gesamten inneren Arbeit der Hitler-Jugend steht die Tätigkeit unseres Sozialen Amtes... Es ist wesentlich zu bemerken, daß die Hitler-Jugend zu über 70 v. H. aus handarbeitender Jugend besteht. Sie umfaßt den gesamten Nachwuchs der deutschen Arbeiterschaft ... und wir haben es verstanden, diesen Nachwuchs bereits zu einer Zeit zu gewinnen, als in Deutschland marxistische Organisationen in ihrer höchsten Blüte standen... Jeder von uns ... fühlt sich glücklich in dem Bewußtsein, das Vertrauen gerade dieser ärmsten Söhne unseres Volkes zu besitzen...«[47])

Aus Anlaß des Reichsberufswettkampfes 1937 erläuterte Schirach:

»Die entscheidenden Hemmungen, die einer Entfaltung dieser Talente entgegenstanden, sind in der sozialen Lebenssituation der Jugend zu erblicken. Von den im Berufswettkampf ausgelesenen Siegern läßt sich sagen, daß die sozialen Bedingungen des Elternhauses einen Schlußpunkt der Leistungen erzwangen, der in keinem Verhältnis zu den eigentlichen Möglichkeiten und dem natürlichen Leistungsvermögen stand... Von den Vätern der Reichssieger waren geistige Arbeiter und Kaufleute 12 v. H., Beamte 12 v. H. und Lohnarbeiter 60 v. H. Davon arbeitslos oder Rentenempfänger während der entscheidenden Entwicklungsjahre 22 v. H.«[47])

»Schien es nicht in den Jahren 1933 und 1934 undenkbar, daß diese junge Mannschaft, die ihren revolutionären und geschichtlichen Kampf ... durchkämpfte, wenige Jahre später unsere Theater- und Konzertsäle füllen ... würde?...

Reichsberufswettkampf und Adolf-Hitler-Marsch, körperliche Ertüchtigung und musische Bildung stellen im neuen deutschen Erziehungssystem ein unteilbares Ganzes dar.«[47])

»Wir handelten also im Geiste und Gesetz unserer Weltanschauung, als wir diese Festspiele nicht nur weiterführten, sondern in ihrem Rang erhoben, sie in ihrem Inhalt erweiterten und sie der tüchtigsten Jugend aller Berufe als edelsten Lohn ihrer Mühe und ihres Fleißes zur seelischen Nahrung boten.«[47])

Die klassenlose Volksgemeinschaft, der Schutz vor Ausbeutung, die Begabtenförderung, die Chancengleichheit, die soziale Sicherheit sind in der Jugend*bewegung* der Hitler-Jugend als Ausfluß ihrer kameradschaftlichen Nächstenliebe der Zeit vorweggenommen gewesen.

Der religiöse Aspekt wäre aber unvollkommen behandelt, wenn nicht auch die Hinwendung zum einfachen Leben, zur persönlichen Bescheidenheit, zum Altruismus und zum Dienen gedeutet würden. Sie waren ein Anschließen an jene abendländische Kulturwurzel, die sich in der Abwendung vom Ich und in der Hinwendung zum Du, zur brüderlichen Gemeinschaft, im frühen Mittelalter als die Bewegung der *Askese* nach klassischem Vorbild manifestiert hatte. Auch von daher bezog die Jugend unbewußt religiöse Antriebe.

2.4.3.
Die seelische Kraft

Die Fähigkeit des Abendländers zu analytischem Denken wird nur noch übertroffen von seiner Freude an Denksystemen, in die er die Welt nicht nur einordnet, sondern sie oft auch einzuzwängen trachtet. Die Denkdisziplin der Scholastik entartete so in die theologische Summa, die ein falsches Weltbild konservierte. Aus dieser geistigen Überfremdung befreite sich das Abendland durch die Renaissance und die folgende Aufklärung. Am Ende der dann folgenden Wellenbewegungen, die eingangs beschrieben wurden, stand der seelenlose intellektuelle Materialismus.

Bereits um die Jahrhundertwende war dagegen die frühe Wandervogelbewegung aufgestanden, die ihren Protest der Bündischen Jugend überlieferte. Die Hitler-Jugend hat das nur unterschwellige Unbehagen der früheren Jugendbewegung artikuliert und neue Werte gegen die Entartung des Geistes gesetzt. Wenn dabei idealistische Züge in Erscheinung traten, so entbehrten sie doch der tatenlosen Romantik. Sozialistisch von ihrem Herkommen, blieb die Hitler-Jugend mit beiden Beinen in der Lebenswirklichkeit.

Die Hitler-Jugend bekannte sich zum Ethos der Arbeit und zur Leistung. Leistung nicht aus dem Motiv infantilen Habenwollens, also der Profitorientierung, sondern aus der Reife, die freiwilliges Dienen am Menschen, an der Gemeinschaft und am Höheren erlaubte, kurz an allem, was die Hitler-Jugend in dem Begriff »Fahne« symbolisierte. Fahnen waren nichts heidnisch Neues, sondern in christlicher Zeit zu allen Jahrhunderten Gegenstand kirchlichen und priesterlichen Segnens gewesen. Wo die Arbeit als solche einen Wert darstellt und nicht profitorientiert ist, liegt Idealismus vor. Idealismus ist nicht rational begründbar, da er dem Zweckdenken fern steht und sich aus Quellen nährt, die der bloßen Vernunft fremd sind.

Der Idealismus der Hitler-Jugend war die Antwort auf den Mißbrauch des Geistes, sei es für materielles Zweckdenken, sei es für die Zwecklosigkeit des spitzfindigen l'art pour l'art. Die Kraft für die idealistische Arbeit und Leistung schöpfte die Jugend aus den der Rationalität unzugänglichen Quellen ihrer seelischen Bereitschaft und ihres Gemütes.

Die *Beseelung* der Arbeit, der Leistung, der Gemeinschaft, der Mitmenschlichkeit in der Kameradschaft, und selbst die Beseelung des Materiellen in schöpferischer Gestaltung, war das Ergebnis dieser Rückbesinnung auf die seelische Komponente im Menschen. Aus der Abwendung vom Intellektualismus resultierte auch die Zuwendung zu gesunder, schöpferischer Geistigkeit.

Mit der Betonung des Gemütes gewann die Jugend die Ganzheit ihrer menschlichen Existenz zurück. Die Harmonie von Körper und Geist wurde aus der Tiefe des Gemütes neu gebildet.

Die Besinnung auf die Kraft des Gemütes geschah als Protest auf den Mißbrauch des Geistes, der als abendländisches Erbübel erkannt worden war. Insofern steht diese Reaktion auf den wurzellosen Intellektualismus dem religiösen Motiv recht nahe. Die Besinnung auf die steuernde *Kraft* des Gemüts ist ihrer Wurzel nach der Protest auf eine abendländisch-romanische Unart, den Rationalismus; diese Kraft ist in ihrer Substanz mehr deutsch-slawischer als romanischer Herkunft.

Der Reichsdramaturg und zugleich Chef des Kulturamtes der Reichsjugendführung, Dr. Rainer Schlösser, führte am 10. Dezember 1940 in der Akademie für Jugendführung aus:

> »Unser wütender Kampf gegen die Intellektuellen zielte nicht auf den Geist, sondern auf den Intellekt. Das ist ein großer Unterschied. Trotzdem neigt der eine oder andere jetzt dazu, zu sagen: Geist hin, Geist her und denkt nicht daran, daß alle Macht in dieser Welt ebensosehr auf dem Schwerte wie auf dem Geiste beruht. Eine geistlose Gewalt zerbricht... Deshalb wird Deutschland ... nicht nur immerdar im Panzer der militärischen Macht einherzuschreiten haben, sondern auch in einer die Bemühungen aller anderen Völker überstrahlenden Rüstung des Geistes.«[67])

Belege aus Schirachs Bekundungen seien auch hier genannt:

> »Unter allen Tugenden des Menschen ist die Treue die größte Tugend, unter allen Lastern ist die Treulosigkeit das schlimmste Laster. Nicht die intellektuelle Fähigkeit, nicht die Kraft des Verstandes allein bestimmen den Wert eines Menschen. Höher als den schärfsten Intellekt schätzen wir ein treues und tapferes Herz. Die kalten Klugen können irren, allein die Treuen sind immer im Recht. Die Klugheit fragt oft nach dem Vorteil, die Treue kennt keinen Vorteil, sie kennt nur eine Pflicht.«[47])

> »Man mißtraue der Ideologie vergangener Jugendbewegungen, wenn sie uns weismachen will, daß die Jugend in einem romantischen Wolkenkuckucksheim leben muß, und

daß es ihr Recht sei, einen ewigen Sonntag zu erleben. Jugend soll fröhlich sein. Jugend soll glücklich sein. Aber auch die Jugend, und vor allem die deutsche Jugend, muß die harten Notwendigkeiten der Zeit früh begreifen lernen, um ihren Platz dereinst ausfüllen zu können. Es soll ihr nichts geschenkt werden, sie soll sich alles selbst erobern, das muß ihre Ehre und ihre tiefste Freude sein.«[47])

»Wir bedürfen der seelischen Nahrung genauso wie der physischen. Das wird jedem spürbar, der die inbrünstigen Hymnen vernimmt, die diese Jugend singt. Wir Deutschen haben von unserer Natur her ein Verlangen nach dem Unsterblichen, Ewigen, Unfaßbaren.«[47])

»Die Vergötzung des Geistes, wie sie Jahrzehnte hindurch in unserem Volk betrieben wurde, führte zu Zerstörung der naturgegebenen Ordnung... Wir Nationalsozialisten leugnen nicht die Macht des Wissens, aber wir dienen ihr nicht, sondern wir befehlen ihr.«[47])

»Der Nachwuchs jeder zivilisierten Nation wird immer einem Ideale nachstreben. Dieses Streben ist sein Kulturanspruch, und die Größe einer Kultur besteht nicht zuletzt in der Intensität, mit der die Jugend des Volkes um ihre Ideale ringt.«[47])

Schirach hatte auch das Ideal des musischen Menschen entworfen, dessen Gemütstiefe eine Gegensteuerung gegen den Intellektualismus bewirkte. Mit dieser Neuorientierung war aber auch eine Wiederbelebung des Kulturerbes, eine Übernahme früherer Kulturschöpfungen verbunden. Es bezeichnet den ethischen Standort der Jugend, wenn Schirach ausführte:

»Je schwächer die einzelne Persönlichkeit ist, um so leidenschaftlicher behauptet sie von sich, daß sie in ihrem geistigen Ursprung völlig originell sei. Denn nur der wahrhaft überlegene, der souveräne Mensch kann es sich leisten, seine Abhängigkeit von anderen geistigen Kräften frei und dankbar zuzugeben... Ja, gerade diese Fähigkeit, innere Kraft und Wahrhaftigkeit, sich selbst und anderen gegenüber seine geistigen Ahnen einzugestehen, ist ein untrügliches Kennzeichen menschlicher Größe. So erklärt es sich auch, daß die bedeutendsten Menschen bei aller Bewußtheit ihres eigenen Wertes fast immer auch Menschen höchster Bescheidenheit zu sein pflegen.«[47])

In diese idealistische Gemütsbindung sind die Werte Wahrhaftigkeit, Ehre, Treue, Fahne, aber auch Schönheit, Sachgerechtigkeit, Gläubigkeit und Hochherzigkeit einzuordnen. Sie sind allesamt eine deutsche Antwort auf die Herausforderung eines wurzellosen und mißbrauchten Intellektualismus.

2.4.4.

Der heroische Wille

Was die Hitler-Jugend vorfand, als sie ihren Marsch begann, war ein in Auflösung begriffenes Staatswesen, das Spielball aller partikularen Interessen war, weil auch die biologische Substanz des Staates, der Volkskörper, vergiftet in Agonie lag.

Der Mißbrauch der Demokratie *gegen* das Volk war institutionalisiert worden und war zu einem europäischen Problem geworden, das sich in dem besiegten, ausgebeuteten und fremden Ideologien zugänglichen Deutschland der Zeit nach Versailles am nachhaltigsten austoben konnte.

Was die Hitler-Jugend entgegenstellte, entstammte einer Bewegung, die tausend Jahre vorher das Abendland durchdrungen hatte. Zwar war auch diese Bewegung, das Rittertum, später zur seelenlosen Form entartet, wogegen sich die Demokratie erhoben hatte. Aber eben diese Demokratie hatte sich schließlich selbst korrumpiert.

Wenn die Hitler-Jugend auf Werte wie Zucht und Selbstzucht zurückgriff, wenn sie der Freiheit des einzelnen die Freiheit der Gemeinschaft entgegensetzte, den Gemeinnutz dem Eigennutz vorzog, wenn sie Verantwortungsethik weitesten Umfangs der Gesinnungsethik überordnete, wenn sie Ordnung nicht als Zwang, sondern als freiwillige Gestalt des Gemeinsinns begriff, und wenn sie als Ausdruck solcher Geisteshaltung sich soldatisch hielt, so griff sie damit auf Werte zurück, die ihren Ursprung in der abendländischen Kulturleistung des Rittertums hatten.

Folgt man Albert Mirgeler, so war das Rittertum und seine Gesittung die spezifisch abendländische *Distanz*, die Achtung vor der Persönlichkeitssphäre des Mitmenschen: aus dem Verzicht auf den *willkürlichen Zugriff auf Besitz und Geschlechtlichkeit* des anderen erwuchs nicht nur das Gefühl für Fairness und für die Verantwortung von Macht, sondern legte sich auch der Grund der späteren Menschenrechte, der Rechtsstaatlichkeit, der Gleichberechtigung von Mann und Frau und des sozialen Gewissen.

Der Verzicht auf Willkür ist Motiv ritterlichen Denkens. Der Verzicht auf Machtmißbrauch, die Pflicht zum Schutz des Schwächeren und Unterlegenen gehören zu diesem Motivkomplex, der sich in der Legende in den Figuren des Heiligen Georg und des Heiligen Martin personifiziert hat.

Das Rittertum hat in der Bewegung des Minnesangs seine schönste Blüte hervorgebracht. Aus ihr ging die Frucht abendländischer Menschlichkeit hervor, die sich als Marienkult vergeistigte, die aber real wirkte in der erhöhten Stellung der Frau und in der sich auf Ehrung und Achtung gründenden Einehe mit ihrem aus ‚Ritterlichkeit‘ geprägten Verhältnis der Geschlechter zueinander, das weit über der Gleichberechtigung steht.

Die Achtung vor dem Eigentum des anderen, die Pflichten aus dem eigenen Eigentum und aus der eigenen Überlegenheit, die Achtung vor der Rechts- und Persönlichkeitssphäre des Mitmenschen und die Verehrung der Fraulichkeit sind Werte, die der Hitler-Jugend zu eigen waren und die ihre Wurzel in spezifisch abendländischen Denk- und Gefühlskategorien haben.

Dr. Rainer Schlösser hat über das ritterliche Verhältnis der Geschlechter ausgeführt:

> »Goethe umschreibt, was gemeint war, mit den Begriffen der Freiheit und Sitte. Die Freiheit ist die Welt des Mannes. *Freiheit*, das ist: Seine Energie entfalten, sich auswirken, weit ausgreifend handeln können. Das mit ihr gegebene Gefahrenmoment liegt darin, daß sie nicht immer fragt: Freiheit wozu?, was der sittliche Mann immer nur mit: Freiheit zur Steigerung, zur Überwindung des Guten durch das Bessere beantworten kann. Ohne

pharisäerhaft zu sein, darf wohl behauptet werden, daß der Nationalsozialismus die Freiheit nie anders als so aufgefaßt hat... *Sitte* ist die Welt des Weibes. Sie bewahrt das Bewährte, bewahrt aber auch vor der Verkehrung der Freiheit ins Unmäßige. Sie birgt das Geheimnis der Geburt und das Gesetz der organischen Fortbildung, der bruchlosen Kontinuierlichkeit alles Seins in sich, ist also ein stark konservatives Element... Für den Bestand der Kultur kann dagegen im positiven Sinne die Verkörperung der Sitte durch die Frau gar nicht überschätzt werden.«[67])

Ritterlicher Sinn ist sublimiertes Menschentum, weil er das Unabwägbare im Menschen wägbar macht, der Zucht unterwirft und mit dieser Unterwerfung Normen hervorbringt, die als gesetzliche Normierungen schließlich Ordnungselemente mit staatstragendem Charakter werden. Diese nur durch beständige Selbsterziehung mögliche Haltung ist im besten Sinne des Begriffs *heroisch*. Der heroische Wille erwächst aus Einordnung des Ich in den Rahmen der Nation als Kette vom Gestern ins Morgen.

Schirach hat auch dafür Belege hinterlassen:

»Preußentum und Jugend sind dasselbe.«[47])

»Die Treue zur Staatsidee ist die Treue zu den Toten. Dieses Bekenntnis ist aber zugleich unsere Bindung an die Allmacht. Indem wir unsere Herzen zu den ewigen Söhnen unseres Volkes erheben, offenbart sich uns die Güte Gottes, der uns die Kameraden nahm, um uns durch sie zum Erlebnis dieser Zeit zu führen: zur großen deutschen Kameradschaft.«[47])

»Seid immerhin mit anderen zufrieden, aber niemals mit Euch selbst! Seid großzügig gegen die Kameraden. Wer weit denkt und über den Fehler des anderen dreimal den Stab biegt, bevor er ihn bricht, und seine Ehre darin sieht, das härteste Gesetz nur für sich selber anzuwenden, der handelt im Geiste unseres Korps.«[47])

»Schweigsamkeit und Verschwiegenheit aber sind heldische Tugenden.«[47])

»Allerdings besitzt die Hitler-Jugend ein heroisches Ideal. Heldenverehrung und Ehrfurcht vor der Fahne sind zwei Grundgebote unserer Jugenderziehung.«[47])

»Es ist etwas Gewaltiges in der Tatsache, daß heute der gesamte Nachwuchs unseres Volkes sich freiwillig und unbelohnt einem Leben verpflichtet, das Dienst, Opfer und Entsagung bedeutet, daß diese Jugend, die von den Stürmen des Liberalismus und Marxismus heimgesucht wurde, aus sich heraus die Kraft zur Überwindung des Ich und zum Bekenntnis ihrer Gemeinschaft gefunden hat.«[47])

»Wo früher einzelne standen, ist in Not und Verfolgung, in Kampf und Sieg eine Gemeinschaft gewachsen. Sie kennt keine Sonderinteressen, sondern nur das Wohl der Gesamtheit. Alle jungen Deutschen bilden eine einzige heroische Kameradschaft.«[47])

»Wir fühlen uns stark genug, die ganze deutsche Vergangenheit im Guten und im Bösen als eine uns von Gott und Natur gegebene Offenbarung zu bejahen. Die Treue ist kein leerer Wahn. Sie besteht nicht in der Gegenwart allein, sondern bindet den Einzelnen wie die Gemeinschaft an die vergangenen Jahrhunderte, bis in die Vorzeit, genau so wie bis in die fernen kommenden Tage, solange es Menschen deutschen Wesens gibt.«[47])

»Pflichterfüllung in dem Sinne ... ist Dienst an einer Idee, die größer ist als wir selbst.«[47])

Ritterlichkeit ist im Kern ihres Wesens heroisch. Das pathetisch klingende Wort hat einen ganz unpathetischen Sinngehalt. *Heroismus* nach der Definition des Philosophischen Wörterbuchs von Kröner bedeutet:

»Die Haltung mutigen und selbstlosen Eintretens und, wenn es sein muß, Sichopferns für große und heilige Ziele und zwar aus innerem Antrieb, ohne mit Ehrungen und Belohnungen zu rechnen. Heroismus erfordert nicht nur der Beruf des Soldaten und Politikers, sondern auch oft der des Forschers, des Künstlers, des religiösen Bekenners, ja vieler anderer Arten, auch auf den Lebensgebieten der Frau.«[44])

Und nach Nietzsche:

»Heroismus – das ist die Gesinnung eines Menschen, welcher ein Ziel erstrebt, gegen das gerechnet er gar nicht mehr in Betracht kommt.«[44])

Nach katholischem Kirchenrecht schließlich ist heroische Tugend jener außerordentliche *Tugend*grad, der für eine Seligsprechung verlangt wird.[38])

Heroismus und Ritterlichkeit sind Synonyme für eine Erscheinung menschlichen Verhaltens, welches von der Antike überliefert und vom christlichen Abendland zu neuem Kulturinhalt erhoben worden war.

Die von der Hitler-Jugend geübte soldatische Selbstzucht entstammt dieser geistigen Tradition mit unverkennbaren sittlichen und normativen, also staatstragenden Elementen.

2.4.5.
Der geistesgeschichtliche Ort

Was Albert Mirgeler über die Ursprünge und das Wesen der abendländischen Kultur sagt, geschieht zur Begründung des Werdens des Abendlandes. Wenn der abendländische Geist sich in Revolutionen manifestierte[65]), so setzen solche Aufstände denknotwendig zu überwindende Zustände voraus; und da der abendländische Geist als eine *Abfolge* von Revolutionen begriffen wird, müssen ständig Gegenkräfte wirksam sein, die die Revolutionen immer wieder in Reaktionen erstarren ließen, ja, die die Bewegungen in Richtung Freiheit zurückzwangen in das Prokrustes-Bett der Ordnung.

So wird man folgern müssen, daß dem abendländischen Geist die Revolution ebenso zu eigen ist wie die Reaktion. Es mag dahingestellt bleiben, ob dieser Antagonismus des abendländischen Geistes aus seiner Überspannung von Romanen, Germanen und Slawen stammt oder aus dem Zusammenprall von Denkkategorien des Römischen Imperiums und germanisch-christlicher Reichsauffassung. Ohne Einfluß blieb keine dieser Kräfte.

Im ersten Drittel des XX. Jahrhunderts war in Deutschland die Herausforderung einer entleerten Glaubenswelt, einer entarteten Geistigkeit und einer entwerteten Sittlichkeit zu spüren. Friedrich Nietzsche, Houston Stewart Chamberlain und Oswald Spengler waren die markantesten Erdbebenmesser einer sich anbahnenden geistigen Wende von säkularem Ausmaß. In diesem Umbruch-Klima sind Wege zur Neuorientierung gesucht worden, die als vergebliche Versuche endeten. Der Nationalsozialismus war ein solcher Versuch. Das erklärt den ihm zuteil gewordenen Zulauf an Anhängern.

Da das Innewerden der Nation unter den großen europäischen Nationen bei den Deutschen zuletzt einsetzte, und da die Demokratie in Deutschland erst spät und unter erschwerten Bedingungen mit vielen Irrwegen Boden gewann, war die Herausforderung der entartenden *Demokratie* auch diejenige, welche von den Deutschen als letzte eine Protest-Antwort heischte. Dieser Protest war der sich gegen das Staats- und Demokratieverständnis von Liberalen, Sozialisten und auch Faschisten richtende *Versuch* des ursprünglich auf volksstaatliche Verwirklichung – Moeller van den Bruck – zielenden Volkssozialismus oder *Nationalsozialismus*.

In der Geistesgeschichte zählt nicht der Erfolg und nicht das Gewordene, sondern das Gewollte. So unbehaglich uns Heutigen die Feststellung erscheinen mag, sie bleibt gültig: Der Nationale Sozialismus war geistesgeschichtlich der Versuch einer revolutionären Antwort auf den demokratisch verbrämten Mißbrauch des Volkswillens. Wie alle seine Gegentypen des liberalen, sozialistischen und faschistischen Lagers entartete auch der Nationalsozialismus, einmal an der Macht, zum Imperialismus.

Das sittliche Phänomen »Hitler-Jugend« ist eine vorrangig deutsche Erscheinung: Die geistigen Strömungen des deutschen Idealismus und der Romantik, die religiös motivierte deutsche Jugendbewegung und die deutsche Volksstaatsidee des Gemeinsinns vereinigte sie in sich, knüpfte an abendländisches Traditionserbe, wie ausgeführt, an und entwickelte daraus eine echte, die Revolution überwindende Evolution.

Sieht man die Motive und Ideale, die sich die Hitler-Jugend gewählt hatte, ganzheitlich, so ergibt sich der Typus einer Jugend, die aus religiösem Antrieb mit der Kraft ihres Gemüts zur heroischen Ich-Überwindung strebte. Diese Zielsetzung war nicht originär auf die politische Bewegung des Nationalsozialismus zurückzuführen, wenngleich dieser nicht dazu im Widerspruch stand. Das sittliche Phänomen dieser Jugend ist ein abendländisches mit starken deutschen Akzenten – so wie auch das Heilige Römische Reich deutscher Nation es gewesen war.

Brüderlichkeit und Ritterlichkeit waren abendländische Wurzeln dessen, was in der Hitler-Jugend schlicht als Kameradschaft und Selbstzucht sittlicher Inhalt ihrer Erscheinung wurde. Das Pathos zur hochzielenden Ethik lag in jener Zeit, und die Hitler-Jugend wurde ihr erster großer Ausdruck. Das kontinental-europäische Ringen mit Asien forderte die Jugenden aller europäischen Völker heraus, die Zukunft in einem Europa der Vaterländer zu gewinnen.

Europas Jugend hatte sich zu einem neuen Aufbruch des Abendlandes aus seinen Eigenarten erhoben. Die deutsche Jugend war nur vorangegangen; erst mit selbstloser Tugend, dann mit selbstloser Tat.

Ein Verdikt über die Hitler-Jugend und über die europäischen Freiwilligen wäre ein Verdikt über abendländische und deutsche Traditionen und Kulturinhalte, wie sie seit den Kreuzzügen nicht mehr die Menschen erfaßt haben. Der Sinn dieser Jugend war im Aufgang und im Untergang ein reiner, selbstloser und heroischer.

Geschichtlich wird die Legende von einer Jugend überdauern, die aus sich selbst eine sittliche Formkraft hervorgebracht hat, die ohne Beispiel ist und die ein neuer Anfang für das Abendland hätte sein können.

Mag die politische Geschichte darüber hinweggegangen sein – die Geistesgeschichte wird den bedeutendsten Bewußtseinswandel dieses Jahrhunderts nicht übersehen. Dafür sorgt nicht zuletzt die Vergeblichkeit, die diesem Bewußtseinswandel beschieden war. Denn was sich nicht *real* verwirklichen kann, wirkt, wenn wir die Kulturgeschichte richtig zu sehen gelernt haben, *ideell* als Energie zu neuen Kulturimpulsen, zumindest im abendländisch-faustischen Kulturraum.

✱

Mag unser Sein ins Dunkel gehen
versinken in der schnellen Zeit:
es wird doch, was wir wollten, stehen
im Sonnenglanz der Ewigkeit.

Und ist auch unser Sein verglommen,
das Werk doch wie ein Berg besteht
und kündet allen, die da kommen:
dies war ihr Glaube im Gebet.

Baldur von Schirach »Die Fahne der Verfolgten«

ERSCHEINUNG

Die Realität des Ideellen

»Die Fähigkeit, nach eigenem Gesetze zu leben, nennen wir *Freiheit*. Entwicklung bedeutet ein fortschreitendes *Freimachen des Lebens*. Die *Freiheit* erweist sich als Zielrichtung der Entwicklung, auch wenn das Ziel in unerreichbarer Ferne liegen mag. Das Leben kämpft um die *Unsterblichkeit* und *Freiheit* von Völkern, den Einheiten überpersönlichen Lebens.«

Prof. Dr. Friedrich Solger[8])

Nur der Freiheit gehört unser Leben

Worte und Weise
von Hans Baumann

1. Nur der Frei-heit ge-hört un-ser Le = ben, laßt die
   ei = ner steht dem __ an-dern da = ne = ben, auf=ge =
   Fah = nen dem Wind,)
   bo = ten wir sind.) Frei = heit ist das
   Feu = er, ist der hel = le Schein, so-lang sie noch
   lo = dert, ist die Welt nicht klein.

2. Daß die Äcker zum Erntegang reifen, darum bleiben wir wach,
bis die Sensen die Halme ergreifen, hüten wir sie vor Schmach.
Freiheit ist das Feuer...

3. Daß dem Lande die Sorgen versinken, darum stehen wir auf,
unsere Fahnen das Morgenrot trinken, eure Herzen reißt auf!
Freiheit ist das Feuer...

3.0.
Die Erscheinung hinter dem Faktischen

Es gibt eine Reihe von historisch empfundenen Werken über die Geschichte der Hitler-Jugend, weitere sind im Entstehen. Was sich bereits sagen läßt, ist dies: die Sammlung und Ordnung von Fakten nach dem Motto »facts, facts, only facts« ähnelt dem Versuch, aus der Tatsache der Brandung die Windrichtung zu bestimmen, oder aus einer Anhäufung von Wegsteinen die Richtung eines Weges zu rekonstruieren, der untergepflügt ist.

Es ist sicher, daß noch viele »Geschichten der Hitler-Jugend« geschrieben werden und auch geschrieben werden müssen, und daß diese Geschichtsschreibungen mit vielen und neuen Fakten ausgestattet sein werden. Fakten, die an ihren richtigen Platz gehören, damit sie sich in die richtige Perspektive einfügen.

Oswald Spengler hat von Fakten als dem Gewordenen, dem Erstarrten, als Gegenstand geschichtlicher Betrachtung weniger gehalten, als von der Erkenntnis des *Werdenden*. Diese Erkenntnis des Werdenden hielt Spengler für den einzig würdigen Gegenstand geschichtlichen Forschens. Spengler zitierte dazu Goethes Worte zu Eckermann:

> »Deshalb hat auch die Vernunft in ihrer Tendenz zum Göttlichen es nur mit dem Werdenden, Lebendigen zu tun, der Verstand mit dem Gewordenen, Erstarrten, daß er es nutze.«[22])

Die Hitler-Jugend war etwas Werdendes und sehr Lebendiges. Ihre physische Existenz endete früh. Aus den faktischen Resten auf ihre unvollendete Erscheinung zu schließen, wäre gleichbedeutend mit dem Versuch, aus den Schulheften eines im Kriege gefallenen Jünglings dessen späteres Lebenswerk ermitteln zu wollen. Der Wert solcher Fakten ist gering. Gering jedenfalls für die *ganzheitliche* Deutung einer jungen und in der Entwicklung durch äußere Gewalt beendeten Bewegung.

Die Fakten sind zudem lückenhaft. Das Bundesarchiv verfügt nach Auskunft seines Präsidenten kaum über Archivalien, da »die Akten der Reichsjugendführung bzw. des Jugendführers des Deutschen Reiches so gut wie vollständig vernichtet und weitere Überlieferungen staatlicher Provenienz auch nur bruchstückhaft erhalten« seien. Handakten und persönlichen Korrespondenzen, Bildmaterial und Veröffentlichungen komme daher als »Ersatzüberlieferung« große Bedeutung zu. So wird der *Auswertung* von Fakten deren *Sammlung* vorausgehen müssen, und man wird auch voraussagen können, daß schon aus diesem Grunde noch lange nach dem Aussterben der eigentlichen HJ-Generation neue geschichtswissenschaftliche Erkenntnisse zu erwarten sein werden.

Liest man das, was vorliegt, so wird man sagen müssen, daß Brandenburg, Klose, Koch, Stellrecht und zum Teil auch Blohm anhand der von ihnen ausgegrabenen Fakten keine Perspektiven zu eröffnen vermögen, welche die Richtung, in die sich der élan vital, der Lebensstrom der Hitler-Jugend, ergoß, ausreichend markieren könnten oder die auch das *Werdende* (über das im Torso bereits Gewordene hinaus) begriffen.

Die Fluchtpunkte zur Ordnung der Erscheinungen, aus Fakten gewonnen, vermögen zwar eine Perspektive zurück abzustecken, eine Retrospektive; das ist aber eine Richtung aus der der Verlauf in die Zukunft hinein schlechterdings nicht bestimmbar ist. Wenn man nur die

Wachstumsphase eines Organismus übersehen kann, so ist es irrig und zu falschen Ergebnissen führend, wenn man z. B. aus den statistischen Wachstumsdaten auf weiteres Wachstum schließen würde. Diese Folgerung liefe an der entscheidenden Wende zur Reife vorbei; einer Reife nämlich, die im natürlichen, lebendigen Anpassungszwang nicht geradlinig, sondern in lebensgesetzlichen Stadien mit umweltbedingten Richtungsänderungen verliefe.

Richtiger scheint es, in einer Kategorial-Analyse festzustellen, in welchem Entwicklungsstadium sich die einzelnen Organe des Organismus zum Zeitpunkt der Lebensunterbrechung befunden haben und in welchem Wirkungsgrad sie die weitere Entwicklung des Gesamt-Organismus bestimmt hätten. Aus dieser Zielprojektion könnte auch erkennbar werden, was dieser Tod einer Jugendorganisation für die Jugend bedeutete und noch bedeutet.

So ist offensichtlich, daß sich die beiden Geschlechter innerhalb der Hitler-Jugend in unterschiedlich fortgeschrittenen Reifungsprozessen befunden haben, daß dies auch innerhalb der einzelnen Geschlechter altersbedingt unterschiedlich war, und daß schließlich das gereiftere Führerkorps wiederum einen anderen geistigen Grad erreicht hatte und sich durch die Kriegsverluste zu beschleunigter geistiger Verdichtung herausgefordert fühlte. Offensichtlich auch, daß die Forderungen der staatlichen Umwelt im Frieden durchaus andere Wirkungen zeitigen mußten als im Kriege, und dies bei den einzelnen Organen dieses Riesenorganismus in unterschiedlicher Weise. War z. B. die Kinderlandverschickung im Frieden eine aus dem Willen zum Sozialismus, zur Selbstbehauptung als Volk und aus der Selbstführung und Selbstverantwortung der Jugend geborene große, soziale Leistung, so wurde sie im Kriege unter dem Zwang der Verhältnisse zusätzlich zu einem pädagogischen Großexperiment, das erstaunlich war, aber im Positiven wie im Negativen keine Schlußfolgerungen auf das Ganze zuläßt.

Das geistige Phänomen »Hitler-Jugend« beruht auf vielen Teilphänomenen, die aus ihrer umweltbedingten Herausforderung ebenso begriffen werden müssen, wie aus ihren lebendigen Antrieben.

Es entspringt organischer Denkweise zu unterstellen, daß der Erkenntnis- und Willensrahmen der höheren Führungsorgane einen größeren Wirkungsgrad erwarten ließ als der der unteren Organe. Es ist auch notwendig zu erkennen, daß der Wille des obersten Führers repräsentativer war als die Willensabweichungen unterer Führer: Deshalb kommt den Willensbekundungen des Reichsjugend-Führers Baldur von Schirach höchste Aufmerksamkeit zu, hinter denen alle nachgeordneten zurücktreten. Die Hitler-Jugend ist so sehr vom Geist Schirachs geformt worden, daß als die in die Zukunft der untergegangenen Hitler-Jugend weisende Determinante nur die Geistigkeit Schirachs stehen kann. Dieser Determinante lassen sich alle noch so abseits liegenden Fakten unterordnen.

Dieses Buch wird Fakten als Dinge an sich nicht bringen. Es wird fortfahren, hinter den Dingen die Erscheinung zu suchen. Und unter der Vielzahl von Erscheinungen nur die wenigen Phänomene verdeutlichen, welche im Sinne des Titels »über die Zeiten fort« gelten, welche überdauernde Bedeutung haben.

Es hat in der Hitler-Jugend und besonders in deren Führung nachweisbaren Widerstand gegeben, einen Widerstand gegen die Partei, zu welcher die HJ in der Opposition war. Er wird in einer geschichlichen Sonderstudie eines Tages veröffentlicht werden, hat hier aber keinen Platz, weil das zeitüberdauernde Phänomen der Hitler-Jugend als Ganzheit die Treue war. Gleichwohl bedarf es dieses Hinweises, um zu erklären, daß Schirachs Persönlichkeit und Handeln durch einen breiten Konsens einer der Parteiführung gegenüber kritischen Gefolgschaft getragen war.

Es hat große Leistungen gegeben:

Reichsberufswettkämpfe und Begabtenförderung, Jugendschutzgesetze und Reihenuntersuchungen der *gesamten* Jugend mit Gesundheitspässen für alle Jugendlichen, das Jahr der Gesundheitspflicht, Breitensport, Reichswettkämpfe auf allen Gebieten des Sports *und* der musischen Bildung, Kinderlandverschickung, Heranführung der Jugend an das Bauerntum und den Landdienst, Naturschutz und Umweltpflege, die Aufnahme des Kulturerbes und die Förderung junger Künstler, die Verständigung mit der Jugend der Welt und schließlich den Kriegseinsatz: Rohstoff- und Heilpflanzen-Sammlungen, Luftschutz und Wehrertüchtigung, Schul-Hilfsdienst, Verwundetenbetreuung, Bahnhofsbetreuung und Ernteeinsatz – Superlative über Superlative. Aber sie sind nicht nur Fakten, sondern lassen hinter dem Faktischen die ideelle Erscheinung aufleuchten, deren Ausfluß sie waren: die Erscheinung einer Jugend in freudiger Ich-Überwindung aus der Kraft der Persönlichkeit.

Hier kommt es nicht darauf an, Fakten wiederzugeben, die zukünftige Forscher vollkommener unterbreiten werden. Dieses Buch will das in der Hitler-Jugend im Werden Gewesene erkennen und mit dessen Deutung die Perspektive eröffnen, in die künftige Forscher, die niemanden, der dabei war, mehr werden fragen können, ihre Fakten einrichten können, ohne die Proportionen zu zerstören.

Nur vier Erscheinungen sollen in diesem Textteil noch veranschaulicht werden, ehe das Bild dokumentarisch spricht. Vier Erscheinungen mit Symbol-Charakter: das *sittliche Bewußtsein*, das diese Jugend bewegte, das *kritische Bewußtsein*, wie es sich zum Schluß des Krieges in der hohen Schule des HJ-Führerkorps, der Akademie für Jugendführung in Braunschweig, formgebend behauptete; die opferbereite *Hingabe* für die Volksgemeinschaft, wie sie sich in den letzten Kämpfen an der Heerstraße in Berlin manifestierte; und die *Verantwortung* im Füreinandereinstehen, wie sie Schirach in Nürnberg vorlebte.

Es sind die vier letzten Lebensäußerungen der ehemaligen Hitler-Jugend, die, da sie noch letzter Vollzug des Werdenden waren, überzeitliche Bedeutung haben. Sie versinnbildlichen in der Reihenfolge, in der sie genannt wurden, die *Selbstzucht* in der sittlichen Haltung, das *politische Gewissen* in der Absage an Willkür, die *Opferbereitschaft* in der Treue zur Gemeinschaft und die *Vorbildlichkeit* in der geschichtlichen Verantwortung.

Dann erst werden die Bilder dieser Jugend ihre Ideale offenbaren in allem, was sie tat und schön fand, was sie erstrebte und wurde: Aus den in Bildern geronnenen Erscheinungen spräche dann das Wesen einer im Aufgang untergegangenen Generation.

3.1.
Sittliches Bewußtsein: Die Ideale

In dem Kapitel über die Ethik der Jugend ist deren abendländische Wurzel freigelegt worden. Es bleibt zu veranschaulichen, wie sich diese Sittlichkeit zur Bewußtheit erhob, sich verwirklichte und über den Zeitenbruch fortwirkte.

Sittlichkeit und Gesittung sind ein unzertrennliches Begriffspaar. Es steht jenseits der gesetzlichen Norm, steht über dem Gesetz und bedarf deshalb des *freiwilligen* Anerkenntnisses. So sind auch Freiheit und Sitte nicht zu trennen. Dr. Rainer Schlösser hat dieses Aufeinanderangewiesensein in seiner Schrift *Freiheit und Sitte*[67]) überzeugend dargestellt. Er bezeichnete diese Freiheit als *Selbständigkeit des Gewissens*. Es ist identisch mit der *Fähigkeit, nach eigenem Gesetze zu leben*, die Friedrich Solger im Vorspruch dieses Buchteiles als *Freiheit* bezeichnet.[8])

Spürt man den Ursprüngen der freiheitlichen Gesittung der Jugend nach, so steht als fortwirkendes Ideal seit dem Ersten Weltkrieg über der Jugendbewegung das Wort von Walter Flex, das in seinem Buch »Der Wanderer zwischen beiden Welten« 1916 als Wahlspruch des gefallenen Wandervogelführers Ernst Wurche überliefert wurde: »Rein bleiben und reif werden«.

Es bezeichnet die daraus sprechende Selbstzucht, daß dieses die Jugend bewegende Wort nicht bewahrendem weiblichem Denken, sondern ausgreifender Männlichkeit zu verdanken ist. Darauf beruhte seine Würde und seine Wirkung.

In den Jungenbünden elitärer Zusammensetzung konnte es sich behaupten, um in die Hitler-Jugend einzufließen. Diese aber wurde zur Massenorganisation, zur Jugendbewegung beider Geschlechter. Hier bedurfte es größerer Strahlkraft, größerer Bewährung, höherer Gesinnung und erhöhter Verpflichtung des Führerkorps, aber auch besonderer Vorbildlichkeit der Mädelführerinnen aller Ebenen. Es blieb eine der tragenden Säulen der jugendeigenen Gesittung: Das Reinbleiben auf dem Wege zum Ziel der Reife war ein Ideal der Hitler-Jugend-Generation, welches ihr Gesicht, ihre Erscheinung und ihren Genius prägte.

Es bedurfte keiner moralisierenden Trennung der Geschlechter, sondern dieses ritterlichen Ideals der Selbstzucht, um diese Jugend in schöner Natürlichkeit und im Band umfassender Kameradschaft sich entfalten zu sehen.

Der hohe Rang dieser umfassenden Kameradschaft ist weiter oben angedeutet worden. Auch daß er über die emanzipatorischen Bestrebungen von heute weit hinausging: gänzlich im Widerspruch zu dem Anspruch jener zersetzenden *Libertinage*, der sich in dem heutigen *Mein Bauch gehört mir* niederschlägt.

Der Gegensatz zu solcher zuchtlosen Auffassung ist aber keineswegs, wie dies nach dem Kriege gern aber unzutreffend dargestellt wurde, die *volksbewußte Gebärmaschine*. Vor dem höheren Führerinnenring des Bundes Deutscher Mädel hat Dr. Rainer Schlösser klargestellt:

> »Die Idee der Zucht, als Aufzucht einer kommenden Generation aufgefaßt, wäre eine Idee ohne *seelische* Zucht, wenn sie unterstellte, daß allein die Möglichkeit wechselseitiger Gebär- und Zeugungsfähigkeit ausreichte, um Mann und Frau die innigste Vereinigung zuzumuten. Hinter den Sinnen steht immer das, was ich ,die Mächte' nennen möchte, das Schweigen eines mit menschlichen Worten nicht mehr zu umschreibenden

Einseins, das zeitlose, in Jugend, Reife und Alter gleich mächtige Zueinandergezwungensein, an dem gemessen das jäh Erglühende des rauschenden Blutes von minderem Werte ist.«[67])

Gewiß ist Sittlichkeit nicht ausschließlich mit Zucht im geschlechtlichen Sinne gleichzusetzen. Das Sittengesetz übergreift alle Lebensbereiche. Aber wohl ist Sittlichkeit im Verhältnis der Geschlechter zueinander der Nährboden, der Kulturen erblühen oder absterben läßt. Sie ist die Quelle fortgeschrittenen oder zurückgebliebenen Menschentums. Sie ist formgebend für alles, was in einem Kulturraum als Schönheit empfunden und gestaltet wird.

Aus dieser Auffassung von Gesittung ist als Krönung der Mädelerziehung das BDM-Werk *Glaube und Schönheit* entstanden und zum Träger eines überlieferten und erneuerten Kulturbewußtseins der Jugend geworden.

Dieses sittliche Bewußtsein hat Vorbilder. In der Stauferzeit symbolisierte ein Meister die *klugen Jungfrauen* am Straßburger Münster kämpferisch: sie bezwingen das Laster mit dem Speer.

Zwar kämpften auch am Ende des zweiten Weltkrieges die Mädel *nicht* mit der Waffe, aber sie wuchsen in ihrem *weiblichen* Einsatz des Betreuens und Pflegens in Aufgaben hinein, vor denen sie nie vorher gestanden hatten, und darin über sich selbst hinaus. Ob sie im Osteinsatz Müttern bei der Geburt halfen oder Sterbenden das Ende erleichterten, ob sie Verantwortung für große Flüchtlingstrecks übernahmen und durch ihre Umsicht viele Menschen retteten und nicht selten das eigene Leben dabei verloren, wie die BDM-Ärztin bei der Verwundeten-Betreuung in den Endkämpfen in Berlin, immer kam die Kraft und die Fähigkeit zu solchen Opfern aus ihren frei gewählten Idealen.

Diese Ideale überdauerten, wenn auch ohne jedes Pathos, den Zusammenbruch:

Daß nach dem 2. Weltkrieg in den Trümmern der Städte sich Familien behaupteten, daß Kinder geboren und zu sozialen Wesen herangebildet wurden, daß sich die Einehe im Zivilisationsbetrieb behauptete und daß in den Menschen Sehnsüchte nach warmer Menschlichkeit wachblieben, daß die Liebe zur Natur nicht erstarb, daß die Familienheime Wohnlichkeit zurückgewannen, daß Gemütlichkeit und Geschmack Werte geblieben sind, und daß Mütter Selbstlosigkeit vorleben, ist in der materialistischen Ökonomisierung der Nachkriegszeit ein Zeugnis des sittlichen Bewußtseins, das jene vergangene Jugend einmal erfüllte und als Ideal vor sich hertrug. Es hat unter der Oberfläche die Nachkriegszeit überdauert, auch wenn die Medien das nicht bewußt werden lassen. Überdauert hat auch die Fähigkeit, einer Sache zu dienen, sich ihr hinzugeben und das Ich dagegen zurückzustellen, weil die Gemeinschaft Vorrang hat. Dieser Fähigkeit und Bereitschaft einer ganzen Generation ist der Wiederaufbau bis zum *Wirtschaftswunder* zu danken.

Schließlich hat unübersehbar auch der Sinn für Recht und die Ablehnung von Willkür überdauert: Die rechtsstaatliche Demokratie unseres Landes wurde und wird von den zig Millionen ehemaliger HJ-Mitglieder getragen und verwirklicht.

Kritisches Bewußtsein: Die Akademie

Kurz vor Ausbruch des Krieges war in Braunschweig die neben dem Schloß Richmond errichtete »Akademie für Jugendführung« eröffnet worden. Der Gebäudekomplex umfaßte in der ersten Baustufe fünf Wohngebäude für insgesamt 120 Führeranwärter und das Hauptgebäude, welches beiderseits der Eingangs-Säulenhalle je einen T-förmigen Trakt besaß, in welchen der Große Hörsaal, der Bibliothekssaal, Ausstellungs- und Seminarräume auf der einen, Speisesaal, Festsaal und Teesaal auf der anderen Seite als Haupträume angeordnet waren. Dazu kamen im Untergeschoß am Hang noch auf der einen Seite die Schwimmhalle, auf der anderen das Bibliotheksarchiv mit 20.000 Bänden, darunter alle im Dritten Reich verbotene Literatur. Eine Turn- und Fechthalle lag oberhalb der Säulenhalle.

In dieser architektonisch und ausstattungsmäßig gediegenen und erzieherische Kraft ausstrahlenden Umgebung sollte das zukünftige Führerkorps der Hitler-Jugend seine Prägung erhalten.

Infolge des Kriegsausbruchs konnte nur ein erster Lehrgang durchgeführt werden. Dann forderte der Krieg die Absolventen an die Fronten. Einige Lehrgänge der noch im Bau befindlichen *Hochschule des Bundes Deutscher Mädel* folgten, um schließlich den kriegsversehrten Führeranwärtern, deren Dienstverhältnis fortbestand, die Ausbildung zu ermöglichen. Fünf Kriegslehrgänge für Versehrte von je fünfmonatiger Dauer absolvierten während des Krieges die Akademie für Jugendführung, der sechste Lehrgang wurde wegen des militärischen Zusammenbruchs abgebrochen.

Die Akademie für Jugendführung hatte im Rahmen des ihr von Baldur von Schirach zugewiesenen Bildungsauftrages den ganzen Menschen, seinen Charakter, seine Geistigkeit, seine Kultur, seinen Lebens- und Arbeitsstil und seine – trotz Versehrtheit – körperliche und seelische Gesundheit zu formen.

Im Sommer 1944 konnte die Akademie ihr fünfjähriges Bestehen feiern. Fünf Jahre Krieg waren in dieser Zeit über die Jugend hingegangen. Ihr Gesicht hatte sich gewandelt. Ihre Führer waren im Krieg gefallen oder versehrt. Die fröhliche Fahrt, das frohe Spiel, die erhebende Feierstunde, die musische Besinnung, waren für Jungen und Mädel den harten Pflichten des Kriegseinsatzes, der Kinderlandverschickung, der Wehrertüchtigung, dem Luftschutz- und Lazarett-Dienst und für viele Schüler dem Dienst an den Flakgeschützen gewichen. Das Gesicht der Jugend war ernst geworden über ihren Pflichten.

Ernst auch das Gesicht der Führeranwärter auf der Akademie, die anläßlich des Jubiläums den armamputierten Reichsjugendführer Artur Axmann und den Reichsleiter und Reichsminister Alfred Rosenberg erwarteten.

Ohne Aufwand das Zeremoniell. Im Teesaal wurden die Führeranwärter einzeln vorgestellt. Ein Stück HJ-Geschichte begegnete sich dabei:

Axmann, der *alte Kämpfer*, der aus der Berliner HJ hervorgegangen und mit den großen sozialpolitischen Leistungen der Hitler-Jugend hervorgetreten und damit zum Symbol der sozialpolitisch bestimmten Alt-HJ geworden war und deshalb von Baldur von Schirach selbst zum Nachfolger im Amt des Jugendführers des Deutschen Reiches vorgeschlagen worden war, stand nun vor den meist aus dem Jungvolk hervorgegangenen und dort geprägten, ganz auf die Geistigkeit Schirachs eingeschworenen Akademie-Absolventen. Beide, Reichsjugendführer wie Führeranwärter, vom Krieg Versehrte, stehen sich in ihnen dennoch 1944 zwei Führungsgenerationen gegenüber: Der Mann des revolutionären Elans und die Träger des von Schirach ausgegangenen Kulturimpulses.

So kamen denn auch die die Evolution bezeichnenden Worte nicht von Axmann, der ganz preußische Pflicht war, sondern von Alfred Rosenberg. Der NS-Ideologe Rosenberg war es, der nachdenkliche Worte über die Hybris der Macht und die Ohnmacht des Geistes aussprach. Und wie zur Bestätigung wird der Pianist Detlef Kraus an diesem Abend zweimal Beethovens »Apassionata« wegen Fliegeralarms abbrechen müssen, ehe er sie einmal ungestört darbieten kann.

Trotz allem: Die für einige Tage als Gäste anwesende Auslands-Pressekonferenz ist tief beeindruckt von dem ungebrochenen Behauptungswillen der kriegsversehrten Jugendführer.

Wie durch ein Brennglas gebündelt vereinigen sich in der Akademie für Jugendführung in Braunschweig die vorherrschenden Tendenzen dessen, was der Krieg aus der Hitler-Jugend gemacht hatte. Hier ist Treffpunkt und Besinnung; ein Haus des offenen Wortes, der undoktrinären Kritik, der Wahrheit.

Ob der Pädagoge Prof. Dr. Petersen, Jena, in seiner Vorlesungsreihe über die Erziehungssysteme Englands, der USA und der UdSSR oder über den »Jena-Plan« referierte; ob der Psychologe Prof. Dr. Fischer, Berlin, über Entwicklungs- und Geschlechter-Psychologie spricht; ob der Orientalist Prof. Dr. H.-H. Schaeder, Berlin, die »Weltreligionen«, »Luther« oder »Goethe an uns« vorträgt; ob der Inhaber des Kant'schen Lehrstuhls der Universität Königsberg, Prof. Dr. Eduard Baumgarten, seine Vorlesungsreihen über »Kant und Clausesewitz«, »Amerikanismus«, »Deutsche Führungsmodelle« abhält – immer ist die Aufzeigung neuer Ziele und anderer Perspektiven Inhalt von Vortrag und Gespräch.

So ist überliefert, daß Prof. Dr. Baumgarten in einer Diskussion, die vor mehr als hundert Gästen einer Offiziersschule des Heeres im Anschluß an eine Vorlesung stattfindet, sich 1944 ungeniert geäußert hat:

> »Autoritäres Führungsprinzip? Das bedeutet eine Eins und lauter Nullen!«[68])

Dazu Prof. Baumgarten 1977 in einem Brief an einen damaligen Hörer:

> »...war meine Äußerung in Braunschweig, ‚eine Eins und lauter Nullen‘, doch sehr einseitig. Denn Sie schildern ja, wie großzügig die Jugend zu führungsfähigen Eigenschaften, z.B. in Ihrer Person (aber da doch *typischer*weise) damals erzogen und geprägt wurde.«[69])

Prof. Schaeder, bekennender Christ, hat 1944 nach Erörterung der Feindsender-Meldung, wonach zwei Millionen Juden im Laufe des Krieges liquidiert worden wären, auf die Eröffnung eines Gewährsmannes, daß diese Meldung dem Grunde nach zutreffend wäre, geantwortet:

> »Dann haben wir Deutschen selbst unseren moralischen Anspruch, Bollwerk des Abendlandes gegen die Barbarei des Bolschewismus zu sein, vertan. Das Reich wird uns *nicht* bleiben.«[68])

Aber nicht nur Gast-Professoren sahen und sprachen in Braunschweig klar. Auch das Lehr-personal der Akademie und die Referenten der Reichsjugendführung, selbst des Reichs-sicherheitshauptamtes und der Reichsregierung, pflegten *kritisches* Bewußtsein.

Es gehörte zu den Höhepunkten der Akademie, als anläßlich der Arbeitswoche *Die Nieder-lande und das Reich*, zu der im Sommer 1944 die führenden Köpfe *aller* Lager der Niederlande referieren durften, der Reichskommissar für die besetzten Niederlande, Dr. Seyß-Inquart, das Reich als eine moralische Instanz beschwor und vor weiterer imperialistischer Abgleitung warnte; und als der große Niederländer und Europäer Rost van Tonningen die Ostpolitik der Reichsregierung als im Ansatz falsch und imperialistisch geißelte und bereits damals ein Europa der Vaterländer entwarf, das zu Beifallsstürmen hinriß.[68])

Rosenberg, Dr. Seyß-Inquart, Rost van Tonningen – sie endeten alle auf dem Schaffott.

Aber sie hatten den Geist des abendländischen Reiches gegen den imperialistischen Rausch des späten Hitler gestellt als Wegweisung für eine Jugend, die sich bereits auf dem Wege wußte, auf dem Wege zu Europa, und die aus allen Ländern des Abendlandes gegen den Bolschewismus zusammengeströmt war, um unter Einsatz ihres Lebens dieses alte, im Neu-werden begriffene Europa zu verteidigen.

Die Vergeblichkeit dieses Versuches spricht nicht gegen seinen Wert. In der schon offensicht-lichen Vergeblichkeit und noch zu später Stunde die Idee vom Abendland hochgehalten zu haben, liegt, geschichtlich gesehen, eine Rechtfertigung der untergegangenen »Akademie für Jugendführung« und der Jugend, aus der sie entstand und für die sie wirkte.

3.3.

Hingabe:
Der Kampf an der Heerstraße

Von Ost und West stürmen im Frühjahr 1945 die alliierten Armeen auf Berlin. In den Trümmern der Reichshauptstadt wird gekämpft. Im Regierungsviertel steht eine letzte Kampfgruppe der Waffen-SS, französische, dänische und norwegische Freiwillige, die Reste eines vergeblichen Aufbruchs Europas, gegen die rote Flut aus dem Osten.[70]) Noch hofft man auf Entsatz durch die Armee Wenck. So ergibt sich als *letzte strategische* Aufgabe des untergehenden Reiches, den Abschnitt Heerstraße und die Pichelsdorfer Brücken für die sich mühsam herankämpfende Entsatzarmee Wenck offenzuhalten.

Hier an der Heerstraße und an den Brücken erfüllt die deutsche Jugend ihren letzten Auftrag, ist ihr Kampf die letzte Hoffnung des Mannes, dessen Namen sie trägt, und der jetzt in der Not nicht mehr götterfern ist, sondern nun wieder menschlicher und damit näherstehend erscheint. Es war zugleich die letzte Lebensäußerung dieser Jugend, die kein politisches System mehr, sondern nur noch ihr Land und die Idee deutscher Brüderlichkeit, die sie in ihrem Namensgeber verkörpert sieht, zu verteidigen meint:

Sechzehnjährige Hitlerjungen aus den Wehrertüchtigungslagern – Drittes Aufgebot des Volkssturms – verteidigen mit vielen Panzerfäusten, wenigen Karabinern und nur einzelnen Maschinenpistolen unter Führung eines Hauptamts-Chefs der Reichsjugendführung, Obergebietsführer Dr. Ernst Schlünder, der selbst als Kriegsfreiwilliger des 1. Weltkrieges mit 16 Jahren an der Front gekämpft hatte, den letzten Frontabschnitt der Reichshauptstadt.

An noch jüngeren Freiwilligen, Knaben, die mitkämpfen wollen, die in bereits eroberten Vierteln der Stadt Zeugen geworden waren, wie ihre Mütter und Schwestern von barbarischen Horden vergewaltigt wurden, fehlt es nicht. Sie werden abgewiesen. Nur Jungen des letzten, volkssturmpflichtigen HJ-Jahrgangs, die an der Waffe ausgebildet sind, dürfen eingesetzt werden. Sich freiwillig meldende Jüngere, Knaben mit Tränen ohnmächtigen Zorns in den Augen, müssen überredet werden, dem *Befehl* zu folgen, zu ihren Müttern zurückzukehren, die ihre Söhne jetzt brauchen da drüben in den Häuserblocks, aus denen nächtens die Schreie der Frauen und Mädchen zu hören sind.

Mädel, der fremden Soldateska nach erniedrigenden Qualen entronnen, melden sich beim Kampfkommandanten der HJ und bitten um Waffen, nur um Waffen... Sie dürfen bleiben; aber ohne Waffen: es gibt keine deutschen Flintenweiber. Die Mädel und Führerinnen helfen in den Verwundeten-Nestern und improvisieren die Versorgung. Versprengte Soldaten, wenige, die den Kampf nicht aufgeben wollen, schlagen sich zu den Hitlerjungen in den Deckungslöchern zum letzten Gefecht.

Eine Ärztin aus der Mädelführung der Reichsjugendführung, Amtsreferentin und Gebietsmädelführerin G. H., leitet den improvisierten Verbandsplatz im Gebäude der RJF. Beim Bergen von Verwundeten reißt ihr eine russische Sprenggranate aus einem Panzer beide Beine ab. Sie wählt den Freitod aus der Hand eines Kameraden.[71])

Während der Jugendführer des Deutschen Reiches, der armamputierte Artur Axmann, im Führerbunker der Reichskanzlei seinen Hitler schon in der Kampfzeit, aber später auch als Offizier und Jugendführer des Deutschen Reichs geschworenen persönlichen Treueeid zu erfüllen meint, kämpft die letzte geschlossene Einheit dieser Jugend an der Heerstraße ihren aussichtslosen Kampf: Ohne Eid und nur noch aus der Liebe und Pflicht für Deutschland. Über 140 russische Panzer bleiben abgeschossen im Vorfeld oder spätestens in der Tiefenzone des dünn von Jungen gehaltenen Abschnitts liegen. Und der Gegner gibt auf![71]

Die über sich hinausgewachsenen Jünglinge bleiben unbesiegt.

Ohne Fanfaren, ohne Fahnen, ohne Pathos besiegeln sie das Ende der Hitler-Jugend mit einer wahrhaft mannhaften, symbolträchtigen Tat: In der Nacht, da alles verloren und Hitler tot ist, lösen sie sich mit ihren Führern aus ihren Stellungen, scharen sie sich um die Mädchen, nehmen sie in ihre Mitte, immer ein Mädchen zwischen zwei Jungen – mehr Geste als Schutz – und folgen den ausgesonderten Erkundungs- und Sicherungstrupps in nächtelangem, lautlosem Marsch durch die russischen Linien und das feindbesetzte Hinterland, bis sie die Kameradinnen außer Reichweite der entfesselten Soldateska in Sicherheit wissen. Dann erst verliert sich ihre Spur im märkischen Sand.

Ihre an der Heerstraße gefallenen Kameraden blieben auf dem verlorenen Posten, das Warten auf den Entsatz in den gebrochenen Augen. Dort warten sie. Gefallen, nicht weil ein Gesetz es ihnen befohlen hatte, sondern nach dem von Prof. Friedrich Solger formulierten Lebensgesetz:

> »Der vergängliche Körper kämpft um Unvergänglichkeit für ein überpersönliches Leben, das im Laufe gesunder Entwicklung an Freiheit gewinnt.«[8]

Die Generation der Hitler-Jugend hat millionenfachen Blutzoll geleistet. Ihre Toten sind nicht freudig gestorben, sondern in tiefem Ernst, glaubend und wollend, daß ihr Sterben schließlich der Freiheit dienen werde.

3.4.
Verantwortung:
Schirach vor der Geschichte

Albert Speer, der sich selbst als nichts weniger als Schirachs Freund beschreibt, bezeichnet in seinen »Spandauer Tagebüchern« Schirachs Auseinandersetzung mit Hitler auf dem Berghof 1943 als Schirachs *Sturz*.[72]) Bei dieser Auseinandersetzung war es um die Judenverfolgung gegangen, von der Schirach durch seinen Freund Colin Ross gehört hatte, und die von Schirachs Frau Henriette in Amsterdam beobachtet worden war. Das scheint nach dem, was Henriette von Schirach selbst darüber berichtet, nicht voll zutreffend.[73]) Hitler war von der Konfrontation mit der sorgfältig von ihm ferngehaltenen Endlösungs*wirklichkeit* zutiefst getroffen. Daß er den Gesichtsverlust zu kompensieren trachtete, steht sicher außer Frage. Darin wird Hitler durch Schirachs folgenden Kurierbrief mit der Forderung, alle Juden in das neutrale Ausland ausreisen zu lassen, noch bestärkt worden sein.[3])

Schirachs Zerwürfnis mit Hitler hatte aber einen viel tiefergehenden Grund: Er hatte sich Hitler offen und vor Dritten widersetzt und hatte Hitler gedemütigt. Ebenfalls auf dem Berghof hatte Hitler Schirachs Eintreten für mehr Verständnis für *junge Kunst* mit schmähenden Worten verhöhnt. Die Beleidigungsabsicht war für alle Beteiligten klar erkennbar. Schirach erhob sich, schritt zur Tür und schlug diese mit den Worten: »ich lasse mich auch von meinem Staatsoberhaupt nicht beleidigen«, hinter sich zu.[74])

Das hatte noch niemand gewagt, und Hitler hat diese Demütigung nie mehr vergessen.

War Schirach durch das von Colin Ross Gehörte und das von seiner Frau Gesehene sowie durch Hitlers Aufbrausen »Was kümmern Sie diese Judenweiber?« alarmiert, so kam er am 29. Mai 1944 zur vollen Gewißheit. An diesem Tage hielt Himmler seine zweite Posener Geheimrede[20]), diesmal vor den Reichsleitern und Gauleitern der NSDP. Himmler rühmte sich des »Opfers«, das er und seine Gefolgsleute in aller Stille und bei strengster Geheimhaltung mit der Tötung der Frauen und Kinder jüdischen Blutes gebracht hätten – im Dienste am Reich, dem er nicht die Rächer hätte erstehen lassen wollen.[41])

Schirach wandte sich im Sommer 1944 abermals an Göring, den Stellvertreter Hitlers, um diesen für eine Absetzung Hitlers zu gewinnen, aber Göring war bereits entmachtet und sah keine Möglichkeit mehr, Hitler und Himmler auszuschalten.[41])

Es ist später gesagt worden, Schirach wäre in Nürnberg durch die Aussage des ehemaligen Auschwitzkommandanten Höß zu seinem Abrücken von Hitler gekommen. Das ist unzutreffend. Schirach wußte aus dem Munde des Gesamtverantwortlichen, Himmlers, bereits seit Ende Mai 1944 mehr, als Höß darüber wissen konnte. Von Höß hörte Schirach nur etwas von den menschenverachtenden Methoden des Vernichtungssystems.

Durch Funkspruch vom 5. April 1945 hatte Hitler dem Reichsstatthalter in Wien, von Schirach, befohlen, sich mit seinem letzten Dienstgrad, also Leutnant der Reserve, zur Truppe zu begeben. Schirach tat dies und unterstellte sich dem Oberbefehlshaber der 6. SS-Panzer-Armee, Oberstgruppenführer Sepp Dietrich, der im dortigen Kampfraum operierte, und zu dessen Divisionen auch die SS-Panzerdivision »Hitler-Jugend« gehörte. Maser berichtet, Dietrich hätte die zerstörerische Rache Hitlers in jenen Tagen selbst gefürchtet[75]), was in Anbetracht seiner *Antwort*, die wir in Kapitel 1.3.5. wiedergegeben haben, realistisch war.

In Wien ging das Gerücht, Schirach wäre am 12. oder 13. April 1945 beim Kampf um Wien gefallen. Die Alliierten hatten dieses Gerücht als zutreffend übernommen und ließen nicht nach Schirach fahnden.

Nach dem Tode Hitlers, nach Bildung einer provisorischen österreichischen Regierung und nach dem Waffenstillstandsersuchen der Regierung Dönitz entzog sich Schirach in der Nacht vor dem Einmarsch der Amerikaner zunächst der Gefangennahme durch Widerstandsgruppen und Alliierte, da die provisorische Regierung in Wien alle Österreicher aufgefordert hatte, zur Unterscheidung die deutschen Uniformen abzulegen.

Am 4. Juni 1945 verbreitete der Rundfunk die Meldung, daß die Alliierten alle Hitler-Jugendführer und BDM-Führerinnen mit Führerkorps-Zugehörigkeit, d. h. Dienststellungen ab Führer von Bannen aufwärts, verhaften und unter »Automatischen Arrest« stellten, um sie mit der gesamten Hitler-Jugend unter Anklage als verbrecherische Organisation zu stellen.[75]

Die Alliierten nahmen an ehemaligen Führerinnen und Führern der Hitler-Jugend fest, was immer sie fanden. Die Vernehmungslager in Oberursel und Bad Nenndorf von Amerikanern bzw. Briten warteten mit Sonderbehandlungen auf, die berüchtigt waren. Sie versuchten, die inhaftierten jungen Menschen zu zerbrechen. In einer dieser Zellen schrieb eine Mädelführerin die Verse von Heribert Menzel in die Wand:

> »Wenn einer von uns müde wird,
> der andre für ihn wacht;
> wenn einer von uns zweifeln will,
> der andre gläubig lacht.
> Wenn einer von uns fallen sollt',
> der andre steht für zwei,
> denn jedem Kämpfer gab ein Gott
> den Kameraden bei.«

Das war 1945 nach der Kapitulation.

Da Schirach bis 1940 Reichsjugendführer gewesen war und danach neben seinem Amt als Reichsstatthalter und Gauleiter von Wien noch Reichsleiter der NSDAP für Jugenderziehung geblieben war, entschloß sich Schirach, sich als immer noch oberster Repräsentant der HJ-Generation den Alliierten zu stellen und für die Jugend, die er einmal geführt hatte, die Verantwortung zu übernehmen.[74] [75]

Schirach war selbst amerikanischer Abkunft, seine Mutter war eine geborene Amerikanerin namens Middleton-Tillou und seine Muttersprache war amerikanisches Englisch.[76]

Maser beschreibt den Vorgang in seinem Buch über Nürnberg[75] so:

> »In einem Brief an den im ‚Hotel Post‘ in Schwaz amtierenden amerikanischen Orts-kommandanten erklärte Schirach: ‚Ich, Baldur Benedikt von Schirach, werde mich heute freiwillig der Besatzungsmacht stellen, um mich vor einem internationalen Gerichtshof zu verantworten.‘ Die Amerikaner, die dieses Schreiben für einen schlechten Scherz hielten und dem Überbringer (Wieshofer[74] – d. Verf.) erklärten, daß Schirach ‚doch tot‘ sei, verhafteten Schirach schließlich doch, nachdem er selbst bei der Kommandantur erschie-

nen war und den erstaunten und zweifelnden amerikanischen Offizieren erklärt hatte:
,I am Schirach'.«

Schirach war fest entschlossen, sich vor die Jugend zu stellen. Sein Verteidiger, Dr. Fritz Sauter, versuchte an seinem Heimatort etwas über Organisation und Ziele der Hitler-Jugend zu erfahren, da er darüber so gut wie nichts wußte. Er fand einen Hauptgefolgschaftsführer, der zeitweilig im Presseamt der Reichsjugendführung tätig gewesen war. Dieser erklärte sich zu Auskünften bereit, unter der Bedingung, daß er von Schirach ein untrügliches Zeichen des Einverständnisses erhielte. Er erhielt es in einer von Dr. Sauter überbrachten schriftlichen Mitteilung, die noch erhalten ist, in welcher Schirach bereits vor Prozeßbeginn darauf hinwies, daß er die Hitler-Jugend durch ein Abrücken von dem zum Verbrecher an der Menschlichkeit entarteten Hitler freikämpfen und ihr den Weg in die Zukunft eröffnen wollte.[77])

Auch Speer berichtet in seinen Spandauer Tagebüchern, daß die von Göring in Nürnberg geforderte Geschlossenheit zu bröckeln begann, »als Schirach seinen Entschluß mitteilte, Hitler öffentlich des Betruges an der deutschen Jugend anzuklagen«.[72])

So kam es zu Schirachs Erklärung vom 24. Mai 1946, die wir auszugsweise im Kapitel 1.0. zitiert haben. Wir ergänzen das frühere Zitat, welches in der Bezeichnung Hitlers als eines millionenfachen Mörders gipfelt, noch durch die auf den Freispruch der Jugend zielende Passage:

> »Die junge Generation ist schuldlos. Sie wuchs auf in einem antisemitischen Staat mit antisemitischen Gesetzen. Die Jugend war an diese Gesetze gebunden, sie verstand deshalb unter Rassenpolitik nichts Verbrecherisches. Wenn aber auf dem Boden der Rassenpolitik und des Antisemitismus ein Auschwitz möglich war, dann muß Auschwitz das Ende der Rassenpolitik und das Ende des Antisemitismus sein. Hitler ist tot. Ich habe ihn nicht verraten, ich habe nicht gegen ihn geputscht, ich habe kein Attentat gegen ihn geplant, ich habe meinen Eid gehalten als Offizier, als Jugendführer, als Beamter. Ich war Nationalsozialist aus Überzeugung von Jugend auf; als solcher war ich auch Antisemit. Hitlers Rassenpolitik war ein Verbrechen. Diese Politik ist fünf Millionen Juden und allen Deutschen zum Verhängnis geworden. Die Jugend ist ohne Schuld.«[2])

In seinem Schlußwort in Nürnberg nahm Schirach auf diese Erklärung vom Mai noch einmal Bezug und wendete sich in einem glänzenden Plädoyer für die Jugend an seine Richter. Der Wortlaut dieses Schlußworts ist zugleich das Schlußwort der Hitler-Jugend – ihr letztes Wort. Es lautete:

> »Am 24. Mai habe ich hier eine Erklärung abgegeben, die ich vor Gott und meinem Gewissen verantworte und auch heute, am Ende des Prozesses, voll aufrechterhalte, weil sie meiner innersten ehrlichen Überzeugung entspricht.
> Die Englische Anklagevertretung hat in ihrem Schlußwort den Satz gesprochen:
> ,Schirach hat Millionen deutscher Kinder verdorben, damit sie zu dem wurden, was sie dann auch wirklich geworden sind: die blinden Instrumente jener Mord- und Herrscherpolitik, die diese Männer durchgeführt haben.'
> Wäre dieser Vorwurf begründet, würde ich kein Wort zu meiner Verteidigung sagen. Er ist aber unbegründet, er ist unwahr. Wer die Ergebnisse der Beweisaufnahme dieses Prozesses auch nur einigermaßen berücksichtigt und ehrlich würdigt, kann nie und nimmer

gegen mich den Vorwurf erheben, ich hätte ‚durch meine erzieherische Arbeit die Jugend verdorben', ich hätte ‚ihre Seele vergiftet'.

Die Grundsätze und Ziele, die ich der Jugend gab und die für die Gemeinschaft maßgebend wurden, die unsere Jugend aus eigener Kraft unter meiner Führung aufgebaut hat, waren: opferbereite Vaterlandsliebe, Überwindung von Standesdünkel und Klassenhaß, planmäßige Gesundheitspflege, Ertüchtigung durch Wandern, Spiel und Sport, Förderung der Berufsausbildung und insbesondere: kameradschaftliche Verständigung mit der Jugend anderer Völker. Diese Grundsätze und Ziele standen mir seit meiner Jugendzeit als Ideale einer deutschen Nationalerziehung vor Augen. Diese Grundsätze und Ziele sind mir nicht von der Partei und nicht vom Staate vorgeschrieben worden, und wäre Hitler hier anwesend, so wäre das für meine Verteidigung völlig belanglos; denn als Reichsjugendführer berufe ich mich nicht auf ihn, ich berufe mich auf mich selbst.

Diese Erziehungsgrundsätze, die durch alle meine Reden, Schriften und Weisungen tausendfach bewiesen wurden und denen ich als Reichsjugendführer stets treugeblieben bin, sie sind nach meiner festen Überzeugung Grundsätze jeder Jugendführung, die sich ihrer Pflicht gegenüber Volk und Jugend bewußt ist.

Die Leistungen unserer Jugend und ihre sittliche Haltung haben mir recht gegeben und beweisen, daß sie nie verdorben war und auch durch mich nicht verdorben wurde.

Die deutsche Jugend war und ist fleißig, ehrlich, anständig und idealistisch. Sie hat im Frieden redlich an ihrer Fortbildung gearbeitet, und im Krieg bis zum äußersten tapfer ihre Pflicht getan, ihre Pflicht für unser Volk, für unser deutsches Vaterland.

In dieser Stunde, da ich ein letztes Mal zu dem Militärgericht der vier Siegermächte spreche, möchte ich mit reinem Gewissen unserer deutschen Jugend bestätigen, daß sie an den durch diesen Prozeß festgestellten Auswüchsen und Entartungen des Hitler-Regimes vollständig unschuldig ist, daß sie den Krieg niemals gewollt hat und daß sie sich weder im Frieden noch im Kriege an irgendwelchen Verbrechen beteiligt hat.

Als langjähriger Jugendführer des Deutschen Reiches kenne ich die Entwicklung, die Gesinnung, die Haltung unserer jungen Generation. Wer kann sie besser kennen als ich? Ich hatte an dieser Jugend stets meine Freude, in ihrer Mitte war ich immer glücklich, auf sie bin ich allezeit stolz gewesen. Ich weiß, daß in all den Jahren meiner Reichsjugendführung trotz der Millionen umfassenden Mitgliederzahl die Jugend sich grundsätzlich und ausnahmslos ferngehalten hat von allen Handlungen, deren sie sich heute schämen müßte. Sie hat nichts von den zahllosen Greueltaten gewußt, die von Deutschen begangen wurden, und wie sie von keinem Unrecht wußte, so hat sie auch kein Unrecht gewollt.

Es kann und darf nicht übersehen werden, daß selbst in der stärksten Erbitterung der Nachkriegszeit niemand daran denken konnte, die Organisation der deutschen Jugend und ihre Führerschaft als verbrecherisch anzuklagen.

Selbstlose Kameradschaft in einer Jugendbewegung, die gerade den ärmsten Kindern des Volkes die stärkste Liebe entgegenbrachte, Treue zur Heimat, Freude am Sport und ehrliche Verständigung mit der Jugend anderer Völker – das war das Ziel unserer Jugend und der Inhalt ihrer Erziehung vom ersten bis zum letzten Tage meiner Zeit als Reichsjugendführer.

Diese Jugend hat das schwere Schicksal nicht verdient, das über sie hereingebrochen ist!

Mein persönliches Schicksal ist nebensächlich, aber die Jugend ist die Hoffnung unseres Volkes. Und wenn ich im letzten Augenblick eine Bitte ausspreche, so ist es die:

Helfen Sie als Richter mit, das Zerrbild zu beseitigen, das sich vielfach die Welt heute noch von der deutschen Jugend macht und das vor der historischen Prüfung nicht standhalten kann. Sagen Sie der Welt in Ihrem Urteil, daß die von der Anklage benutzte

Schmähschrift eines Gregor Ziemer nichts enthält, als böswillige Verleumdungen eines Menschen, der seinen Haß gegen alles Deutsche auch auf die Jugend übertragen hat! Helfen auch Sie als Richter, daß die Jugendorganisationen ihrer Völker die Zusammenarbeit mit der deutschen Jugend da wieder aufnehmen, wo sie 1939 – ohne Schuld der jungen Generation – unterbrochen wurde!

Dankbaren Herzens hat unsere Jugend die Worte des Lord Beveridge gehört, der sich mit Weitblick und Leidenschaft für eine Schuldloserklärung der deutschen Jugend eingesetzt hat. Freudig wird sie die Hand ergreifen, die ihr über Trümmer und Ruinen hinweg gereicht wird.

Tragen Sie, meine Herren Richter, durch ihr Urteil dazu bei, für die junge Generation eine Atmosphäre gegenseitiger Achtung zu schaffen, eine Atmosphäre, die frei ist von Haß und Rache. Das ist meine letzte Bitte, eine herzliche Bitte für unsere deutsche Jugend.«

Nachruf

Schirach hat in Nürnberg die Anklage gegen die Hitler-Jugend ausräumen können. Die Hitler-Jugend wurde aber nicht nur nicht als verbrecherische Organisation verurteilt, sondern sie wurde mit der Masse ihrer Jahrgänge, nämlich ab 1919, im Rahmen der Entnazifizierungsgesetze amnestiert.

Schirach büßte in Spandau seine zwanzigjährige Haftstrafe ab, stellvertretend für die amnestierte Jugend, deren Symbolfigur er gewesen war. Er öffnete damit der Jugend ein neues Leben in einem neuen Staat.

Schirach verstarb 1974. Ein ehemaliger langjähriger HJ-Führer und späterer Amtschef der Reichsjugendführung schrieb 1977 über den Toten:[79])

> »Der Dichter Daniel Schubart saß 10 Jahre auf dem Hohenasperg und zerbrach beinahe daran.
>
> Baldur von Schirach ist an Spandau – 21 Jahre! – und Nürnberg zerbrochen. Seine Sprache versiegte, sein Inneres brannte aus, er kam als Wrack in die Freiheit und verlosch unaufhaltsam wie ein Stern.
>
> *Und Baldur von Schirach war ein Stern!*
>
> Ich hatte kein direktes persönliches Verhältnis zu ihm, aber ich bin dankbar, daß er an die Spitze der Hitler-Jugend berufen wurde. Mehr noch, ich bin dankbar dafür, daß kein Heinrich Himmler oder Julius Streicher, kein alter Marschierer, kein NS-Rabauke und kein Landsknechtstyp der Hitler-Jugend voranging, sondern ein Mann des Geistes, der Kultur, der feinen Gesittung, der Mitmenschlichkeit, daß ein Mann der Feder und des Wortes und des Liedes unsere JUGEND auf GOETHE hin zu erziehen sich bemühte. Er tat es und er konnte es wie kein anderer neben ihm und nach ihm!
>
> Ich verneige mich vor dieser seiner geistigen Leistung, die uns sprachlich vollendete Gedichte und Reden geschenkt, uns neue Horizonte eröffnet, den Weg zu uns selbst ermöglicht und uns die höchste aller Künste vorgelebt hat, die Lebenskunst, in deren Mitte das gepflegte Heim und das kultivierte Gespräch stehen.
>
> Baldur war ein Weimaraner, ein goetheischer Mensch und ein olympischer Anhauch leuchtete auf den Gesichtern dieser JUGEND, bis dieses Licht im Orkus des Zusammenbruchs für immer verglühte.«

Es war ein Auftrag in Schirachs Nürnberger Bekenntnissen enthalten: die Erziehungs*ideale* jener Jugend von deren Mißbrauch zu unterscheiden; sich von dem Mißbrauch der Jugend und ihrer Ideale durch ihren Namensgeber zu distanzieren; sich aus den inneren Bindungen von Treue-Gelöbnissen und Fahneneiden zu befreien, die vom Eidesherrn als dem obersten Hüter der Verfassung *gegen* Recht und Gesetz gebraucht und mithin gebrochen worden waren.

So die Angehörigen jener untergegangenen Jugendgemeinschaft das Schlußwort Schirachs angenommen haben oder annehmen wollen, gilt auch das Wort, das seinen Grabstein ziert:

> »Ich war einer von Euch.«

DAS GESICHT DER JUGEND

Bildanhang

Begreift Ihr nicht? So wart Ihr niemals jung,
wie wir es waren. Jugend ist ein Lied
vom Vogelzwitschern, Lachen, Saitenspiel,
durch das die Brandung rauscht, ein süßer Sturm,
Motorentakt und tausendfacher Chor
der brüderlichen Stimmen ringsumher. Die Melodie
tönt durch dein Leben fort. Und pickt die Elster Zeit
mit scharfem Schnabel Glanz und Glück des Seins,
um's fortzutragen in ihr dunkles Nest – dies stiehlt sie nicht,
es bleibt auf immer dein: daß jung du warst.
Bei Gott, wir waren jung! Jugend ist Licht,
das nichts von Schatten weiß.
Oh Licht, du reines Licht!
Wie heiß und hell hast du für uns gebrannt,
daß selbst entflammte, wer uns leuchten sah.
Uns bleibt ein Schein noch in der Dämmerung.
Begreift Ihr nicht? So wart Ihr niemals jung.
Wir hatten Fehler, doch wir brachen Bahn.
Ihr irrtet nie – Ihr habt auch nichts getan!

Baldur von Schirach im März 1946 in Nürnberg.[81])

Nun laßt die Fahnen fliegen

Worte und Weise
von Hans Baumann

1. Nun laßt die Fah-nen flie-gen in das gro-ße Mor-gen-rot, das uns zu neu-en Sie-gen leuch-tet o-der brennt zum Tod.

2. Denn mögen wir auch fallen — wie ein Dom steht unser Staat. Ein Volk hat hundert Ernten und geht hundertmal zur Saat.

3. Deutschland, sieh uns, wir weihen dir den Tod als kleinste Tat, grüßt er einst unsre Reihen, werden wir die große Saat.

4. Drum laßt die Fahnen fliegen in das große Morgenrot, das uns zu neuen Siegen leuchtet oder brennt zum Tod.

Das Lied und die Fahne als Ausdruck

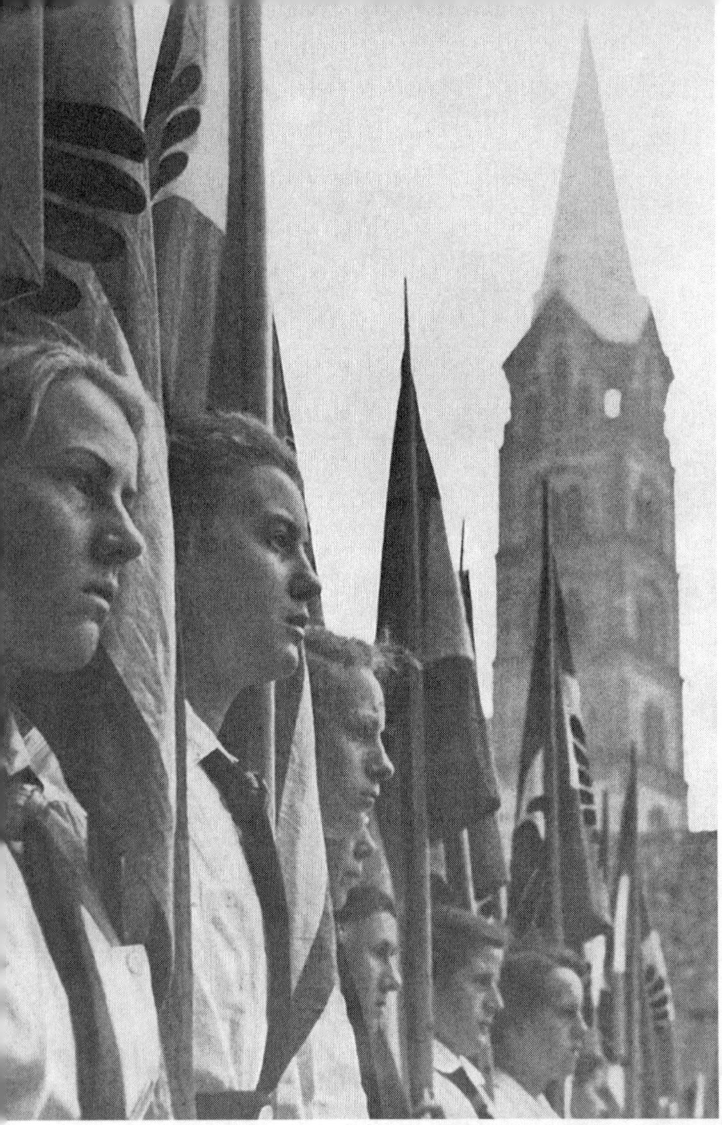
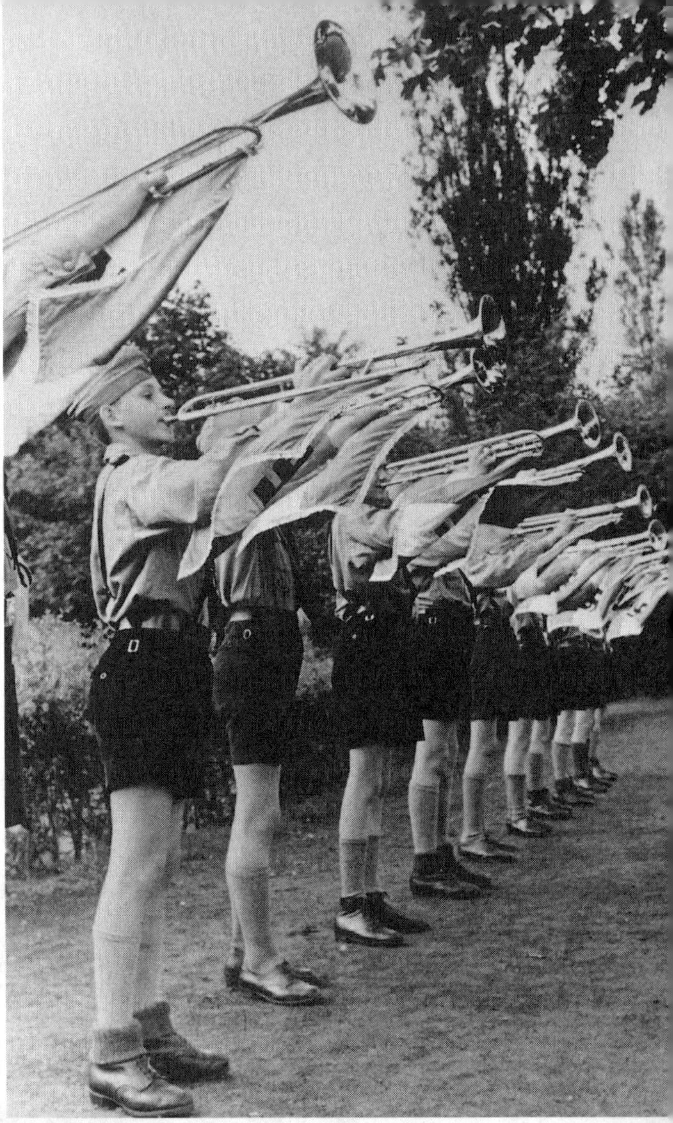
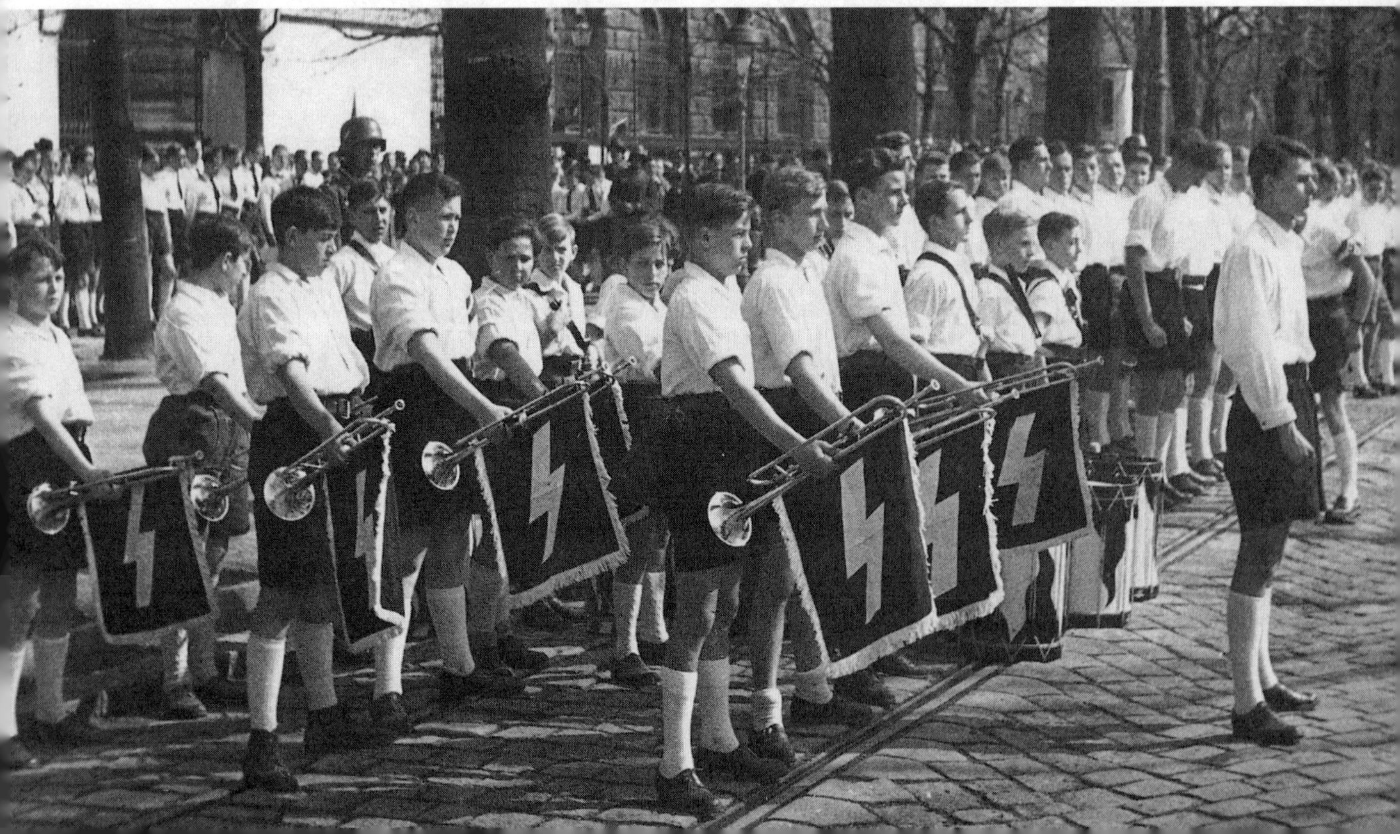

Rein bleiben

Jungmädel,
Pimpf

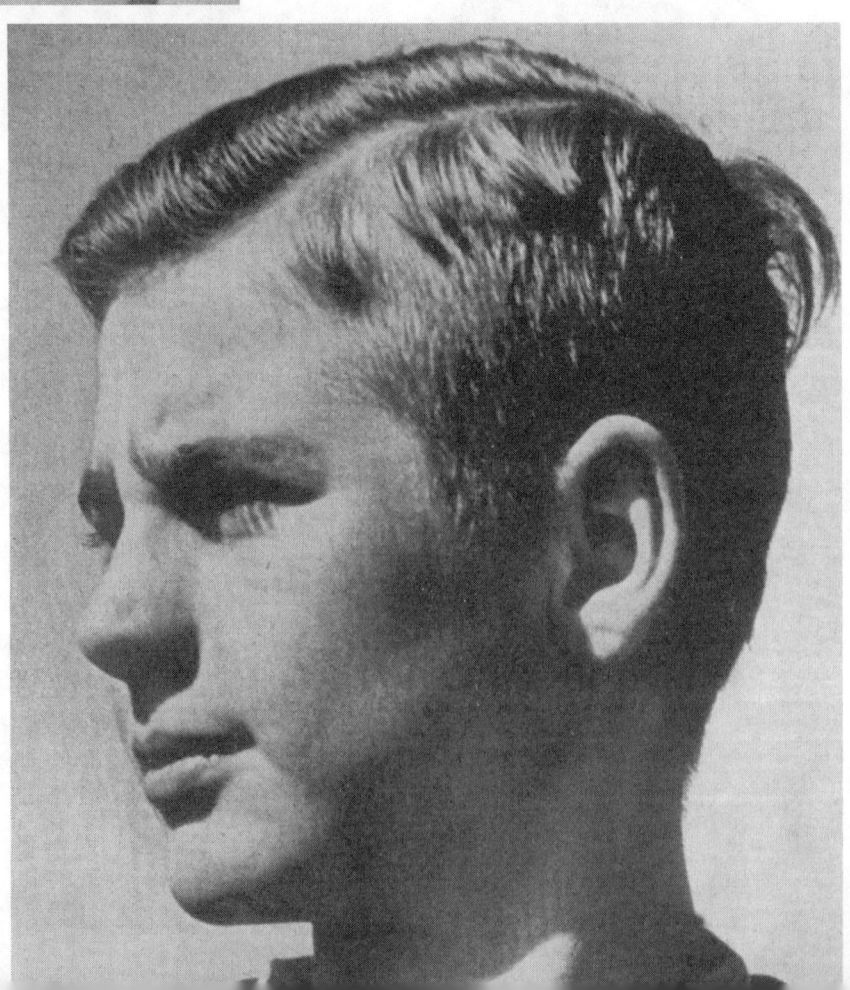

und reif werden

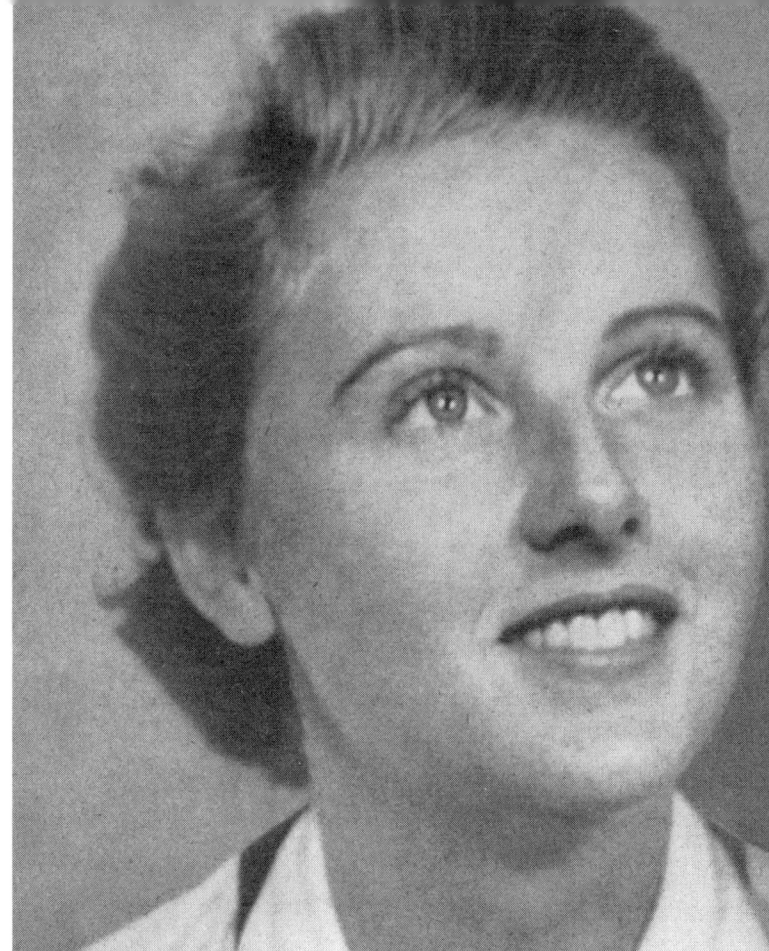

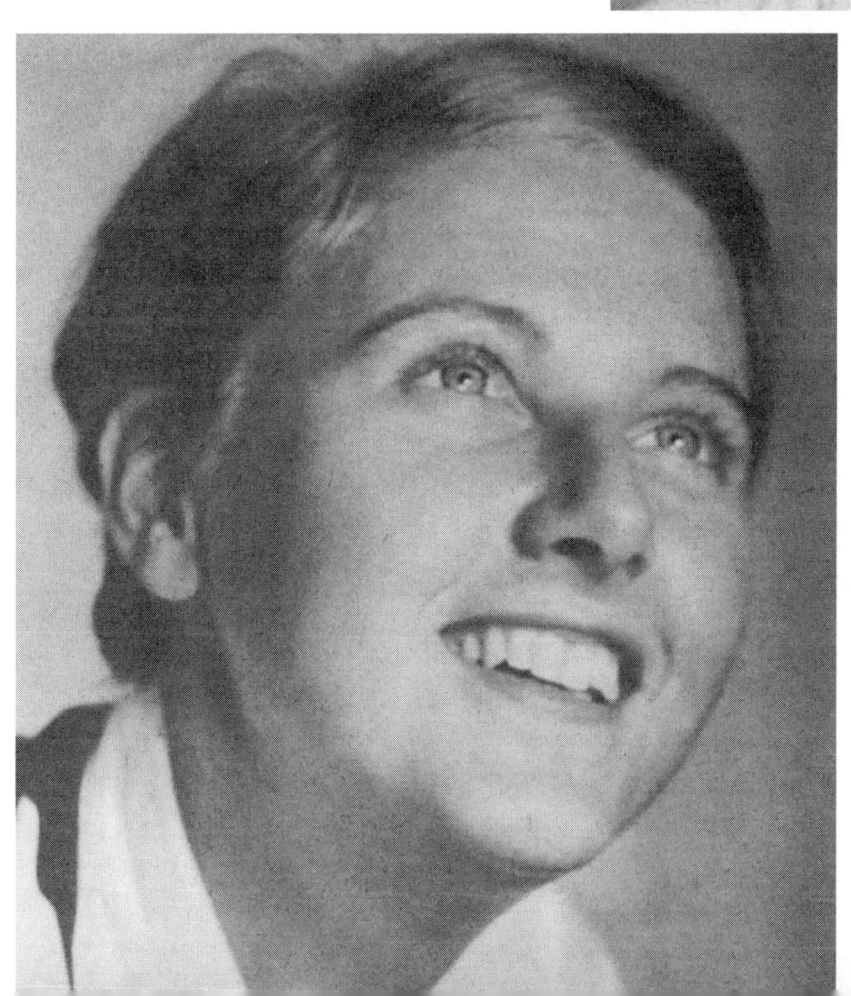

Mädel des BDM-Werks
Glaube an Schönheit

*Erziehung
durch Vorbild*

Führerinnen
und Führer
der Jugend

*Führung
durch Kamerradschaft*

Verabschiedung von Pimpfen

Siegerehrung bei den Winterkampfspielen

Der Reichsjugendfuhrer

Pimpfentag – Fahrt ins Sommerlager

Kampfspiele
für Jungenkräfte

Marsch

Haltung

Ordnung

Besinnung

Abenteuer

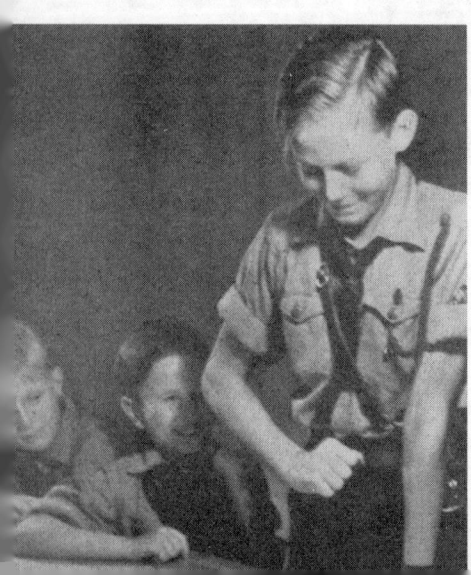

Heim-Nachmittag

Das Selbstverständnis: frei sein und dienen 141

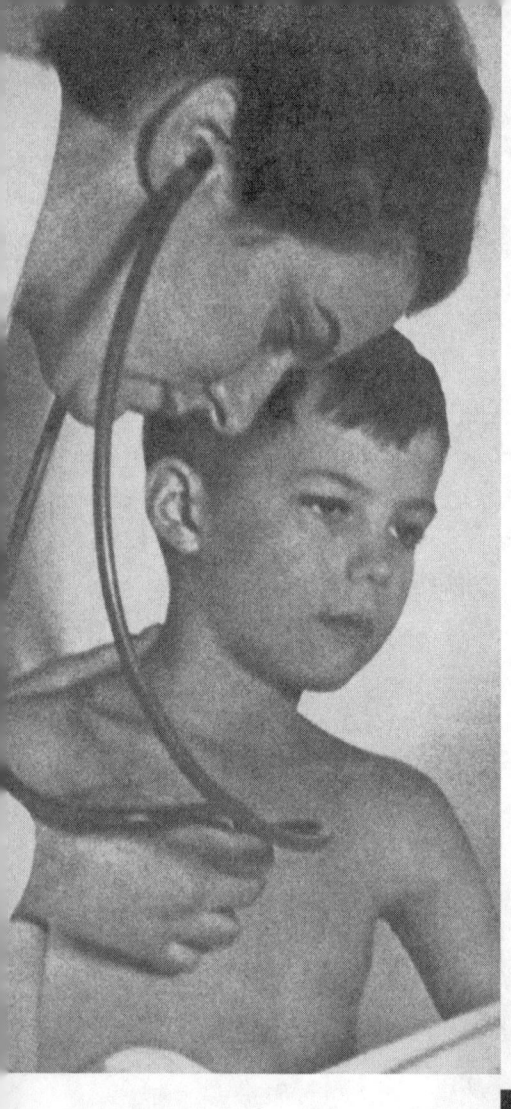

»Du hast die Pflicht
gesund zu sein«

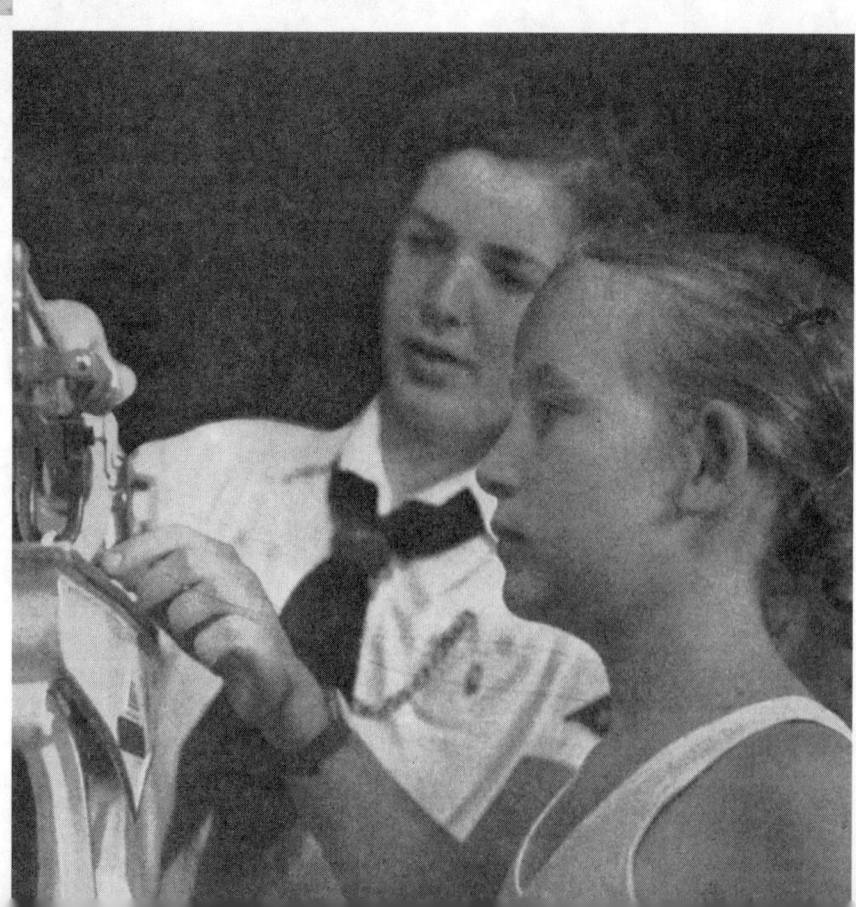

Gesundheits-Vorsorge:
Der Gesundheitspaß

Jungmädel

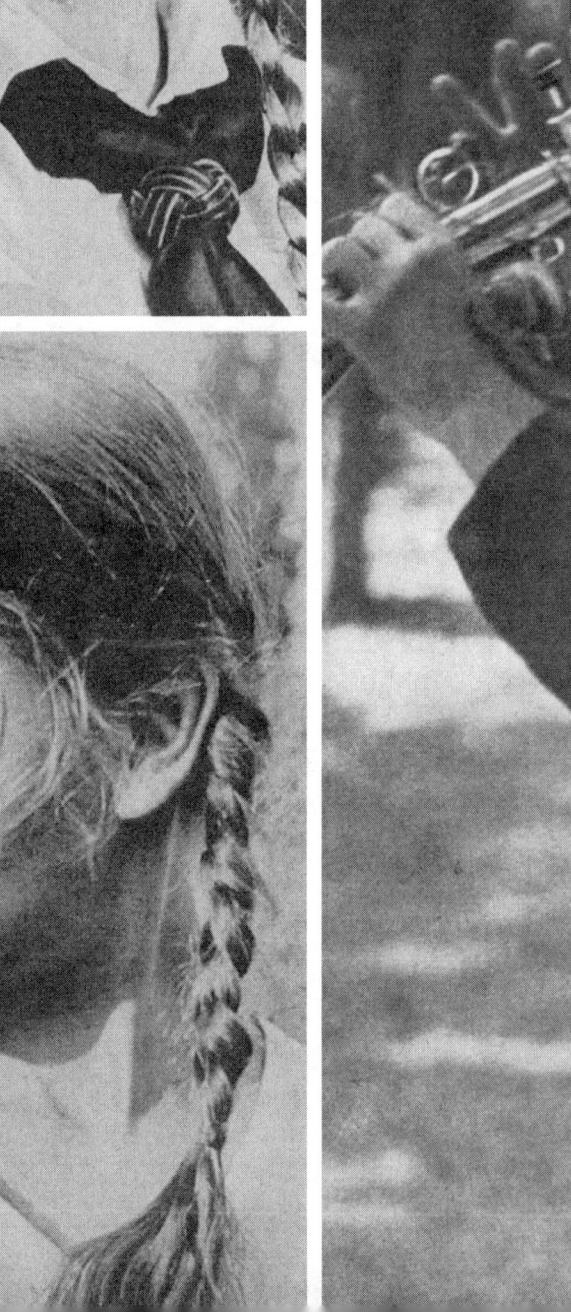

Fröhliche
Leibeserziehung

Die Jungmädelschaft

Mit Herz und Hand

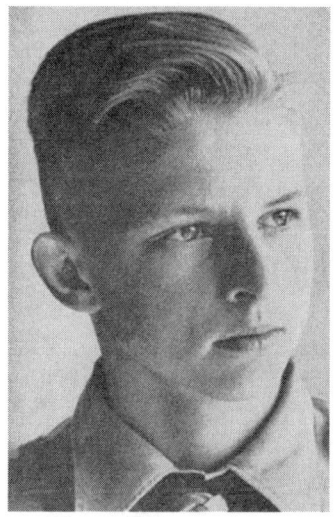

Adolf-Hitler-Schüler:

gemeinschaftsgebundene Persönlichkeiten

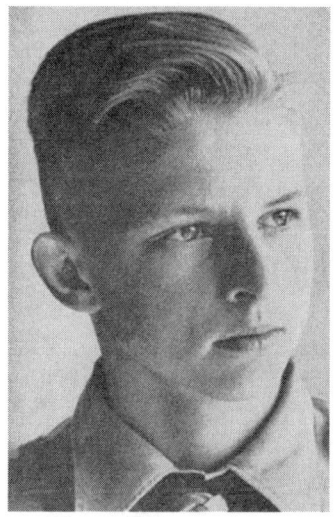
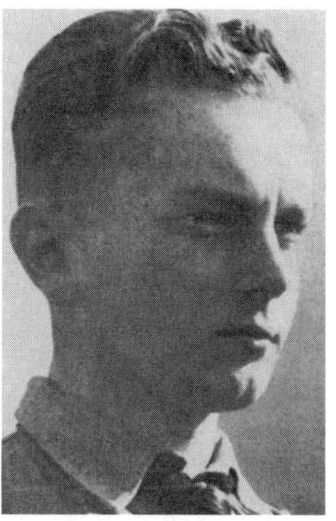

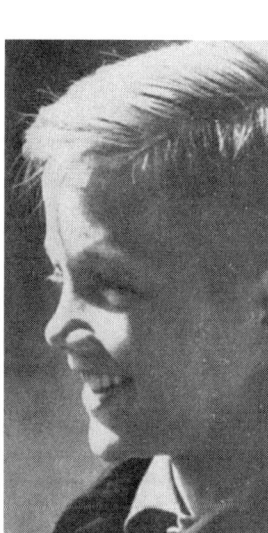

*Musische Menschen
in soldatischer Haltung*

*Selbsterziehung
durch Leistungssport*

Zeltburg

HJ-Lager

Wehrsport
der Hitler-Jugend

Deutschland erfahren

Motor-HJ

Flieger-HJ

Marine-HJ

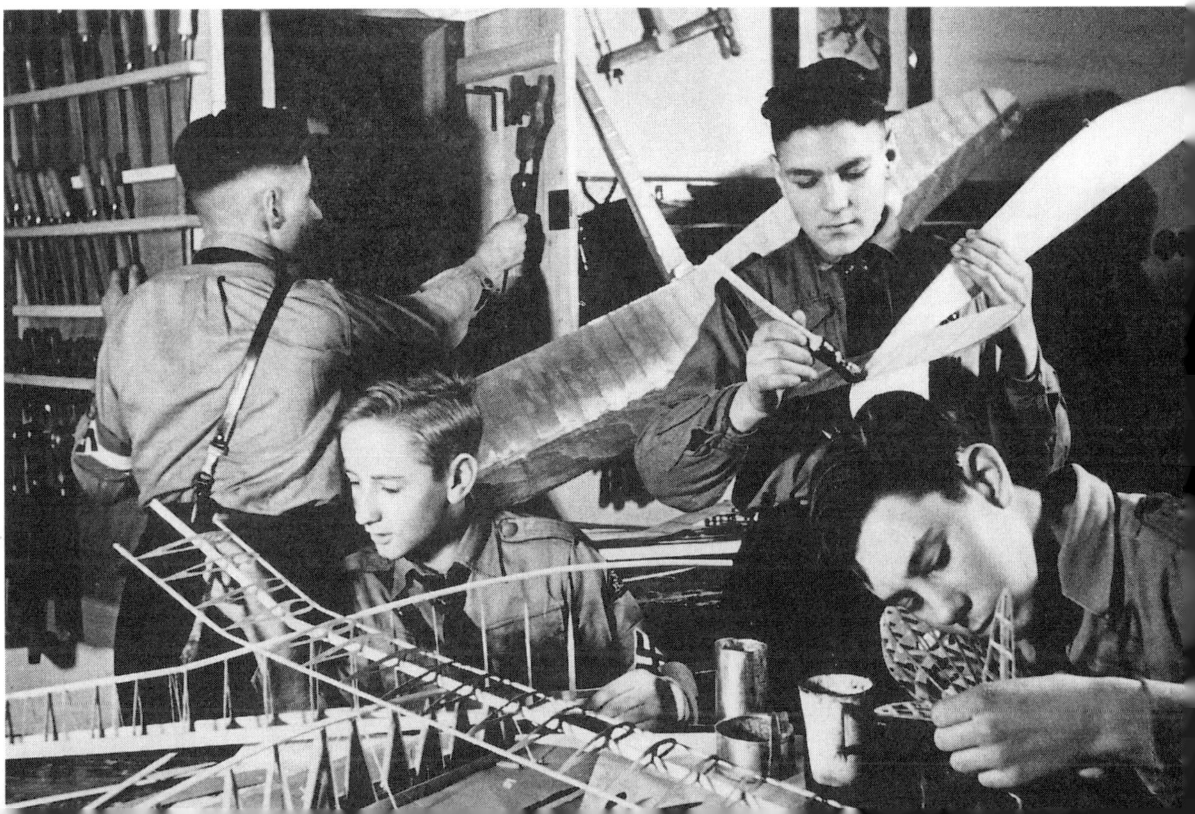

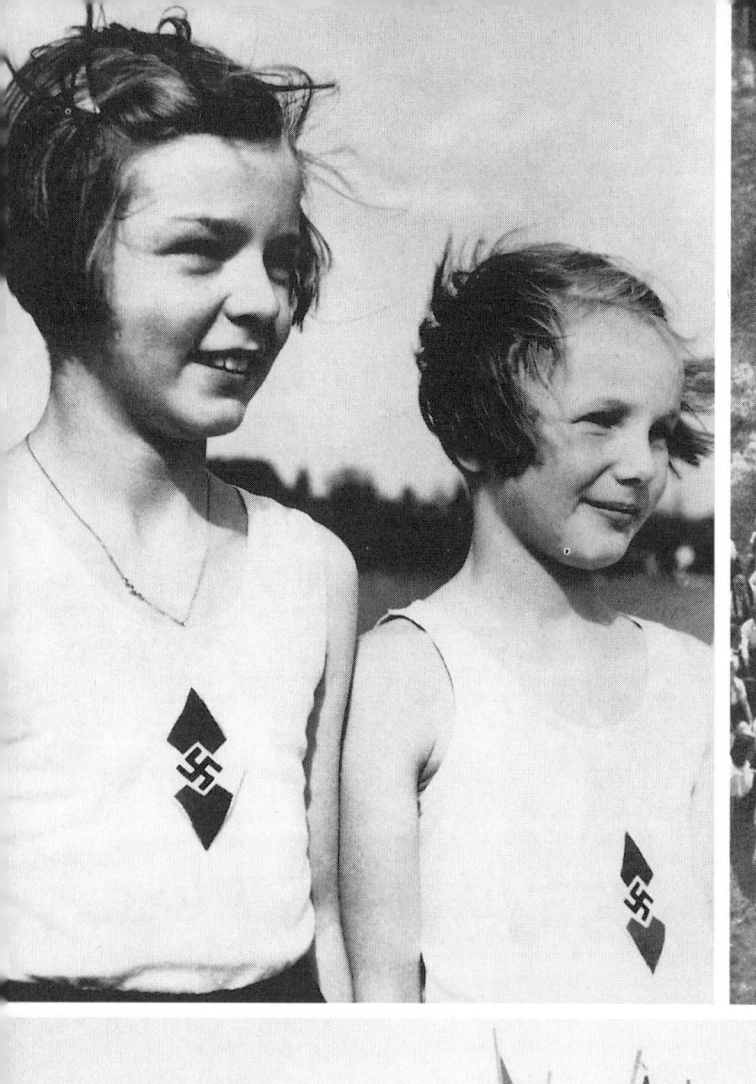

Bund Deutscher Mädel

Das Lied
auf Fahrt

und im Studio

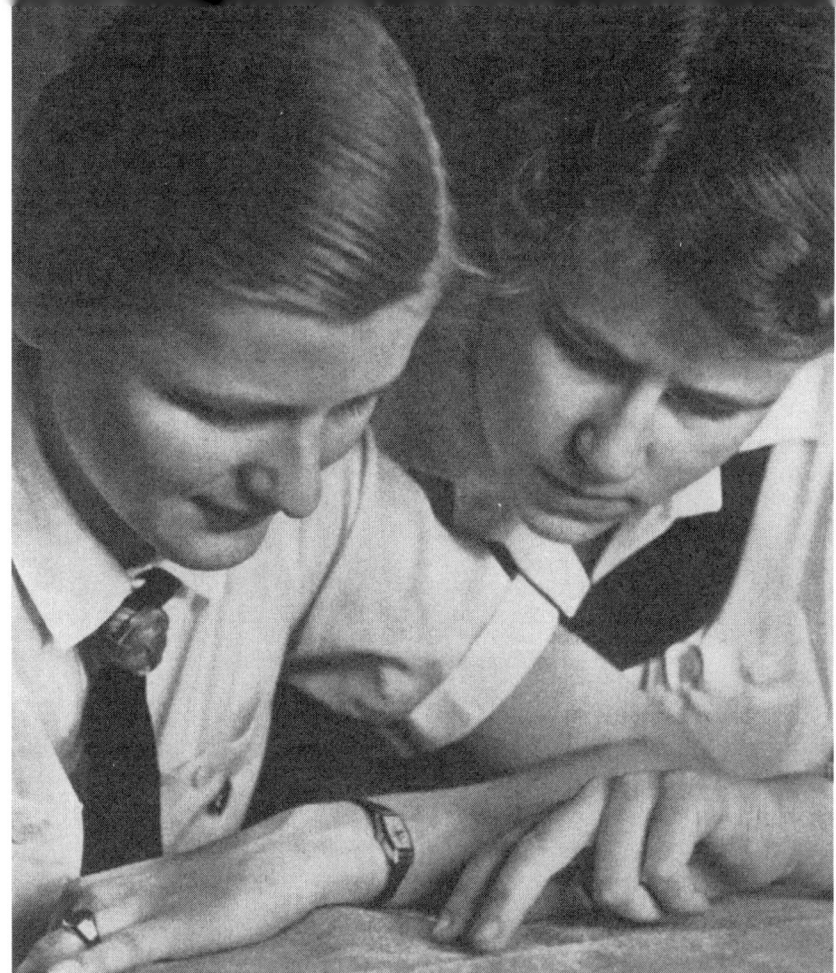

Mädelführerinnen
planen und tragen

Der Reichsberufswettkampf:

Olympiade der Arbeit

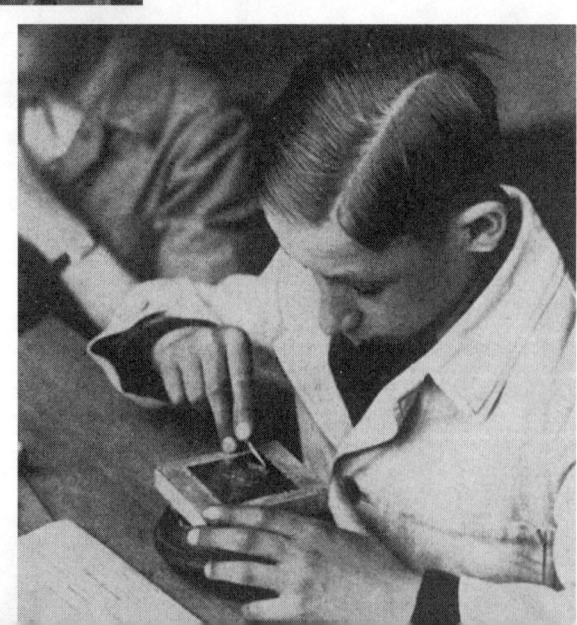

Stadtflucht: Der Landdienst 161

Die Wende nach innen:
Der musische Mensch

Das BDM-Werk
»Glaube und Schönheit«

Laienspiel:
Vom Märchen zum Drama

Rhythmik
und Bewegung

Der Volkstanz

Gymnastik nach Medau

*Schönheitsideale
aus der Gesundheit*

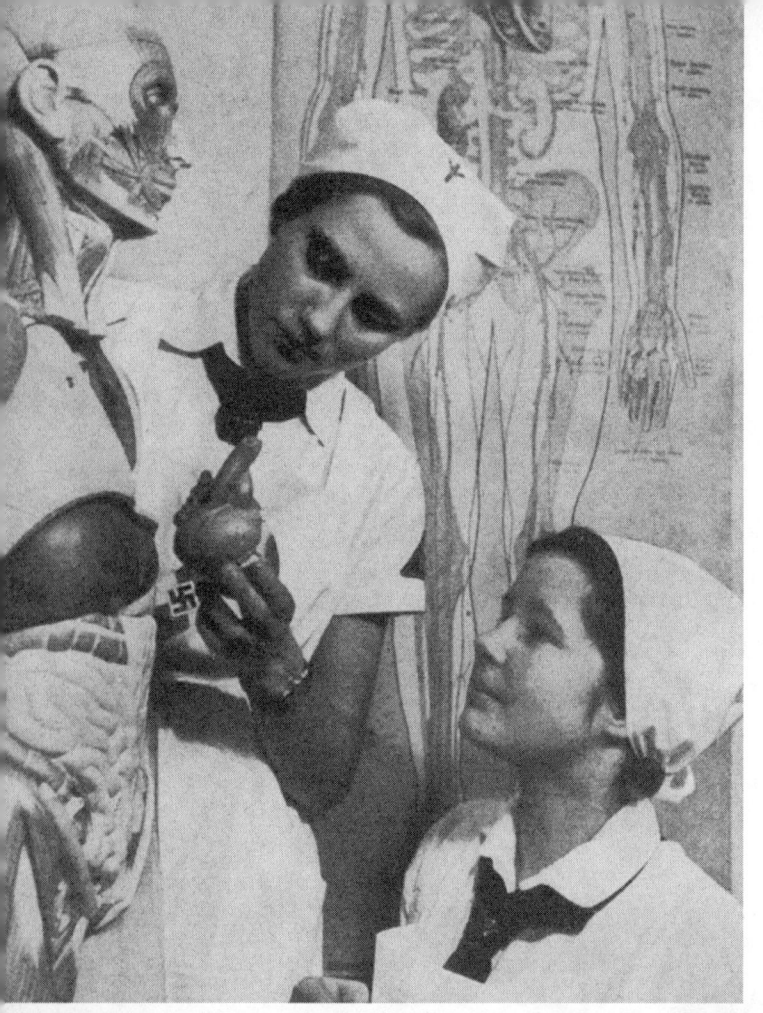

Gesundheitsdienst

Mode

Hauswirtschaft

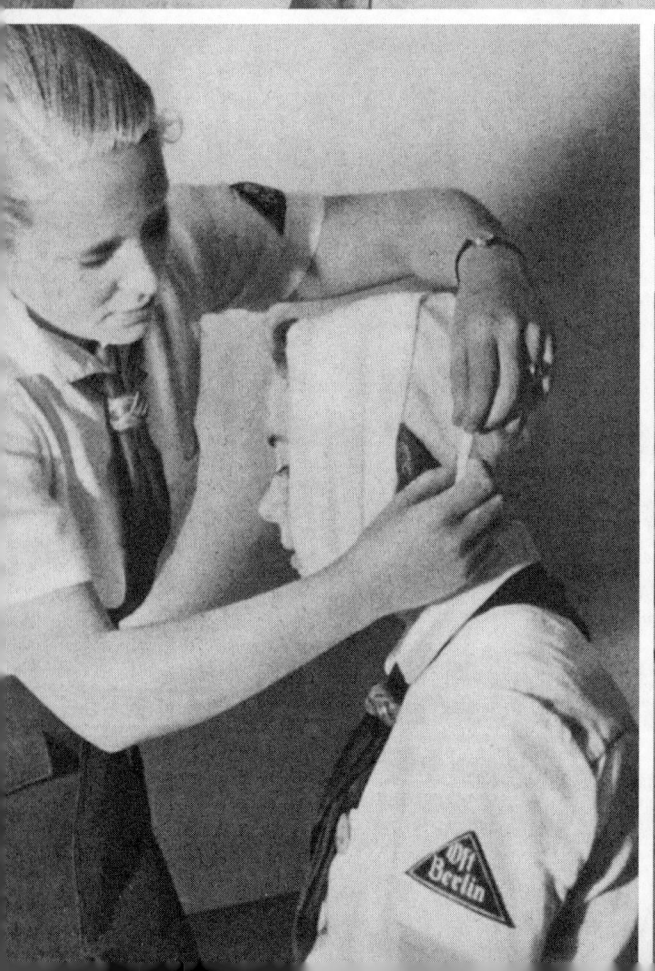

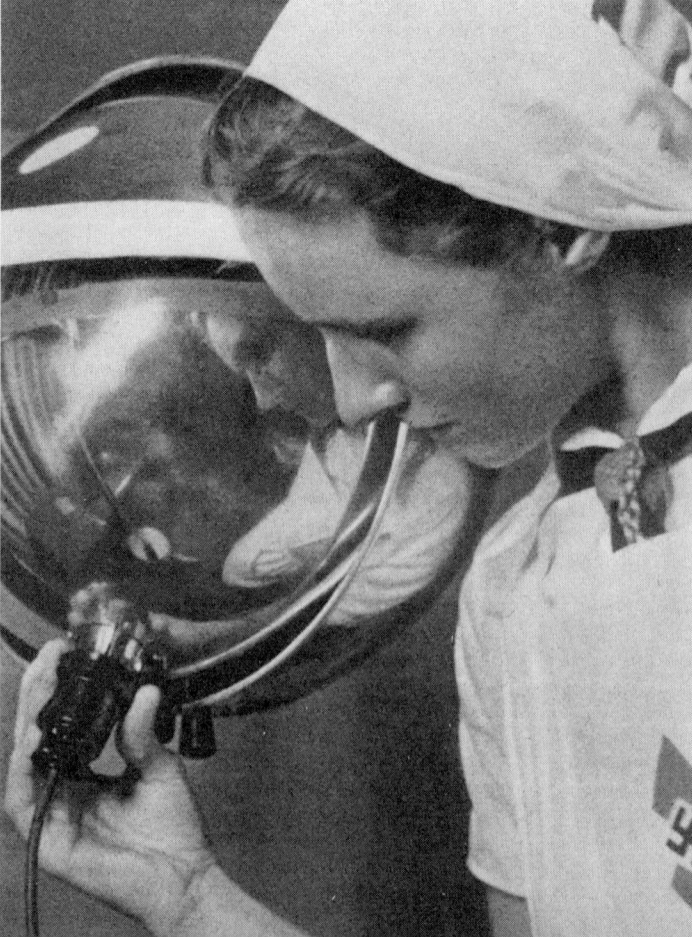

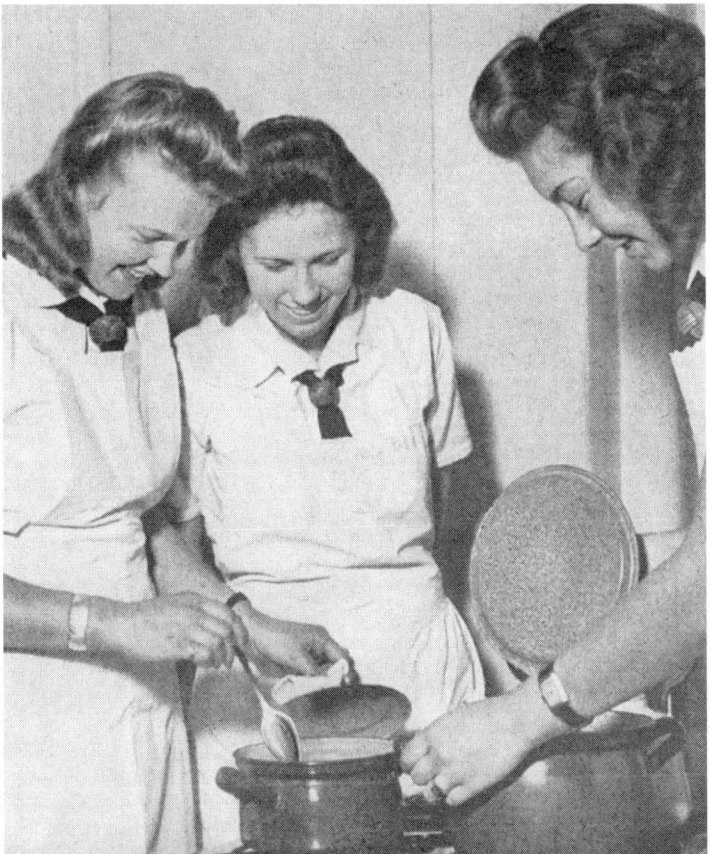
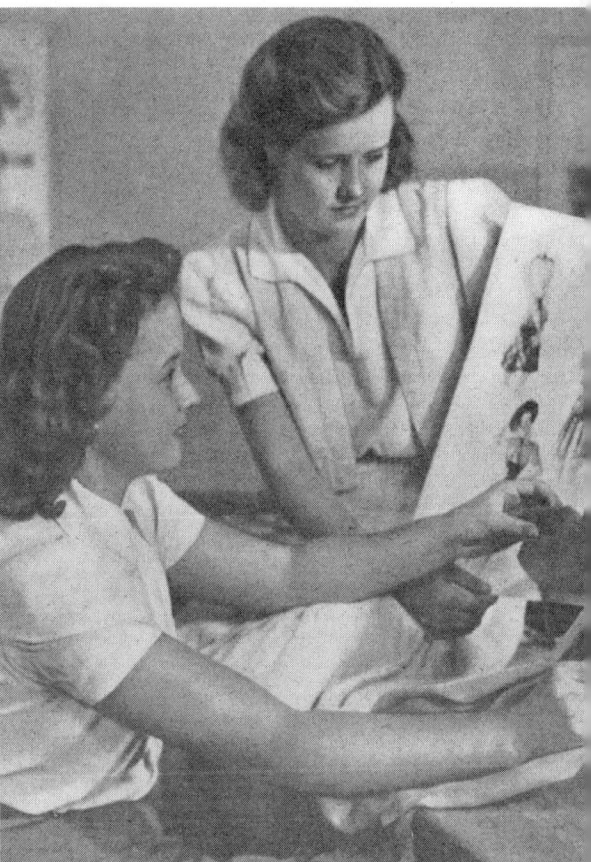

Kunsthandwerk

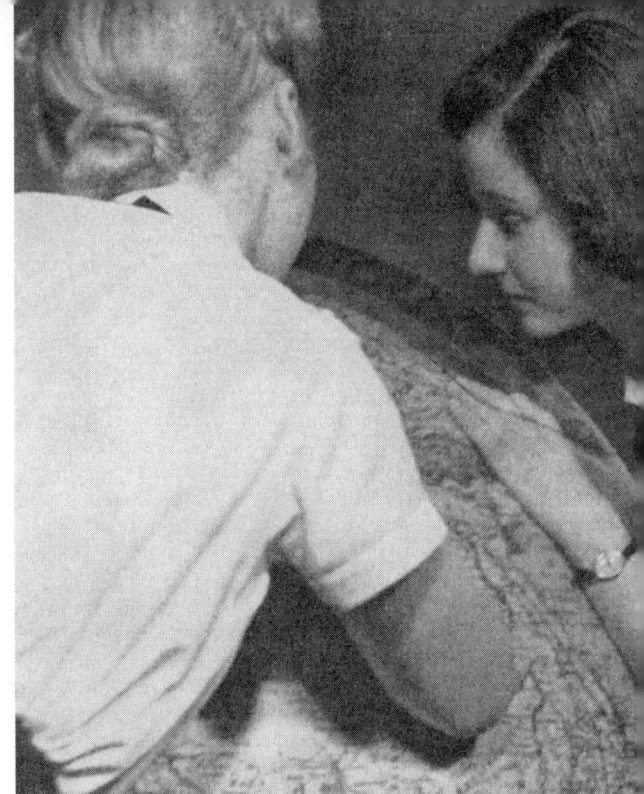

Sport und Bildung

Sozialwerk
im Frieden und Krieg

Die
Kinderland-
verschickung
(KLV)

Kriegseinsatz: Heilkräutersammlung, Rüstungsfabrik, Verwundetenbetreuung

Transporthelfer
Altmaterialsammlung
Erntehelfer

Luftschutz und Feuerwehr

Wehrertüchtigungslager

Gefallenenehrung

HJ als Luftwaffenhelfer

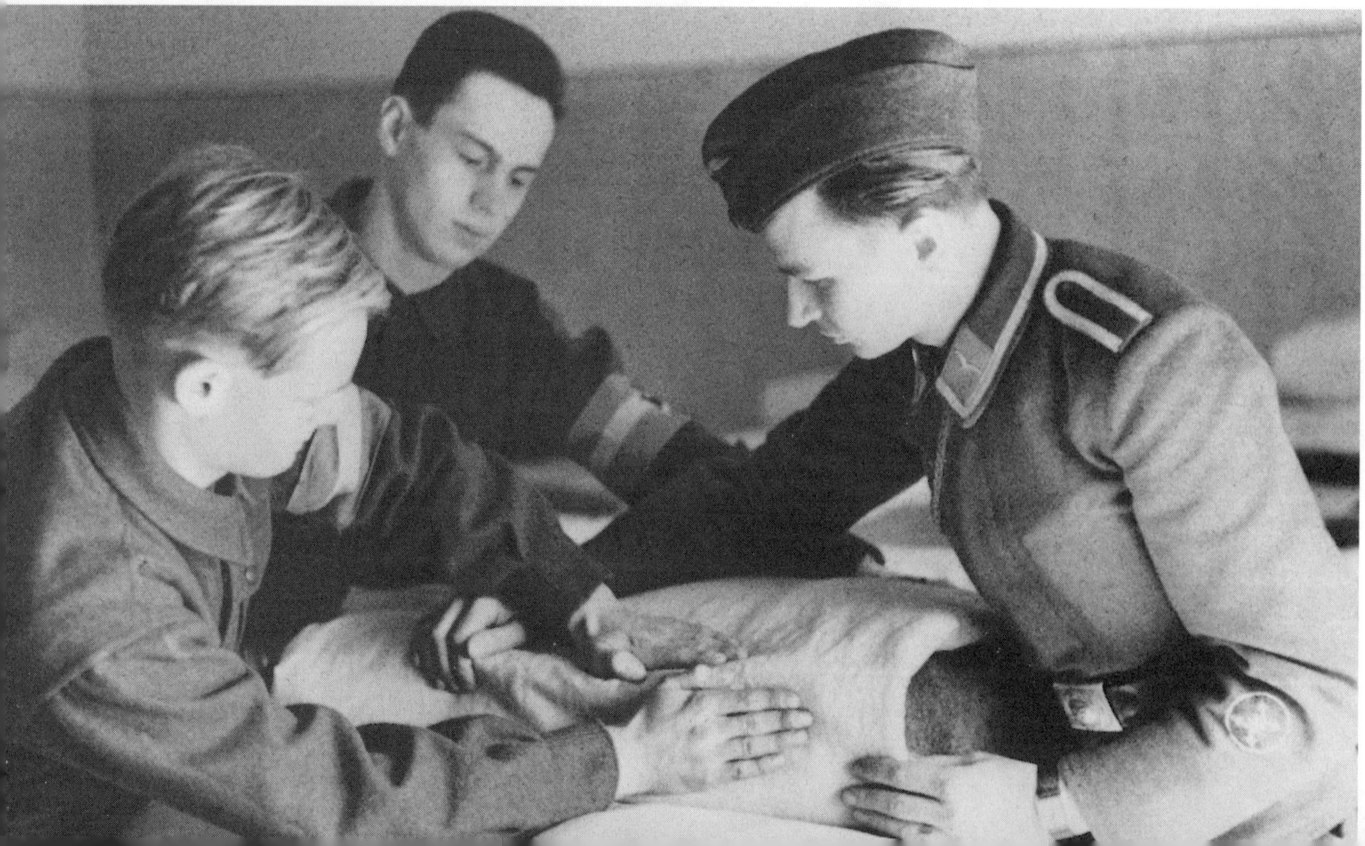

Reichsjugendführer Arthur Axmann,
ausgezeichnete Angehörige
der 12. SS-Panzerdivision »Hitlerjugend«

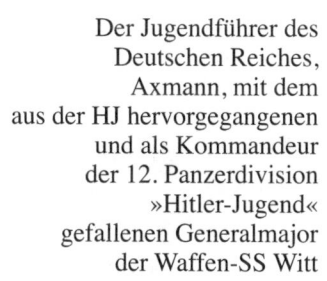

Der Jugendführer des
Deutschen Reiches,
Axmann, mit dem
aus der HJ hervorgegangenen
und als Kommandeur
der 12. Panzerdivision
»Hitler-Jugend«
gefallenen Generalmajor
der Waffen-SS Witt

Reichsreferentin
– BDM-Reichsreferentin
für den
»Bund Deutscher Mädel« –
Dr. Jutta Rüdiger,
geb. 14. 6. 1910 in Berlin

Reichsleiter Baldur von Schirach,
Reichsverteidigungskommissar,
Reichsstatthalter und Gauleiter in Wien,
mit Offizieren der Division
»Großdeutschland«, der er als
Reserveoffizier angehörte.

Baldur v. Schirach
mit Enkel Noris
kurz nach seiner
21jährigen Haft in
Spandau

Da wir nun wie Spreu vor'm Winde treiben,
ohne Heimat, Tag für Tag bedroht,
soll erst recht die alte Freundschaft bleiben,
die das Glück nicht bricht und nicht die Not.

Laßt uns fromm die letzten Anker lichten,
über uns ist Gott und unser Stern;
mag er unser Tun in Gnaden richten –
unser Boot ist in der Hand des Herrn.

Baldur v. Schirach in der Nacht vor der Gefangennahme[80])

Grabstätte
v. Schirachs
in Kröv/Mosel

Nachwort: ein Bekenntnis des Verfassers

Ein US-Soziologe, der sich mit der Erforschung der geistigen Bedingungen, die das Phänomen Nationalsozialismus ermöglicht haben, befaßt, hat mich vor Abfassung dieses Buches gefragt, wie ich unter den Voraussetzungen meines Herkommens, meiner Bildung und meiner religiösen Bindungen mit dem Nationalsozialismus zurecht gekommen sei, ohne mit meinem geprägten Gewissen daran zu zerbrechen.

Bereits die Fragestellung verrät etwas von dem Abstand von der vor vier Jahrzehnten herrschenden Realität; eine Distanz, die zwar auch geographisch ist, die aber etwas aussagt über die unterschiedlichen Prägungen verschiedener Generationen. So mußte ich versuchen, das, was mich und viele meiner engeren Generation damals geprägt hat und was nicht identisch ist mit dem, was die Jahrgänge davor oder danach geprägt hat, zusammenzufassen.

Die meiner Antwort folgende Nachdenklichkeit meines Gesprächspartners und sein Rat, das Gesagte einem Bericht voranzustellen, sind um so beherzigenswerter, als beim nachträglichen Überdenken das damit ausgedrückte Grunderlebnis der Generation der Jahrgänge von 1918 bis 1928, die den Blutzoll für den Nationalsozialismus entrichtet haben, ins Bewußtsein gehoben wird.

Ich selbst bin vom Jahrgang 1921, war also bei der Machtübernahme durch die Nationalsozialisten 1933 noch keine zwölf Jahre alt. Als der Krieg ausbrach, war ich achtzehn, und als ich 1940 als Kriegsfreiwilliger Soldat wurde, war ich immer noch achtzehn. Als ich volljährig und damit wahlmündig wurde, war ich bereits Offizier, ohne einmal in meinem Leben eine Wahlurne gesehen zu haben. Gegen Kriegsende war ich fast vierundzwanzig Jahre alt, und als ich aus der Gefangenschaft heimkehrte, sah ich auf siebenundzwanzig Lebensjahre zurück.

Mit neunundzwanzig Jahren habe ich zum ersten Mal in meinem Leben gewählt. Da gab es schon seit fünf Jahren keinen Nationalsozialismus mehr.

Wie sah es mit den etwas Älteren und den etwas Jüngeren aus?

Die 1918 Geborenen waren am 30. 1. 1933 zumeist erst 14 Jahre alt, bei Kriegsausbruch 1939 waren sie 21 Jahre alt und hatten noch nie gewählt. Die 1928 Geborenen waren 1933 fünf Jahre alt, bei Kriegsausbruch elf, bei Kriegsende zum Teil schon siebzehn und bereits als Soldaten oder Flakhelfer vom Krieg gezeichnet.

Und das macht die Gemeinsamkeit aller dieser Jahrgänge aus: Sie waren, ohne ihn sich aussuchen zu können, in einen Staat hineingeboren oder hineingewachsen, der die einzige staatliche Realität war. Eine Realität ohne Ausweg. In diesem Staat konnte man aufgehen, ihn ignorieren oder vor ihm resignieren. Wer etwas von Jugendpsychologie weiß, versteht, daß der bessere Teil der Jugend nicht abseits stand, sondern sich in diesem Staat erfüllte, sich ihm hingab, und wenn man die Millionen Gefallener dieser Kriegsjugend ansieht, so ist es auch berechtigt, zu sagen, daß sie sich diesem Staat auch mit dem Letzten, ihrem Leben, geweiht habe.

Das ist bis hierher kein politisches, sondern ein rein psychologisches Faktum. Denn im Gegensatz zu den Jahrgängen von vor 1918, die vor 1933 bereits eine beginnende politische Erfahrung sammeln konnten, die in der Weimarer Republik das Hin-und-Her der Parteien mitangesehen hatten und daher in politischen Alternativen zu denken begonnen hatten, war für die Jahrgänge nach 1918 der nationalsozialistische Staat der Staat an sich: ein Staat ohne Alternative. Und das nicht, weil er als aufgezwungen empfunden wurde, sondern weil er zur völkischen Selbstverwirklichung durchgestoßen zu sein schien, und der nun – bei allen sichtbaren Mängeln – die Aufgabe stellte, ihn zu erfüllen, ihn zu bewegen, ihn zu gestalten. »Opposition«, das war das Vorwärtsstreben zum Besseren und Vollkommeneren. Und wer etwas von Jugend versteht, der versteht auch, daß dieser Staat der Staat der Jugend war, einer Jugend, die ihn mit ihren besten Kräften besser machen wollte. *Diesen* Staat und nicht einen anderen. Das ist die Erklärung für das Inkaufnehmen von Mängeln in Erwartung der noch geschuldeten Evolution, ist die Erklärung für das Kämpfen und Sterben dieser Jugend, das kein Beispiel hat.

Ich bin in Magdeburg geboren und aufgewachsen. Magdeburg war eine der drei Hochburgen des deutschen Kommunismus. Ich bin vor 1933 in der Altstadt Magdeburgs zur Schule gegangen, und auch die bündischen Pfadfinder, denen ich seit 1931 angehörte, hausten in der Altstadt am hohen Ufer der Elbe.

Ich sah tagtäglich in diesen Altstadtbezirken, wie sich Menschen auf den Straßen buchstäblich zerfleischten. Wir wußten nicht warum. Uns waren alle unheimlich, die da miteinander kämpften, ob es »Kommune« oder »Reichsbanner« oder »Nazis« waren. Ich habe die Düsternis der damals entstandenen Bauten nicht vergessen, nicht die Schalmeienkapellen, die roten Fahnen, die Fackelbrände in den Straßen und auf den Plätzen, und vor allem nicht das unübersehbare Heer der »Stempeln gehenden« Arbeitslosen auf den Festungsanlagen vor dem in ehemaligen Kasematten untergebrachten Arbeitsamt: ihre Hoffnungslosigkeit, ihr Aufbegehren, ihre teilweise Verkommenheit und nicht selten ihre finstere Gewalttätigkeit. Ich habe die Gewalt, die nackte, brutale Kainsfratze, vor 1933 gesehen und als Kind erlebt.

Es war das Erlebnis meiner Jugend der folgenden Jahre, welches ich mit bewußter sehenden Augen als Befreiung erlebte: die Menschen konnten wieder lachen! Ich sah es von Jahr zu Jahr besser, deutlicher, erwärmender, daß deutsche Menschen wieder lachten!

Umso bedrückender erlebte ich 1937 auf einer Auslandsfahrt mit einer Jungengruppe in ganz Österreich die Angst, die Not, die Dumpfheit der vergangenen Weimarer Republik noch einmal; erlebte ich auch in Wien den widerlichen Abgrund derselben Not, der wir im Altreich eben entronnen waren, erneut. Jetzt aber mit dem geschärften Verstand des politisch engagierten Heranwachsenden. Als ich Wien hinter mir hatte, als ich die fröhlich arbeitenden Menschen der Heimat wiedersah, da gab es für mich keinen Zweifel mehr, daß Brüderlichkeit kein leerer Traum bleiben mußte, sondern möglich geworden war, möglich durch den Nationalsozialismus.

Ich kann nicht leugnen, daß mich und meine Kameraden ein Gefühl des Glücks und der Dankbarkeit durchströmte, ein Gefühl welches uns keineswegs herausforderte,

»denn heute *gehört* uns Deutschland und morgen die ganze Welt«

zu singen, sondern aus Überzeugung den berichtigten Text:

»denn heute *hört* uns Deutschland und morgen die ganze Welt«.

Daß an die Stelle der Angst vor dem Klassenkrieg der Roten die Möglichkeit von Brüderlichkeit durch das neue Reich getreten war, entbehrte nämlich jeglicher imperialistischer Gefühle.

Ich selbst und viele meiner Generation empfanden damals genau das, was heute von sogenannten Zeitgeschichtlern geleugnet wird: Daß Deutschland 1933 in letzter Minute dem bevorstehenden Zugriff der Bolschewisten entwunden worden war, und daß Hitler mit Billigung Hindenburgs 1934 in der so umstrittenen Röhm-Affäre der permanenten Revolution der Straße ein Ende gemacht hatte, um die Evolution zu gewinnen. Dazu wurde die Geistigkeit des Bürgertums benötigt. Diese zweimal gerade noch davongekommenen bürgerlichen Eliten aber versagten sich der Evolution.

Wir hatten in Österreich den Abgrund nochmals gesehen. Man wird mir glauben müssen, daß wir den Anschluß Österreichs, so unerwartet er für die Reichsregierung aktuell geworden war, mit anderen Augen angesehen haben als jene, die schon im notgeschüttelten Berlin ihre »Goldenen Zwanziger Jahre« verlebt hatten, und die nun auch dem verelendeten Wien der dreißiger Jahre etwas Goldiges nachzurühmen begannen. Es sind wohl dieselben, die dem »New Deal« der Vereinigten Staaten unter Roosevelt die permanent 12 bis 13 Millionen Arbeitslosen verzeihen konnten und es nicht wahrhaben wollten, daß die Hetze gegen das nationalsozialistische Deutschland und das Versagen des new deal ihre verhängnisvolle und bis zum Krieg eskalierende Entwicklung angetreten hatte.

In Deutschland aber brach in der Mitte der dreißiger Jahre die Jugend auf und entwickelte ihren Genius, ihre Ethik, die zur Persönlichkeit strebte, sich aber dienend dem Gemeinsinn verpflichtet hielt. Welch eine Jugend, die da ihr Fahnenlied sang!

> Auf hebt uns’re Fahnen in den frischen Morgenwind,
> laßt sie weh’n und mahnen, die, die müßig sind.
> Wo Mauern fallen, bau’n sich andere vor uns auf,
> doch sie weichen alle unser’m Siegeslauf.
> Soll’n Maschinen wieder schaffend ihre Räder dreh’n,
> sollen deutsche Brüder bess’re Zeiten seh’n,
> muß unser Streben danach unermüdlich sein,
> muß ein neues Leben sie für uns befrei’n.
> Wir sind Heut und Morgen. Alles, was die Zeit erschafft,
> liegt in uns verborgen, bildet unsre Kraft.
> Stürmen und Bauen, Kampf und Arbeit unentwegt,
> wird in uns zum Pfeiler, der die Zukunft trägt.

Für mich persönlich blieb eindrucksvoll die schlichte Erklärung, die Rudolf Heß, der »Stellvertreter des Führers«, 1938 in Magdeburg für das schillernde Doppelwort National-Sozialismus der versammelten Jugend anbot:

> »Nationalsozialist sein heißt, ein guter Deutscher und ein guter Kamerad zu sein.«

Nichts von Rassenwahn, nichts von Welteroberung, nichts von Unmenschlichkeit.

Gleichwohl betrachteten wir Jungen mehr als die Alten die Besetzung der Resttschechei und die Bildung des Protektorats mit äußerstem Bedenken. Uns war das Selbstbestimmungsrecht der Völker nicht nur ein bequemes Postulat für das deutsche Volk allein, sondern ein Anliegen für alle Völker. Dieses Prinzip war hier von Hitler erstmals verletzt worden. Man erklärte uns das Bismarckwort, wonach der Besitz des böhmischen Beckens über die Herrschaft in Mitteleuropa entscheide, und diese Herrschaft hätten die Einkreisungsmächte angestrebt. — Man ging darüber hinweg, daß Bismarck wie schon Friedrich der Große zwar Böhmen einige Male erobert, aber nie behalten hatte. — Was dann an außenpolitischen Schritten folgte, blieb wieder vertretbar: Danzig, Memelland und die exterritoriale Straße durch den gemischt bevölkerten Korridor. Das Im-Stich-lassen der urdeutschen Gebiete Elsaß-Lothringen und Südtirol war hingegen unter dem Aspekt des Selbstbestimmungsrechts kaum zu verstehen, wurde aber von der Jugend im Interesse dauerhafter Friedensregelungen hingenommen. Wenn ich von mir auf andere schließen kann: Wir hatten ein schlechtes Gewissen dabei, solange der Wille der Bevölkerung nicht durch unbeeinflußte Volksabstimmungen ausgedrückt worden war.

Wir meinten es ernst mit dem »Selbstbestimmungsrecht der Völker«. Wir begriffen »Reich« als Aufgabe und als historische Ordnungsfunktion mit allen daraus resultierenden Verpflichtungen zu Vorbildlichkeit. Und wir sahen Arbeit für Generationen in unserem eigenen, völkisch bestimmten Reich.

Es gehört zu den großen Erlebnissen meines jungen politischen Lebens, daß mitten im Krieg, als die Gefahr imperialistischer Entartung greifbar geworden war, sich in der Waffen-SS ein neues Europa zu gründen begann, als hier Freiwillige fast aller Nationen Europas in völliger Gleichberechtigung Schulter an Schulter kämpften, eine jede die andere in ihrer Eigenart und in ihrem nationalen Wollen respektierend (und die europäischen Freiwilligen der Waffen-SS hatten durchaus nationale Eigenziele in einem von ihnen angesichts der bolschewistischen Gefahr gewollten Staatenbund). Schließlich führten in den gemischten Verbänden Offiziere, ja Generäle aller mittel-, nord- und westeuropäischen Nationen Befehl über Verbände, die auch durchaus deutsche Kontingente aller Dienstgrade umfaßten.

Es machte den hohen Grad von soldatischer Verbundenheit aus, daß wir alle, seien wir aus Deutschland oder Frankreich, aus Belgien mit Flamen und Wallonen, aus den Niederlanden, aus Dänemark, Norwegen oder Schweden, aus der Schweiz, aus Ungarn, Kroatien, Lettland, Estland oder von den volksdeutschen Minderheiten des Ostens und Südostens gekommen, gewahr wurden, daß die Ideale unserer Jugend nicht an den nationalen Grenzen gefangen waren, sondern begonnen hatten, abendländisches Gemeingut zu werden, daß die Jugend gegen sowjetische Menschenverachtung, kapitalistische Ausbeutung und chauvinistische Verhetzung sich in der Stunde der Gefahr für das Abendland unter viele Fahnen, aber einen Eid gestellt hatte.

Die durch den alliierten Sieg wieder nach oben geschwemmten vorgestrigen Politiker ahnten, bis auf die Kommunisten unter ihnen, nicht, was sie an abendländischem Aufbruch vor die Gewehre der Erschießungspelotons stellten oder in Kerkern anketteten.

Dieses Abrisses deutscher und europäischer Jugendgeschichte bedurfte es, um sich der offen gebliebenen Frage zu nähern, welcher Gewissenskonflikte es bedurfte, angesichts des Unrechts, das der Krieg auch auf deutscher Seite mit sich gebracht hatte, »bei der Fahne zu bleiben«, weiterzukämpfen, Gehorsam zu geben und zu verlangen. Um diese Frage, die mir von Ausländern, Emigranten und Remigranten oft gestellt wurde, zu beantworten, bedarf es noch eines Rückblicks bis in die Zeit der Weimarer Republik.

Denke ich an meine Schulzeit zurück, so drängt sich in den Vordergrund der Eindrücke die nationale Verkündigung, die die Lehrerschaft, vor allem auf den Gymnasien, betrieb. Es waren die Soldaten und Offiziere der alten Armee, die sich nun als Studienräte und Lehrer nicht damit abfinden wollten, daß das Wilson'sche Versprechen der Selbstbestimmung im Diktat von Versailles gebrochen worden war und die deshalb eine Mannestugend des Deutschen predigten, die in der Lage sein mußte, die nationale Revanche zu gewinnen. Ich kann nicht sagen, daß die jüdischen Lehrer in den Kollegien, von denen ich unterrichtet wurde, eine Ausnahme gemacht hätten. Auch sie trugen das EK I am Bratenrock und verherrlichten den Tod fürs Vaterland; vielleicht in den ersten Jahren nach 1933 etwas verhaltener.

Ich denke an die Literatur, die sich uns in jenen Jahren öffnete: An Zöberleins »Befehl des Gewissens«, an Ernst Jüngers »In Stahlgewittern«, an Ettighofers »Gespenster am Toten Mann«, an Dwingers und Eggers' Freikorpsromane: Niemand, der vom Sterben berichtete, beschrieb dazu die grenzenlose Hilflosigkeit, die Angst, das Lebenwollen und doch Sterbenmüssen. Wohl gab es das schöne Wort von Walter Flex »Leutnantsdienst tun heißt, seinen Leuten vorleben; das Vorsterben ist dann nur ein Teil davon«. Aber es endete eben wieder mit dem *stolzen* Vorsterben. Walter Flex fiel bald darauf selbst ganz unpathetisch.

Ich nenne es ein gefährliches Unterfangen unserer Vätergeneration, die Not des Krieges vergessen gemacht und den Heros allein beschworen zu haben, denn sie hatten den Krieg erlebt, wie nie eine Generation vorher. War es Todessehnsucht, die in uns Heranwachsenden gesät werden sollte? Oder nur Todesverachtung? Wer im letzten Krieg an den Fronten gestanden hat, weiß, daß Todesverachtung nur aus der Todesverkennung resultieren konnte. Und diese war es, die unserer Generation anerzogen werden sollte. Das verurteile ich.

Hinzu kam eine Staatsphilosophie, die sich in ihren Werten verlagerte: Von Apoll zu Dionys, von Athen nach Sparta, von christlicher Liebe zu altrömischer Strenge, von der Humanität zu Nietzsche/Eggers »Heimat der Starken«, eine Tendenz, die nicht erst 1933 aufkam. Aber sie wurde unter Hitler, der nicht müde wurde, in öffentlichen Reden »Humanitätsduselei« zu geißeln, aufgegriffen.

Immerhin obsiegte in der Jugend weithin nicht Humanitätsfeindschaft, sondern der Begriff Ritterlichkeit. So hatte die Jugend kein Verständnis für den Überfall Italiens auf Äthiopien, auch kein Verständnis für die Unterstützung, die die Reichsregierung den räuberischen Imperialisten Italiens angedeihen ließ. Die Losung des Raubstaats England, "Right or wrong — my country", sie wurde durch Schulen und Hitler-Jugend eine zeitlang populär zu machen versucht; sie fand keinen Nachhall in der Jugend. Diese hatte ihre Vorbilder nicht bei englischen Agenten, sondern in der ritterlichen Tradition ihres Volkes bis hin zu dem Weltkriegsflieger Manfred Freiherr von Richthofen gesucht und gefunden. Die Stärke der Rückbesinnung auf spezifisch deutsche Eigenschaften war so stark, daß der Versuch, formale Ehre über Treue zu stellen, fehlschlug. Der Ehrbegriff des Korpsstudenten trat zurück, wurde neu begriffen in der Formel: »Die Treue ist das Mark der Ehre«.

Bei allem, was der Krieg an Unritterlichkeit mit sich brachte: Ich zeuge dafür, daß ein nicht geringer Teil dieser Jugend auch unter dem Einfluß des Krieges nicht irre wurde an den selbst gewählten Werten und es mit dem preußischen Wort des Freiherrn v. d. Marwitz hielt, lieber Ungnade da zu wählen, wo Gehorsam nicht Ehre brachte.

Diese Feststellung soll und darf die, die weniger fest standen, nicht herabsetzen. Denn die Erziehung dieser Jugend hatte Narben hinterlassen: Die schönste Seite der Ritterlichkeit, die Gnade, das Erbarmen, das Mitleid und die Barmherzigkeit waren so sehr als Humanitätsduseleien verketzert worden, daß mit dem wachsenden Korpsgeist Scham empfunden wurde über die eigene Weichheit des Gefühls oder des Gewissens. Auch hieran tragen die Erzieher, die uns gebildet haben, eine Schuld. Sie formten einen Menschentypus vor, der aus der Scham, weich, unmännlich, »humanitätsduselig« zu erscheinen, mißbraucht werden konnte für Unwürdiges, ja Unmenschliches. Und es waren oft die einfachen Menschen, die diese anerzogene falsche Scham bis zur Ausweglosigkeit empfanden. Denn sie wollten die Treue nicht brechen.

Diese Jugend hat bei Kriegsausbruch nicht gejubelt. Sie ist sehr still und ernst unter die Fahnen getreten. Jahr für Jahr danach in demselben Bewußtsein, den Schicksalskampf ihres Volkes und ihres Volksstaates führen zu müssen, um ihn über die Zeitwende zu erhalten und dann zu gestalten.

Wo immer der etablierte Nationalsozialismus die eigene Idee verriet, ob er den völkischen Staatsgedanken an den Imperialismus verriet oder den völkischen Sozialismus an eine übernationale Tyrannei — in der Jugend, die diesen Kampf führte und die mit ihrem Blut und Leben millionenfach dafür einstand, war nicht das undurchschaubare Wollen einzelner Herrschender, sondern das eigene Wollen Antrieb. Und was sie wollte, spricht diese Jugend frei: Brüderlichkeit und Ritterlichkeit.

Für dieses Ziel konnte und durfte man nicht von der Fahne gehen, wie es allzuviele ausländische Theoretiker in West und Ost von den deutschen Gefangenen vorwurfsvoll verlangt haben. Es war dies nämlich nicht das Ziel irgendeiner Obrigkeit, sondern das der Jugend selbst. Je mehr Mächte, *die jedes Vorbildes entbehrten,* über diese kämpfende Jugend Deutschlands und später Europas herfielen, umso sicherer wurde diese, daß sie einen gerechten Kampf führte.

Diese Jugend sah, wer da gegen sie kämpfte; so wußte sie bald, wer sie selbst war.

Dies ist meine Antwort auf die Frage, wie es möglich gewesen sei, daß meine Generation auf den Schlachtfeldern des Zweiten Weltkrieges bis zum bitteren Ende ausgehalten hat.

Weil ich aber zu Brüderlichkeit und Ritterlichkeit erzogen wurde und selbst andere dazu erzogen habe, weil ich selbst erlebt habe, wie Brüderlichkeit und Ritterlichkeit zertrampelt wurden von jenen, von denen wir nichts anderes erwartet hatten, aber auch von jenen, die anderes versprochen hatten, weil ich selbst mit diesem Widerspruch nicht immer fertig zu werden vermochte, deshalb meine ich, der Generation der wenigen Überlebenden und Millionen Gefallenen einen Beitrag zu schulden, der bestimmt ist, auch das bewußt zu machen, was in unser aller Namen geschehen ist, aber von uns nicht gewollt war.

Damit wir die Vergangenheit in eigener Weise bewältigen können, um eine Zukunft zu gewinnen, in der Brüderlichkeit und Ritterlichkeit nicht länger leeres Versprechen seien.

Lindhorst, 1. November 1976   Herbert Taege

Quellenverzeichnis

[1]) Romano Guardini: »Verantwortung«, Kösel-Verlag, München

[2]) IMT Band XIV

[3]) Erich Blohm: »Hitler-Jugend – soziale Tatgemeinschaft«, Selbstverlag, 1977

[4]) Theodor Heuß: »Hitlers Weg«, Unions-Verlag, Stuttgart, Berlin, Leipzig, 1932

[5]) Hans Kehrl: »Zur Wirklichkeit des Dritten Reiches«, Selbstverlag, Köln, 1977

[6]) »Adolf Hitlers drei Testamente«, Druffel-Verlag, Leoni, 1977

[7]) Heinrich Härtle: »Deutsche und Juden, Studien zu einem Weltproblem«, Druffel-Verlag, Leoni, 1976

[8]) Friedrich Solger: »Das überpersönliche Leben«, Verlag Deutsche Heimat, Berlin, 1959

[9]) Hans-Georg v. Studnitz: »Rettet die Bundeswehr«, Seewald-Verlag, Stuttgart, 1967

[10]) Walther von Berg in *Nation Europa*, zitiert nach Blohm[3])

[11]) Hermann Giesler: »Ein anderer Hitler«, Druffel-Verlag, Leoni, 1977

[12]) Ilse Heß: »England, Nürnberg, Spandau«, Druffel-Verlag, Leoni, 1952

[13]) Dr. Henry Picker: »Hitlers Tischgespräche im Führerhauptquartier«, Seewald-Verlag, Stuttgart, 1976

[14]) Joachim C. Fest: »Hitler – der Aufstieg – der Führer«, Ullstein-Verlag, Berlin

[15]) Peter Kleist: »Die europäische Tragödie«, Verlag K. W. Schütz, Pr. Oldendorf, 1971

[16]) Affidavit Richard Hildebrandt, Nürnberg 21. 9. 1947, *eigenes Archiv*

[17]) Stefan Andres: »Wir sind Utopia«, August Bagel Verlag, Düsseldorf, 1949

[18]) Annelies v. Ribbentrop: »Die Kriegsschuld des Widerstandes«, Druffel-Verlag, Leoni, 1974

[19]) Peter Kleist: »Auch Du warst dabei«, Vowinckel-Verlag, Heidelberg, 1952

[20]) »Himmlers Geheimreden«, Propyläen-Verlag, 1974

[21]) Moeller van den Bruck: »Das Dritte Reich«, 3. Aufl. 1931

[22]) Heinz Boberach: »Meldungen aus dem Reich«, Luchterhand-Verlag, Neuwied und Berlin, 1965

[23]) Oswald Spengler: »Der Untergang des Abendlandes«, dtv, München, 1976

[24]) Helmut Stellrecht: »Adolf Hitler – Heil und Unheil«, Grabert-Verlag, Tübingen, 1974

[25]) Dr. Dr. Erwin Goldmann: »Zwischen zwei Völkern«, Helmut-Cramer-Verlag, Königswinter, 1975

[26]) Birger Dahlerus: »Der letzte Versuch«, Nymphenburger Verlagshandlung, 1973

[27]) Unveröffentlichte persönliche Aufzeichnungen Gottfried Griesmayrs, München, Schreiben in *eigenem Archiv*

[28]) Bolko Freiherr v. Richthofen: »Kriegsschuld 1939–1941«, Arndt-Verlag, Vaterstetten, 1975

[29]) Benjamin Colby: »Roosevelts scheinheiliger Krieg«, Druffel-Verlag, Leoni, 1977

[30]) Botschaftsrat Gremitskich an *Stern* in Nr. 9/78

[31]) A. J. P. Taylor: »Die Ursprünge des Zweiten Weltkrieges«, Sigbert-Mohn-Verlag, Gütersloh, 1962

[32]) Helmut Sündermann: »Die Pioniere und die Ahnungslosen«, Druffel-Verlag, Leoni, 1960

[33]) IMT Band XXV

[34]) Aussage Dr. Morgens vor dem IMT Nürnberg und eigene Aufzeichnungen des Verfassers über Berichte des Ermittlungsrichters Dr. Wybert sowie der Kommandantur-Angehörigen Klehr und Erber des KL Auschwitz, *eigenes Archiv*

[35]) Yehuda Wallach: »Das Dogma der Vernichtungsschlacht«, Herausgegeben vom Arbeitskreis für Wehrforschung, Deutscher Taschenbuch-Verlag dtv

[36]) Arthur Koestler: »Der Mensch ein Irrläufer der Evolution«, SPIEGEL 5/78

[37]) Nekrolog auf Sepp Dietrich von Lehmann, DER FREIWILLIGE Nr. 11/77, Munin-Verlag, Osnabrück

[38]) Brockhaus Enzyklopädie, F. A. Brockhaus, Wiesbaden, 1968

[39]) Strafgesetzbuch, C. H. Beck, München, 1967

[40]) E. G. Kolbenheyer: »Dreiergespräche über die Ethik der Bauhütte«, Informationsdienst DIE ANDERE SEITE, Nürnberg, Juli 1952

[41]) Baldur v. Schirach: »Ich glaubte an Hitler«, STERN-*Serie* 1966

[42]) Sebastian Haffner: »Anmerkungen zu Hitler«, Kindler-Verlag, 1978

[43]) Max Kemmerich: »Männer machen Geschichte«, Schriftenreihe *Das Reich*, Witten, 1977

[44]) Philosophisches Wörterbuch, Alfred-Kröner-Verlag, Stuttgart, 1943

[45]) Ludwig Liebs: »Glauben an Gott und die Götter – Jugendbewegung und Bündische Jugend als religiöses Phänomen«, Südmarkverlag Fritsch, Heidenheim, 1976

[46]) »Aufbau und Abzeichen der Hitler-Jugend«, Herausgegeben von der Reichsjugendführung, Heinz-Denckler-Verlag, Berlin, 1940

[47]) Baldur v. Schirach: »Revolution der Erziehung«, Zentralverlag der NSDAP, Franz Eher Nachf., München, 1938

[48]) »Adolf Hitler an seine Jugend«, Zentralverlag der NSDAP, Franz Eher Nachf., München, 1937

[49]) Baldur v. Schirach: »Die Hitler-Jugend – Idee und Gestalt«, Zeitgeschichte Verlags- und Vertriebs-Ges., Berlin, 1934

[50]) »Goethe an uns – ewige Gedanken des großen Deutschen«, Zentralverlag der NSDAP, Franz Eher Nachf., München–Berlin, 1938

[51]) Prof. Dr. Fischer, Berlin, Vorlesungsreihe »Geschlechterentwicklung« an der Akademie für Jugendführung Braunschweig, 1944, eigene Aufzeichnungen des Verfassers, *eigenes Archiv*

[52]) Clementine zu Castell: »Glaube und Schönheit«, Zentralverlag Franz Eher Nachf., München

[53]) Handbuch »Mädel im Dienst«, 1937

[54]) Dr. Ernst Schlünder, unveröffentlichter Nachlaß, *eigenes Archiv*

[55]) IMT Band XIV

[56]) Liddell Hart: »Geschichte des Zweiten Weltkrieges«, Econ-Verlag, Düsseldorf–Wien, 1972

[57]) Paul Emunds: »Luftwaffenhelfer im Einsatz«, Aus Politik und Zeitgeschichte vom 6. 11. 1976

[58]) General der Panzertruppen Heinrich Eberbach im Geleitwort zu Panzermeyer: »Grenadiere«, Schildverlag, München, 5. Aufl. 1970

[59]) Chester Wilmont: »Der Kampf um Europa«, Alfred-Metzner-Verlag, Frankfurt/M.–Berlin, 1954

[60]) »Die SS-Panzerdivision Hitler-Jugend – Mitteilungsblatt der Reichsjugendführung«, 1944

[61]) Asubel: »Das Jugendalter«, Juventa-Verlag, München

[62]) Arthur Ehrhardt in Nation Europa Nr. 1/1969

[63]) Hans-Joachim Koch: »Geschichte der Hitler-Jugend – ihre Ursprünge und ihre Entwicklung 1922–1945«, R. S. Schulz-Verlag, 1976

[64]) Dr. Helmut Stellrecht, z. Zt. unveröffentlichtes Manuskript im Copyright des Druffel-Verlags, Leoni

[65]) Albert Mirgeler: »Geschichte Europas«, Herder-Verlag, Freiburg, 1958

[66]) Unveröffentlichtes Affidavit von 90 internierten HJ-Führern des Civilian Internment Camp 91 Darmstadt, Anlage 68, 3. Mai 1946, *eigenes Archiv*

[67]) Rainer Schlösser: »Freiheit und Sitte«, veröffentlichte Rede vom 10. 12. 1946, Druck Brandstetter, Leipzig

[68]) Persönliche Aufzeichnungen des Verfassers, *eigenes Archiv*

[69]) Unveröffentlichter Brief Prof. Dr. Eduard Baumgartens an den Verfasser vom 21. 9. 77, *eigenes Archiv*

[70]) Saint-Loup: »Legion der Aufrechten«, Druffel-Verlag, Leoni, 1977

[71]) Unveröffentlichter Bericht des Kampfkommandanten Otto Würschinger nach eigenen Aufzeichnungen des Verfassers, *eigenes Archiv*

[72]) Albert Speer: »Spandauer Tagebücher«, Propyläen-Verlag, 1977

[73]) Henriette von Schirach: »Der Preis der Herrlichkeit«, Heine-Verlag

[74]) Bericht des Schirach-Adjutanten Fritz Wieshofer, nach eigenen Aufzeichnungen des Verfassers, *eigenes Archiv*

[75]) Werner Maser: »Nürnberg – Tribunal der Sieger«, Econ-Verlag, Düsseldorf–Wien, 1977

[76]) Hans Christian Brandenburg: »Die Geschichte der Hitler-Jugend«, Verlag Wissenschaft und Politik, Köln, 1968

[77]) Bericht von Heinz Gollmar, eigene Aufzeichnungen des Verfassers, *eigenes Archiv*

[78]) IMT Band XXII

[79]) Schreiben Gottfried Griesmayrs vom 22. 2. 1977, *eigenes Archiv*

[80]) Gedichte Baldur v. Schirachs aus Nürnberg, *eigenes Archiv*

[81]) Broschüre »Nordsee-HJ dankt dem Führer 1938/1939« und »Weimarer Festspiele der deutschen Jugend«, *eigenes Archiv*

Die Liedertexte wurden den Liederblättern der Hitler-Jugend im Faksimile entnommen.

Deutschland, heiliges Wort

Worte von Eberhard Wolfgang Möller
Weise von Georg Blumensaat

Deutsch = land, hei = li = ges Wort, du voll Un = end = lich = keit. Ü = ber die Zei = ten fort seist du ge = be = ne = deit.

*)Hei = lig sind dei = ne Seen, hei = lig dein Wald — und der Kranz dei = ner stil = len Höhn bis an das grü = ne Meer.